KB028952

세상에서 가장 재미있는

63가지 심리실험

뇌과학편

출판은 사람과 나무 사이에서 이루어지는 가치 있는 일입니다.
도서출판 사람과나무사이는 의미 있고 울림 있는 책으로 독자의 삶을
좀 더 풍요롭게 만들기 위해 최선을 다하겠습니다.

DEKINAI NOHODO JISHIN KAJO
Copyright © 2017 Yuji IKEGAYA, All rights reserved.
Original Japanese edition published in Japan by Asahi Shimbun Publications Inc., Japan.
Korean translation rights arranged with Asahi Shimbun Publications Inc., Japan
through Imprima Korea Agency.

이 책의 한국어판 저작권은 (주)임프리마코리아를 통해 저작권자와 독점 계약한
사람과나무사이에 있습니다. 저작권법에 의하여 한국 내에서 보호받는 저작물이므로
무단전재와 복제를 금합니다.

마음을 읽는 효과적인 방법

세상에서 가장 재미있는
63가지 심리실험

이케가야 유지 지음 | 서수지 옮김

사람과
나무사이

세상에서 가장 재미있는

63가지 심리실험

뇌과학편

1판 1쇄 발행 2018년 12월 25일
1판 9쇄 발행 2024년 4월 30일

지은이 이케가야 유지
옮긴이 서수지
펴낸이 이재두
펴낸곳 사람과나무사이
등록번호제2024-000012호
주소 경기도 파주시 회동길 508(문발동), 스크린 405호
전화 (031)815-7176 팩스 (031)601-6181
이메일 saram_namu@naver.com
일러스트 니나킴
표지디자인 박대성
본문디자인 유경희
영업 용상철
인쇄·제작 도담프린팅
종이 아이피피(IPP)

ISBN 979-11-88635-14-6 03180

잘못된 책은 구입하신 곳에서 바꾸어 드립니다.

“인간 뇌는 정밀하면서도 아직
그 능력이 전부 알려지지 않았다는 점에서 가장 특이한 장치다.”

— 스튜어트 시튼

저자 서문

타인의 '머릿속'을 여행하고 싶은 사람에게 '지도'와 '내비게이션'이 되어줄 책

나는 인간 뇌를 주로 연구하는 뇌과학자다. '알파고' 등의 활약 덕분에 요즘 대중들 사이에서도 큰 인기를 얻고 있는 인공지능을 전문적으로 연구하는 학자이기도 하다. 뇌과학과 인공지능은 복잡하고 변수가 많은 세계라서 앞으로 어떻게 발전해갈지 누구도 정확히 예측하기 어렵다.

지구에는 수만 종의 생물이 산다. 그중에서도 인간은 단연 가장 용량이 크고, 정교하며, 고도로 발달한 뇌를 가진 특별한(좋은 의미로든 나쁜 의미로든) 존재다. 그럼에도 불구하고 뇌를 전문적으로 연구하는 학자인 나는 머릿속에 종종 '물음표'를 그리곤 한다. '뇌는 과연 무엇이며, 또 무엇을 위해 존재할까?' 이 책은 이런 근원적 의문에서 출발했다고 할 수 있다.

독자 여러분에게 기습 퀴즈 하나 내볼까? 우리가 사는 지구에 뇌가 있는 생물 종 수가 더 많을까, 아니면 뇌가 없는 생물 종 수가 더 많을까? 아마도 열에 여덟아홉은 뇌가 있는 생물이 훨씬 더 많다고 답하지 않을까. 그러나 짜잔, 놀라지 마시라. 지구상에는 우리 인간처럼 뇌가 있는 생물보다 뇌가 없는 생물이 월등히 많다. 바이오매스(Biomass: 생물체의 총중량)의 측면에서 본다면, 뇌가 없는 생물이 압도적 다수를 차지한다. '무뇌종'이 사실상 생존에 반드시 불리한 것도 아니라는 얘기다.

인간은 '대뇌'를 가진 대표적인 존재다. 인간처럼 큰 뇌를 가진 동물은 의외로 많지 않다. 생물의 역사에서 뇌를 키우는 방향으로 진화한 종은 '극히 예외적'이라고 할 수 있을 정도로 드물다. 또한, 인간처럼 뇌를 키우는 방향으로 진화한 후에도 멸종하지 않고 살아남아 승승장구하는 사례는 거의 찾아보기 어려울 정도로 희귀하다. 이래저래 인간은 운이 좋은 종이라고 할 수 있다.

생물 전체의 관점에서 보자면, 뇌 개발은 정답이 아니었다고 보는 게 자연스럽다. 뇌는 방대한 에너지를 소비하는 비효율적인 장치이기 때문이다. 이 장치는 마치 미야자키 하야오의 애니메이션 영화 〈센과 치히로의 행방불명〉에 나오는 가

오나시처럼 탐욕스럽게 에너지를 소비하므로 유지 비용이 만만치 않게 든다. 그러나 뇌는 효율성만을 놓고 따지기에는 너무도 큰 가치와 의미를 지닌다. 한발 더 나아가 뇌는 인간을 인간답게 만들어주는 소중한 요소라고 할 수 있다. 이 책을 읽다 보면 그 점을 분명히 깨닫게 될 것이다.

'도대체 저 사람 머릿속에는 무엇이 들어 있을까?' 인간은 본능적으로 타인의 '머릿속'을 읽고 싶어 하는 존재다. 그러나 이 세상에서 다른 사람의 생각을 읽고 마음을 이해하는 일만큼 어려운 일이 또 있을까. 고차방정식의 답을 찾는 일보다 직장상사나 동료의 머릿속 생각을 간파하는 일이 더 어려울 수 있고, 미분 적분을 푸는 일보다 한솥밥 먹고 한 이불 덮고 자는 남편이나 아내의 마음을 읽는 일이 더 난해할 수 있다. 아니, 다른 사람의 속내를 알아채는 일은 그만두고 자기 자신의 심리도 알 수 없어 힘들어할 때가 많은 것이 우리 인간이다.

멀리 여행을 떠나는 사람, 복잡한 지리를 한눈에 읽고 싶은 사람은 '지도'나 '내비게이션'이 필요하다. 타인의 머릿속 생각을 읽고 싶고 그의 마음속을 여행하고 싶은 사람도 마찬가지다. 정확한 '심리 지도'와 타인의 머릿속 여행을 도와줄 성능 좋은 '내비게이션'을 손에 넣어야 한다. 나는 가슴 설레고 흥미진진한 심리 여행을 떠나려는 독자 여러분에게 유용한

‘지도’와 ‘내비게이션’을 마련해주고 싶은 바람을 담아 이 책을 썼다. 『세상에서 가장 재미있는 63가지 심리실험 – 뇌과학편』에는 정신의학, 뇌과학, 사회심리학, 행동경제학 등 다양한 분야의 세계 최고 석학들과 연구팀들의 흥미롭고 도전적인 63가지 심리실험 이야기가 담겨 있다. 도움이 되기를 바란다.

– 이케가야 유지

차 례

CHAPTER 1 생각하는 뇌 생각하는 나

CHAPTER

2 뇌를 알면 기억력이 쑥쑥

CHAPTER

3 뇌와 함께 사람과 함께

CHAPTER 4 기분 좋을 때 뇌과학

CHAPTER

5 뇌를 통해 보이지 않는 세계를

CHAPTER

6 미래를 내다보는 뇌

흠...
생각하는
뇌

CHAPTER

1

생각하는 뇌
생각하는 나

고양이가 문 여는 법은 배워도 문 닫는 법은 배우지 못하는 이유

하버드대 웜슬리 교수의 '입체미로 통과 실험'

하버드대학교 로버트 웜슬리 교수 연구팀은 65명의 대학생에게 비디오게임으로 입체미로 통과하는 연습을 하게 했다. 다음 날, 연구팀은 대학생들이 연습 내용을 어느 정도 기억하고 있는지 3가지 조건을 적용해 테스트했다. 첫째, 과제에 성공할 때마다 합당한 보수를 지급한다. 둘째, 일정 금액의 보수를 먼저 지급하고 이후 과제에 실패할 때마다 보수를 줄인다. 셋째, 성공 보수를 전혀 지급하지 않는다. 실험 결과, 실험 참여자들은 어느 조건에서 가장 우수한 성적을 얻었을까? 또, 어떤 조건에서 가장 나쁜 성적을 얻었을까?
여러분은 이 실험 결과에 깜짝 놀라게 될 것이다. 그리고 한발 더 나아가 이 실험에 담긴 인간 본성에 관한 날카로운 통찰력에 감탄하며 무릎을 치게 될 것이다.

교육에는 크게 2가지 방법이 있다. 하나는 훈육으로 행동을 제약하는 교육이고, 다른 하나는 자발성을 길러 행동의 적극성을 높이는 교육이다. 이 둘 중 어느 쪽이 더 합리적이고 바람직한 교육일까? 나로 말하자면, 후자의 방법에 좀 더 솔깃해진다. 그러면서도 나는 다른 한편으로 훈육 없이는 진정한 교육이 이루어지기 어렵다고 본다.

외출할 때 현관에서 흔히 볼 수 있는 광경을 예로 들어보자. '문 열기'는 자발성만으로 발생한다. 어린아이는 말할 것도 없고 원숭이나 고양이 같은 동물조차 문 여는 방법을 쉽게 배운다. 일일이 가르치지 않아도 사육사나 주인의 행동을 관찰한 뒤 '문 열기'라는 행위를 자연스럽게 습득하고 실천에 옮긴다. 이는 자발성을 기르는 교육이 분명한 효과가 있음을 의미한다.

그렇다면 혹시 문을 열고 밖으로 나간 원숭이나 고양이가 문을 닫는 모습을 본 적 있는가? 아마 없을 것이다. 왜 원숭이나 고양이 같은 동물은 문을 여는 행동은 쉽게 배우지만, 문을 닫는 행동은 배우지 못할까? '문 열기'는 누구나 자연스럽게 몸으로 익힐 수 있는 행동인 반면, '문 닫기'는 사회적 합의, 즉 예의범절에 속하는 행동이기 때문이다. 즉 '문 닫기'는 뇌에 기본적으로 탑재되어 있지 않은 부자연스러운 행동이자 훈육을 통해 배우고 익혀야 하는 행위다. '문 닫기'만이 아니다. 장난감을 가지고 논 다음 정리하는 행위, 식사 후 이를 닦는 행위 같은 것들이 다 그런 예에 속한다. 이러한 행위를 몸에 익히는 과정에서 '자발성'에만 의지할 수는 없다. 반드시 적절한 '훈육'이 필요하다.

훈육에는 크게 2가지 방법이 있다. '칭찬'과 '꾸중'이다. 전문 용어로는 '강화(보상)'와 '약화(벌)'라고 부른다. 자, 여기서 잠깐 질문! 강화와 약화 중 어느 쪽이 더 효과적일까?

평소 자주 쥐를 훈련해 실험하는 나는 강화와 약화의 차이를 잘 알고 있다. 가령, 미로 안에 두 갈래로 나뉜 갈림길을 쥐들이 '오른쪽'으로 가도록 학습하는 훈련을 한다고 치자.

이 책을 읽는 독자라면 쥐에게 어떤 훈련을 시키겠는가? 몇 가지 방법을 생각해볼 수 있다. 첫째, 갈림길을 지난 뒤 오른쪽 길에 초콜릿을 놓아두는 방법이다(뜻밖에도 쥐는 치즈보다 초콜릿을 더 좋아한다). 왼쪽으로 가면 전기 충격을 가하거나 고양이 냄새 등으로 벌을 주는 방법도 있다. 이 방법을 '약화'라고 부른다. '강화'와 '약화'를 적절히 조합해 사용하는 사람도 있다. 즉 잘하면 보상을, 잘못하면 벌을 주는 '당근과 채찍을 적절히 가미한 교육법'이다.

어느 방법이 더 효과적인지는 실제로 실험해보면 금방 알 수 있다. 당연하게도, 강화만 적용한 훈련이 학업 성취도 면에서 가장 뛰어나다. 성적순으로 살펴보면, 2등은 강화와 약화를 조합한 훈련에 돌아간다. 3등은 약화만 사용한 훈련으로, 이 경우 학습 효과는 거의 없다.

결론부터 말하자면, 칭찬 없이 질책과 꾸중만으로 훈육하는 교육은 효과적이지도 바람직하지도 않다. 이유는 단순하다. 꾸지람을 들으면 스스로 탐색하고자 하는 의욕, 즉 자발성이 현저히 줄어들기 때문이다. 자기 힘으로 첫걸음을 떼지 못하면 제대로 된 학습은 이루어지지 않는다. 다시 말해, '훈육'과 '자발성 함양 교육'은 별개의 교육 방법이 아니라는 이야기다. 말하자면 후자가 전자에 포함된, 서로 떼려야 뗄 수 없는 불가분의 교육 방식임을 이해해야 한다.

어쨌든 '약화'보다 '강화'가 학습에 더 효과적이라는 사실이 중요하다. 이 사실을 전제하고, 다시 질문 하나. 상을 주는 방법에 관해 생각해보자. 어떤 방법으로 상을 주는 것이 효과적일까?

하버드대학교 로버트 웜슬리(Robert Walmsley) 교수 연구팀이 발표한 논문에 나타난 결과는 번뜩이는 통찰력으로 가득하다. 먼저, 연구팀은 65명의 대학생들에게 비디오게임으로 입체미로를 통과하는 연습을 하게 했다. 그리고 다음 날 대학생들이 연습 내용을 어느 정도 기억하고 있는지 테스트했다. 그들은 첫날 학습에 3가지 서로 다른 조건을 적용했다.

① 연구팀이 제시하는 과제에 성공할 때마다 합당한 보수를 지급한다.

② 일정한 금액의 보수를 먼저 지급하고, 이후 과제에 실패할 때마다 보수를 줄인다.

③ 성공 보수 없음.

실험 결과, ①번 그룹이 가장 우수한 성적을 얻었다. 역시 예상에서 벗어나지 않은 결과다. 재미있는 것은 ②번과 ③번 그룹의 차이다. 흥미롭게도 ③번 그룹이 ②번 그룹보다 더 좋은 성적을 얻었기 때문이다. ②번 그룹은 일정한 보수가 책정된 조건(보수만 놓고 보면 ①번과 비슷한 조건이다)임에도 아예 성공 보수가 없는 ③번 그룹보다도 나쁜 성적을 얻은 것이다. 즉, 보수가 존재한다고 해서 무조건 '강화'로 이어지지는 않는다는 사실을 이 실험은 명확히 보여준 셈이다.

왜 이런 결과가 나왔을까? 일정한 보수를 보장받은 ②번 그룹이 어떠한 조건에서도 성공 보수를 받지 못하는 ③번 그룹과 비교해 더 낮은 성적을 얻었다는 사실이 언뜻 이해되지 않을 수도 있다. 이 점에 대한 핵심 실마리는 과제에 실패할 때마다 삭감하는 돈, 즉 '벌금'에 있다. 애초 받기로 되어 있는 보수가 '감점' 형식으로 차감된 후 받게 되는 '잔액'이 오히려 약화로 작용한 것이다.

우리 주위에는 10여 년 이상 영어를 죽어라 공부하고도 영어를 모국어로 사용하는 사람만 만나면 식은땀을 흘리며 꿀 먹은 벙어리가 되는 사람이 많다. 이런 사례 또한 위 실험 결과의 맥락에서 보면 좀 더 명확히 이해되는 측면이 있다. 시험에서 문법이나 철자가 틀리면 점수가 깎이는 방식이 정확히 위 실험의 ②번 그룹에 부여된 조건과 일치하기 때문이다.

이렇듯 감점을 적극적으로 사용하는 영어 교육은 '의사소통은 즐겁다'는 언어 본래의 가산점 방식에 기반한 성질과 배치될 뿐 아니라 크게 동떨어져 있다. 하나하나 꼬치꼬치 따져서 점수를 깎는 영어 교육 방법은 특히 회화 능력을 기르는 과정에 절실히 필요한 자발성을 키워주기는커녕 짓밟아버린다는 것이 이 실험을 통해 과학으로 명확히 증명된 셈이다. 학부모들이나 교사들, 혹은 교육 정책을 만드는 사람들이 위의 실험에서 영감을 얻어 우리 교육에 긍정적인 변화의 바람을 일으키면 좋겠다.

심리실험 2

사랑에 빠지면 왜 동공이 커질까?

시카고대 헤스 교수와 하버드대 카너먼 교수의 '동공 지름 측정 실험'

시카고대학교 심리학자 루돌프 헤스 교수는 1950년대에 이미 '동공 지름 측정 장치'를 개발하는 데 성공하여 본격적으로 실험했다. 그는 여러 번의 실험을 통해 사람은 누구나 자신이 좋아하는 대상을 보여주면 순간적으로 동공이 확장된다는 사실을 발견했다. 또한, 그는 후속 연구에서 암산할 때도 동공이 커진다는 사실을 밝혀냈다. 사람이 암산 등을 하느라 정신을 집중하려고 애쓸 때 발휘되는 주의력과 집중력이 동공에 투영된다는 것이다. 헤스 교수는 실험을 통해 실제로 계산이 까다로워질수록 동공 확장률이 증가하는 사실도 알아냈다.

좋아하는 대상을 보여주면 동공이 확장된다? 그렇다면, 그 반대 상황에서는 어떻게 될까? 자신이 싫어하는 사람을 보면 동공이 축소될까?

"The eyes are the windows of the mind." "눈은 마음의 창"이라는 의미의 영어 속담이다. 일본에도 이와 비슷한 뜻을 지닌 속담이 있는데, "눈은 입만큼 말한다"가 그것이다. 이처럼 '눈'을 중시하는 경향은 모든 나라에 공통적으로 나타나는 현상인 것 같다.

나는 누군가와 대화할 때 무의식중에 상대방의 눈을 자주 바라본다. 말이나 어조만으로는 알아차릴 수 없는 마음을 살피기 위해서다. 갓난아기는 엄마나 아빠에게 배우지 않아도 상대방의 눈을 바라본다. 그러고 보면, 눈을 보는 행위는 선천적으로 타고나는 성질인 모양이다.

영어 속담 의미대로, 우리 눈에는 실제로 마음이 투영된다. 그야말로 '눈은 마음의 창'인 셈이다. '시선(視線)'이라는 단어에 대해 잠깐 생각해보자. 사전을 찾아보면 시선은 '눈이 가는 길', 또는 '눈의 방향'으로 정의돼 있다. 앞에서 언급한 그 유명한 영어 속담대로, '눈은 마음의 창'이므로 시선은 '마음이 가는 길', 또는 '마음의 방향'이 되는 셈이다. 아무에게도 교육받지 않았으나 갓난아기가 엄마·아빠의 눈을 보고, 사람이 누군가와 대화할 때 상대방의 눈을 무의식중에 바라보는 것도 모두 마음이 '눈'을 통해 전달되기 때문이다.

대화하는 동안 사람들은 상대방의 눈을 본다. 그리고 보아야 한다. 눈은 마음이 가는 길이고, 눈을 통해 마음이 전달되므로 '아이 콘택트(Eye Contact)', 즉 밀도 있는 시선 교환 없이는 제대로 소통하기 어려우며 관계 향상도 기대할 수 없기 때문이다. 상대방과 자연스럽게 눈을 마주치지 못하고 불안하게 눈빛이 흔들리는 사람은 정직하지 못한 사람이며 '뭔가 꿍꿍이가 있는 것 같다'는 의심을 받아도 어쩔 수 없다.

자, 이제 눈의 특성과 구조에 대해 간략히 짚고 넘어가자. 흔히 우리가 '눈매'라고 부르는 눈 주위의 상태는 나의 감정을 전달하고 상대방의 감정을 파악하려고 할 때 중요한 단서로 사용할 수 있다. 우리 눈 주위는 '눈둘레근(Orbicularis Oculi)'이라는 이름을 가진, 의식적으로 움직일 수 없는 '제대로근(Involuntary Muscle=불수의근)'이 관장한다. 어떤 사람이 필사적으로 억지웃음을 지어도 '눈이 웃고 있지 않다'고 느끼거나 '차가운 눈'이라는 인상을 받게 되는 것도 그래서다.

우리 눈은 수많은 정보를 내보낸다. 그런데 우리는 눈동자가 내보내는 정보를 까맣게 잊고 사는 경향이 있다. 좀 더 전문적으로 말하자면, '동공 지름(The Diameter of the Pupils)'이다. 유럽인 중에는 홍채가 푸른 사람이 적지 않다. 눈동자가 푸른 사람은 동공 지름이 커서 상대적으로 잘 보인다. 검정색이나 갈색 동공이 일반적인 아시아인들 사이에서도 동공 지름은 중요한 실마리를 제공한다.

동공이 큰 사람은 동공이 작은 사람과 비교해 훨씬 생기 넘쳐 보인다. 그런 눈을 가진 사람은 눈이 별처럼 반짝반짝 빛난다. 운동에 몰입할 때나 사랑하는 사람과 대화를 나눌 때는 교감신경이 우위에 선다. 교감신경이 우위에 서면 자연스럽게 동공이 커진다. 열심히 운동하는 사람이나 사랑에 빠진 사람의 눈이 초롱초롱 빛나 보이는 것도 그래서다.

이 '동공 문제'를 가장 먼저 지적하고 나선 이는 재미있게도 사람의 눈을 들여다보는 일이 일상인 안과 전문의나 세계적 권위를 가진 안과학 박사가 아니라 심리학자였다. 시카고대학교 심리학자 폴트 헤스(Polt Hess) 교수가 바로 그다. 1950년대에 이미 헤스 교수는 '동공 지름 측정 장치'를 개발하는 데 성공했고, 그 장치를 활용하여 본격적으로 실험했다. 그는 여러 번의 실험을 통해 참여자가 좋아하는 대상을 보여주면 순간적으로 동공이 확장된다는 사실을 발견했다. 또한 그는 후속 연구에서 암산할 때도 동공이 커진다는 사실을 밝혀냈다. 사람이 암산 등을 하느라 정신을 집중하려고 애쓸 때 발휘되는 주의력과 집중력이 동공에 오롯이 투영된다는 것이다. 헤스 교수는 실험을 통해 실제로 계산이 까다로워질수록 동공 확장률이 증가하는 사실도 알아냈다.

the eyes are the windows of mind

이후 헤스 교수의 동공 관련 실험에 자극받은 하버드대학교 대니얼 카너먼(Daniel Kahneman) 교수가 도전장을 던졌다. 카너먼 교수가 이끄는 하버드대학교 연구팀은 피실험자에게 여러 자리 숫자를 들려주고 2초 후 암기하게 하는 '단기기억 실험'을 했다. 실험 결과, 그들은 기억을 보존하고 유지하는 동안 지속해서 동공이 확장해 있는 반면, 정답을 말한 뒤에는 동공이 원래 크기로 줄어든다는 사실을 밝혀냈다. 그들은 외워야 하는 숫자의 자릿수가 길어질수록 그에 비례하여 동공이 확장하는 비율이 높아진다는 사실도 알게 되었다.

네덜란드 암스테르담대학교 도너 크나펜(Donner Knapen) 교수 연구팀은 뭔가 의사 결정을 내리려고 고심 중인 사람의 동공 지름을 측정해 그 결과를 《미국 과학원 회보(Proceedings of the National Academy of Sciences of the United States of America)》에 실었다. 그들은 화면에 나타나는 영상에 줄무늬가 있는지 없는지 판단하는 간단한 실험만으로 대답하기 1, 2초 전 피실험자의 동공이 눈에 띄게 커진다는 사실을 알아냈다. 흥미롭게도, 피실험자가 '줄무늬가 있다'고 대답할 때가 '줄무늬가 없다'고 대답할 때보다 동공이 훨씬 커졌다. 이는 누군가에게 부정적인 답변이 아닌 긍정적인 대답을 하려고 적절한 말을 머릿속에 떠올릴 때 동공이 더 크고 빛나 보인다는 의미다.

고전으로 자리 잡은 영화 〈카사블랑카(Casablanca, 1942)〉를 보면 주연을 맡은 험프리 보가트(Humphrey Bogart)가 "Here's lookin' at you, kid"라고 말하는 장면이 나온다. '미국 영화 명대사 100' 중 5위에 빛나는 명대사다. 한데, 원래 대본에는 이 말이 없었다고 한다. 배우의 즉흥 연기, 즉 애드리브(Ad Lib)였던 셈이다.

일본에서는 이 주옥 같은 명대사가 "그대 눈동자에 건배"라는 말로 번역되었다. 박수를 보내고 싶은 명 번역이다. 나는 개인적으로 원문보다 번역 문장에 훨씬 매력을 느낀다. 마음이 긍정적이라면 자연스럽게 눈동자가 빛날 테니 말이다.

심리실험 3

제비뽑기 돈 벌기 게임에서 인간이 쥐에게 백전백패한다고?

윌리엄 앤드 메리대 파크리사누 교수의 '제비뽑기 게임 실험'

윌리엄 앤드 메리대학교 파크리사누 교수 연구팀은 '제비뽑기 게임'으로 재미있는 실험을 했다. 게임 규칙은 다음과 같다. A와 B 둘 중 하나에 1,000원이 들어 있는 양자택일 제비를 뽑게 한다. 이때 당첨 확률은 A가 75퍼센트, B가 25퍼센트로 큰 차이가 있다. 이 제비를 200번 연속으로 뽑는다. 이때 당첨 확률은 참여자에게 알려주지 않는다. 연구팀은 실험 참여자들을 대상으로 그들이 어떤 선택을 하는지 반복해서 게임을 하게 했다.

이 실험의 진짜 흥미진진한 부분은 지금부터다. 연구팀은 실험용 쥐를 대상으로 A와 B 2가지 선택지를 제시하고 200번 고르게 했다. 그리고 여러 번 같은 실험을 반복했다. 그런 다음, 사람들의 게임 결과와 쥐의 게임 결과를 비교하고 각각 게임을 통해 번·돈의 액수를 평균 냈다. 과연 승자는 누구일까?

사람의 불가사의한 행동 원리를 눈으로 확인할 수 있을까? 간단한 제비뽑기 게임으로 가능하다. 구체적으로 살펴보자. A와 B 둘 중 하나에 1,000원이 들어 있는 양자택일 제비를 뽑게 한다. A와 B의 당첨 확률은 다르다. A가 75퍼센트, B가 25퍼센트로 큰 차이가 있다. 이 제비를 200번 연속으로 뽑는다. 이때 당첨 확률은 참여자에게 알려주지 않는다. 이런 식으로 세부 정보가 제공되지 않는 상황에서 실험에 참여한 사람이 어떻게 판단하는지를 관찰하면 흥미로운 사실이 드러난다. 미국 윌리엄 앤드 메리대학교(The College of William and Mary) 파크리사누(Paclisanu) 교수 연구팀의 실험 결과를 중심으로 함께 이 점을 생각해보자.

게임을 시작한 직후 실험 참여자는 A와 B 제비 양쪽을 선택하며 여러 차례 시행착오를 거듭한다. 이런 식으로 수차례 반복 시행하는 동안 A와 B의 당첨 확률이 다르다는 사실을 차츰 인지한다. 예컨대 100번가량 반복하면 누구나 전략이 거의 확정되고, 여기에 100번 정도를 더해 200번 선택하면 확률은 어느 정도 안정된다. 실험 참여자 대부분 A를 75퍼센트, B를 25퍼센트 확률로 선택하게 되는 거다. 놀랍게도, 당첨 확률 설정치와 거의 완벽하게 일치하는 수치가 나온다.

참여자는 게임 중 통계 분포를 집계하거나 당첨 확률을 추정하지 않는다. 아마도 '어렴풋한' 직감에 끌려 제비를 선택했기 때문일 것이다. 그런데도 선택 결과는 절묘하게도 현실적인 확률과 거의 일치한다. 우리 뇌는 그야말로 정교하게 만들어진 고도의 장치임을 새삼 실감하게 해주는 실험이라고 할 수 있다.

자, 여기까지는 우리 인간의 뇌 이야기다. 다른 동물들은 인간과는 확연히 다른 모습을 보여준다. 실험동물로 가장 흔히 사용되는 쥐를 예로 들어보자. 실험용 쥐에게 위에서 제시한 2가지 선택지를 주고 시행착오를 거듭하게 한다. 쥐는 어떤 선택을 할까? 녀석은 매우 단순하게 행동한다. 거의 예외 없이 A를 선택하는 거다. 오로지 A를 향한 일편단심이라고나 할까.

그렇다고 '쥐는 뇌 크기가 작아서 의사 결정이 단순하다'고 얕보아서는 안 된다. 왜냐하면 파크리사누 교수 연구팀이 똑같은 조건의 실험이 끝난 뒤 사람과 쥐 중 누가 더 많은 돈을 버는지 계산한 결과 쥐가 벌어들인 금액이 사람이 벌어들인 금액보다 1만 2,500원이나 더 많았기 때문이다. 각각 200번 제비뽑기를 하고 전략이 확정된 후반 100번의 당첨 확률을 계산한 결과인 것이다.

또 한 가지 재미있는 사실은 같은 사람이라도 어른과 달리 어린아이의 경우 쥐와 비슷한 전략을 선택하는 것으로 나타났다. 실험 결과, 3세 아이의 경우 90퍼센트의 확률로 A를 선택했다. 이렇듯 인간은 차츰 나이가 들어가면서 오히려 비논리적으로 행동하게 되고, 그에 따라 성과도 추락하게 되는 셈이다.

성인의 선택 근거는 한마디로 '감정론'에 기반한다. 실패를 꺼리는 감정이 우세해서 우직하게 A로 밀어붙이지 못하는 것이다. 왜냐하면, 당첨 확률이 높은 A를 선택해도 종종 꽝을 뽑을 때가 있기 때문이다. 인간 뇌는 이 작은 아픔을 견디지 못하고 반대쪽의 B에 눈독들이다가 어느 순간 선택하고 만다. 게다가 얄궂게도 B에서도 이따금 당첨될 때가 있기 때문에 더욱 그런 선택을 하기가 쉬워진다. 결과적으로 계산이 복잡한 인간은 A와 B 사이를 오락가락하며 스스로 수익률을 떨어뜨리는 우를 범한다.

물론 이 '감정론'을 무조건 어리석다고 단정할 수만은 없다. 현실 환경에서는 조건이 일정하지 않고 자주 변화하기 때문이다. 지금은 A가 당첨 확률이 높더라도 시나브로 B가 확률이 높아질 수도 있는 것이다. 만약 목숨이 걸린 일생일대의 선택을 해야 하는 상황이라면 100퍼센트 한 가지 선택지만을 고르는 쥐의 전략으로는 자칫 집단 전체가 전멸할 위험성도 없지 않다. '계란을 한 바구니에 담지 말라'라는 비즈니스 분야에서 금과옥조처럼 받아들여지는 투자원칙도 이런 맥락에서 이해할 수 있지 않을까.

이렇게 보면 얼핏 불합리해 보이는 인간의 선택 행동에도 중요한 의미가 있음을 알게 된다. 우리의 비효율적 행동은 복잡다단한 진화 과정에서 발달한 진화의 산물일 것이다. 그러므로 논리로는 설명할 수 없는 무모한 행동이 '혐오스러운 비논리성'으로 집단에서 배척당하지 않고, 때로는 사랑스러운 '인간미'라는 절묘한 매력을 자아내는 게 아닐까.

심리실험 4

'미끼 상품'을 잘 이용하면 짠돌이도 지갑을 열게 할 수 있다

매사추세츠 공대 에리얼리 교수의 '미끼 효과 실험'

매사추세츠 공과대학교 댄 에리얼리 교수 연구팀이 '미끼 효과'를 교묘히 이용한 판매 실험을 했다. 연구팀의 실험은 경영학을 전공한 학생에게 경제지인 《이코노미스트》를 정기구독하게 하는 방식으로 이루어졌다. 학생들은 인터넷과 인쇄 매체 2종류 중 한 가지 구독 방식을 선택할 수 있다. 첫째, 인터넷 잡지를 59달러에 구매하는 방식. 둘째, 종이 잡지를 125달러에 구매하는 방식. 셋째, 종이 잡지+인터넷 잡지를 125달러에 구매하는 방식. 당연하게도, 세 번째 방식의 구매를 선택한 사람이 압도적 수치인 84퍼센트를 차지했다.
이어서 연구팀은 두 번째 선택지를 제외하고, 첫 번째와 세 번째 선택지만 제시하여 판매 실험을 했다. 어떤 결과가 나왔을까? 여전히 '종이 잡지+인터넷 잡지'를 125달러에 구매한 사람이 압도적으로 많았을까?

과일가게에서 사과를 판다. 2종류의 묶음 상품이 있다. 내용물은 같고, 다만 개수와 가격을 다르게 책정했을 뿐이다.

① A세트 - 20개들이 사과를 3만 원에 판매한다.

② B세트 - 30개들이 사과를 4만 원에 판매한다.

이 2개의 과일 상자 중 어떤 것을 살지는 사람마다 제각각 다르다. 양이 많은 상품을 원하는 소비자는 B세트를 장바구니에 집어넣을 테고, 지갑이 얇아 조금이라도 값이 싼 상품을 찾는 소비자는 A세트를 선택할 가능성이 크다(단가는 B세트가 저렴하다).

과일가게 사장은 손님들이 B세트를 선택하여 판매 수량이 늘어나기를 원한다고 하자. 이럴 때 여러분이라면 어떤 방법으로 판매를 촉진하겠는가? 새로운 선택지인 C세트를 추가하는 방법을 권해볼 만하다.

① A상자 - 20개들이 사과를 3만 원에 판매한다.

② B상자 - 30개들이 사과를 4만 원에 판매한다.

③ C상자 - 25개들이 사과를 4만 5,000원에 판매한다.

자, 이제 선택지가 2가지에서 3가지로 늘었다. 여러분이라면 어떤 상자를 사겠는가? 선택지를 위와 같이 3가지로 늘리면 선택지가 2개일 때보다 'B상자'를 선택할 확률이 높아진다는 사실이 실험으로 입증되었다.

먼저, C상자를 선택하는 사람이 없는지 확인하고 싶어진다. 아마 거의 없지 않을까? C상자는 사과 개수나 가격 면에서 A상자나 B상자에 비해 모두 떨어지기 때문이다. 즉, C상자는 있으나 마나 한 구색 맞추기용 상품으로 소비자의 선택을 받는 표적 상품으로 제 기능을 하지 못하게 된다. 그러나 C상자의 존재는 과일가게 사장 입장에서는 매우 중요하다. 그 자체로 판매 가치는 거의 없지만, 다른 선택지에 간접적으로 영향을 미쳐 구매 경향에 변화를 주기 때문이다. 왜 그런 일이 벌어질까?

찬찬히 살펴보면 이유를 명확히 이해할 수 있다. B상자는 상대적으로 개수도 많고 가격도 저렴해서 여러 면에서 C상자보다 현명한 구매로 여겨진다. 반면, A상자의 경우 가격 면에서는 C상자보다 싸지만 개수가 적다. 즉 B세트는 모든 면에서 다른 상품보다 우수하고, A상자는 부분적으로만 B상자보다 우수하다. 결국, 새로 추가한 선택지인 C상자가 참고 기준이 되어 소비자는 B상자를 선택할 가능성이 높아진다. 이처럼 얼핏 무의미해 보이는 선택지를 추가하여 사람들의 행동을 변화시키는 방법을 '미끼 효과'라고 부른다.

자, 여기서 다시 깜짝 퀴즈! 이번에는 반대로 A세트를 더 많이 사게 만들어 개당 이익을 늘리려면 어떤 선택지를 마련해야 할까? 원리를 알았으니, 이번에는 조금 덜 막막하지 않을까? 새로운 세트 상품을 구성해보자.

① A상자 - 20개들이 사과를 3만 원에 판다.

② B상자 - 30개들이 사과를 4만 원에 판다.

③ C상자 - 15개들이 사과를 3만 5,000원에 판다.

예를 들어, 위와 같은 방법이다. 새로운 선택지와 비교하면 개수와 가격 면에서 A상자가 우수하다. B상자는 가격 경쟁에서 밀린다. 위의 선택지를 놓고 실험을 진행하면 실제로 A상자 매출이 늘어난다는 사실을 확인할 수 있다.

매사추세츠 공과대학교 댄 에리얼리(Dan Ariely) 교수 연구팀은 '미끼 효과'를 교묘하게 이용한 판매 실험을 했다. 연구팀의 실험은 경영학을 전공한 학생에게 경제지인 《이코노미스트》를 정기구독하게 하는 방식으로 이루어졌다. 학생들은 인터넷과 인쇄 매체 2종류 중 하나의 구독 방식을 선택할 수 있다.

① 인터넷 - 59달러

② 종이 잡지 - 125달러

③ 종이 잡지+인터넷 - 125달러

연구팀은 위와 같이 구독 방식에 따라 가격을 다르게 책정했다. 그러자 84퍼센트의 학생이 종이 잡지와 인터넷을 동시에 구독하는 ③번 방식을 선택했다. 누가 봐도 ③번이 꿩 먹고 알 먹는 일거양득의 소비로 여겨지기 때문이다.

이어진 실험에서 연구팀은 선택지에 변화를 주었다.

① 인터넷 - 59달러

② 종이 잡지+인터넷 - 125달러

위와 같이 선택지를 2가지로 줄인 것이다. 그러자 동시 구독을 선택하는 학생 비율이 32퍼센트로 뚝 떨어졌다. 눈치 빠른 독자라면 벌써 감을 잡았을 것이다. '종이 잡지만' 125달러에 판매하는 선택지는 미끼 상품이었던 셈이다.

인간의 선택은 뜻밖에도 '논리'보다 '감정'에 더 크게 영향받는다. 누구나 자기 자신이 합리적이라고 생각하는 경향이 있지만, 사실은 착각에 지나지 않는다는 얘기다. 다시 말하지만, 우리의 선택은 비합리적이다. 그 점에 착안하여 취하는 비슷한 마케팅 전략을 우리는 주위에서 쉽게 찾아볼 수 있다. 외식하려고 찾은 식당의 메뉴판을 꼼꼼히 살펴보자.

① 카레 - 1만 원

② 특제 카레 - 1만 5,000원

메뉴판에 위와 같은 2가지 선택지가 올라와 있다.

① 카레 - 1만 원

② 특제 카레 - 1만 5,000원

③ 스페셜 특제 카레 - 3만 원

이렇게 한 가지 메뉴를 늘리기만 해도 신기하게 '특제 카레'를 주문하는 고객이 늘어난다.

그러고 보면, '조삼모사(朝三暮四)'가 통하는 것은 원숭이만은 아닌가 보다. 인간이 스스로 똑똑하다 여기고 잘난 척해도 의외로 교묘한 심리 조작에 넘어가기 쉬운 존재인 것 같다.

심리실험 5

인간은 왜 자신에게만 관대하고 스스로를 과대평가할까?

쾰른대 호프만 교수의 '도덕적 · 비도덕적 행동 평가 실험'

쾰른대학교 호프만 교수 연구팀은 18세부터 68세 사이의 남녀 실험 참여자 1,252명을 모집했다. 연구팀은 오전 9시부터 밤 9시까지 12시간 동안 무작위로 5회 실험 참여자들의 스마트폰에 신호를 보내 직전 한 시간 동안 자신이 했거나 목격한 도덕적 행동(선행)과 비도덕적 행동(악행)을 모두 적고 간략히 평가하게 했다.
분석 결과, 실험 참여자들이 어떤 형태로든 도덕성을 문제 삼을 만한 행동을 직접 했거나, 관여했거나, 혹은 목격했다는 보고가 전체 응답의 29퍼센트에 달했다. 연구팀은 더욱 흥미로운 사실을 발견했다. 다른 사람의 행동을 배제하고 '자신이 한 행동' 횟수만 적도록 하자, 선행 수치가 악행 수치보다 2배나 더 많이 나온 것이다. 참고로, 자신이 목격한 타인의 행동을 적도록 한 항목에서는 선행과 악행이 비슷한 수치로 나타났다. 인간은 왜 이토록 자신에게만 관대하고 스스로를 과대평가할까?

사람은 도덕을 잣대 삼아 선악을 판단하며 생활한다. 그러나 도덕이 현실에서 어느 정도 영향력을 발휘하는지 정확하게 판정하기는 말처럼 쉽지 않다. 지금까지 이루어진 도덕 연구 대부분은 실험실의 부자연스럽게 통제된 상황에서 얻은 결과이기 때문이다. 가령 심리학에서는 도덕심을 평가하기 위해 '트롤리 딜레마(Trolley Problem)' 시험을 자주 활용한다. 그 내용은 다음과 같다.

'폭주하는 열차 앞에 3명의 사람이 있다. 이대로 가면 모두 열차에 치여 죽게 된다. 당신의 눈앞에 선로를 바꾸는 장치가 있다. 이 장치를 가동하면 그 앞에 있는 다른 한 사람이 죽는다. 자, 당신은 이 장치를 작동시키겠는가?'

아무리 생각해도 이것은 비현실적인 선택지다. 코앞에 심리학자라는 사람이 두 눈 부릅뜬 채 버티고 앉아 참여자가 어떻게 대답하는지 평가하는 실험이라는 설정 자체가 부자연스럽다. 학교 도덕 수업도 별반 다르지 않다. 교실에서는 선생님이 성적을 매기려고 두 눈 부릅뜨고 학생들의 일거수일투족을 지켜본다. 이런 기묘한 상황에서 자연스러운 도덕 행동을 제대로 관찰하기는 어렵지 않을까?

도덕심 연구 과정에 예상되는 이러한 문제를 해결하기 위해 독일 쾰른대학교(Universität zu Köln) 호프만(Hofman) 교수 연구팀이 두 팔을 걷어붙이고 나섰다. 연구팀은 18세부터 68세 사이의 사람들 중에서 1,252명의 남녀 실험 참여자를 모집했다. 그리고 오전 9시부터 밤 9시까지 12시간 동안 무작위로 5회 참여자들의 스마트폰에 신호를 보내 직전 한 시간 동안 자신이 저질렀거나 목격한 도덕적 행동(선행)과 비도덕적 행동(악행)을 모두 적고 간략히 평가하게 했다. 그들이 아침부터 저녁까지 12시간 동안 직접 했던 모든 도덕적·비도덕적 행동은 물론이고, 그런 일들에 휘말리거나 관여하게 된 사례, 자신이 보고 들은 모든 도덕적·비도덕적 일들을 보고하도록 요청한 것이다.

연구팀은 이렇게 실험 참여자들의 평소 생활에서 수집한 데이터를 해석함으로써 그들의 일상적 도덕 실태에 접근하고자 했다. 분석 결과, 참여자들이 어떤 형태로든 도덕성을 문제 삼을 만한 행동을 직접 했거나 관여했거나, 혹은 목격했다는 보고가 전체 응답의 29퍼센트에 달했다. 이는 연구팀의 예상을 훨씬 뛰어넘는 수치였다. 연구팀은 더욱 흥미로운 사실을 발견했다. 다른 사람의 행동을 배제하고 '자신이 직접 한 행동'의 횟수만 적도록 하자 선행 수치가 악행 수치보다 2배나 더 많이 나온 것이다. 자신이 목격한 타인의 행동을 적도

임금님 귀는 당나귀 귀

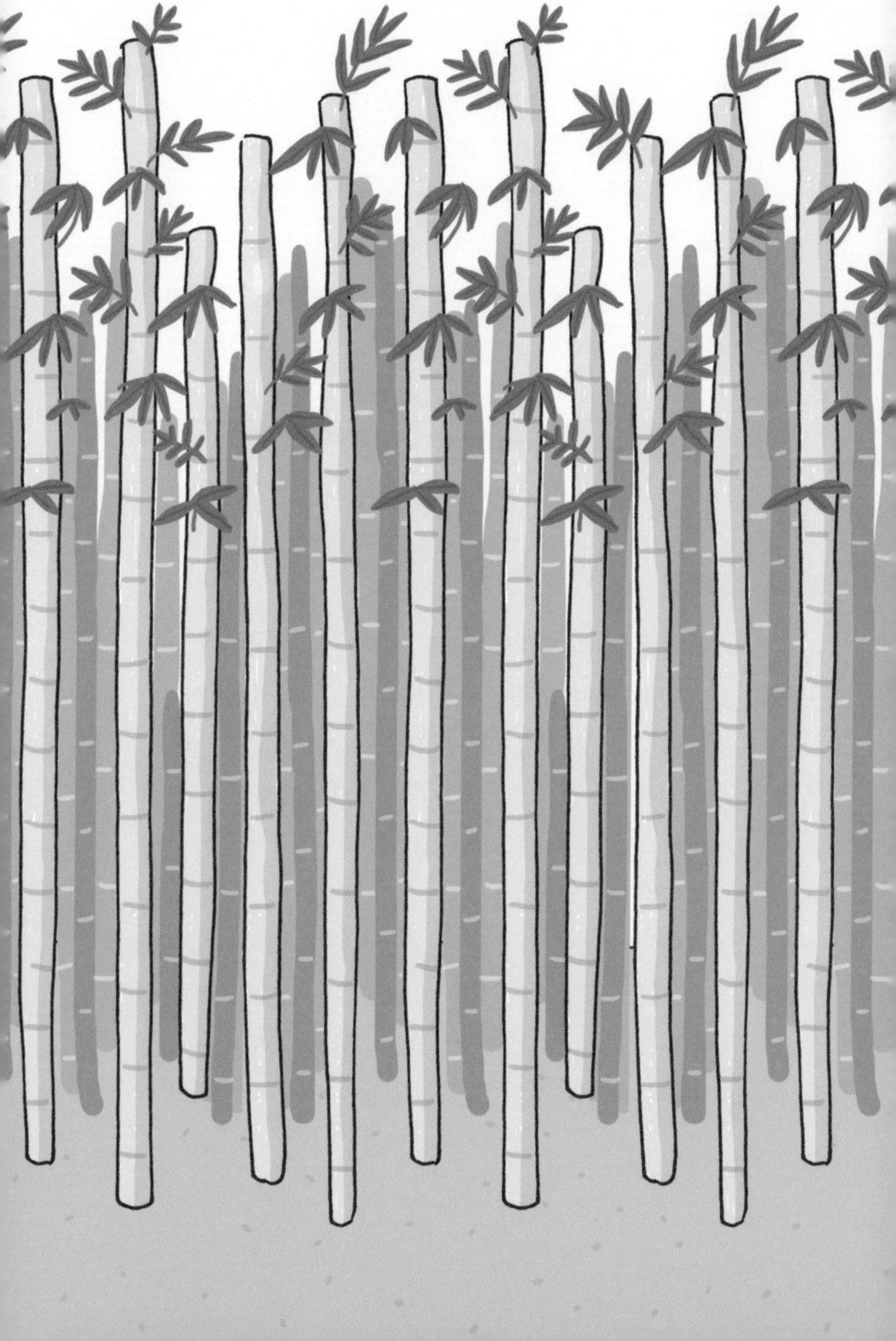

록 한 항목에서는 선행과 악행이 비슷한 수치로 나타났다. 자신의 행동을 기록하고 평가하도록 한 항목에서 선행이 부자연스러울 정도로 많이 나온 셈이다.

왜 이런 결과가 나왔을까? 아마도 자신이 한 선한 행동은 적극적으로 알리거나 자랑하고 싶어 하지만, 자신이 저지른 악한 행동은 숨기고 싶어 하는 것이 인간 본성이기 때문이 아닐까. 또, 이 실험에 참여한 사람들 중 많은 이가 자신이 악행을 저질렀다는 사실 자체를 깨닫지 못했을 가능성도 있다(시각 장애인이 가까이 있는데 발견하지 못하고 엘리베이터 '닫힘' 버튼을 눌러버린 일. 만원 전철에서 자신의 가방이 주위 사람들에게 민폐를 끼치는데도 알아차리지 못하고 끝까지 그냥 타고 있었던 일 등).

추가 데이터를 세밀히 분석한 연구팀은 타인이 선행을 베푼 직후 그것을 본 사람은 다른 사람에게 선행을 베풀 확률이 높아진다는 '선행 전염 효과'를 확인할 수 있었다. 또 그들은 자신이 선행을 한 이후 선행을 하지 않았을 때보다 좀 더 쉽게 악행을 저지른다는 '도덕 정당화 효과'도 나타난다는 사실을 확인했다.

재미있는 결과는 또 있다. 실험 참여자들의 응답을 분석한 결과, 타인에게 들은 사례 중 악행이 선행보다 2배 정도 더 많다는 결론을 얻었다. 즉, 연구팀은 나쁜 소문이 좋은 소문보다 2배 더 빨리 퍼져 나간다는 사실을 실험으로 명확히 증명해낸 셈이다. 이와 유사한 결과를 얻은 실험이 과거에도 있었지만 '2배'라는 구체적인 수치를 얻은 것은 이 실험이 처음이었다. 그런 터라, 이 실험 결과는 심리학 역사에서 매우 귀중한 연구로 인정받고 있다.

한 가지 더. 실험 결과를 분석해 얻은 자료 중 특히 흥미로운 결과가 눈에 띈다. 신앙심이 깊은 종교인과 무신론자의 선행 횟수를 비교한 연구 결과가 그것인데, 우리는 이를 통해 뜻밖의 사실을 깨닫게 된다. 우리의 통념과 달리, 독실한 신자와 무신론자의 선행 횟수에 거의 차이가 없다는 사실이 실험을 통해 밝혀진 것이다. 말하자면, 도덕과 종교는 사실상 관련성이 없다고 볼 수 있는 지점이다.

한편 신앙심이 깊은 사람과 무신론자 사이의 차이점도 발견할 수 있었는데, 신앙심이 깊은 사람일수록 '나쁜 소문을 들은 횟수'가 무신론자에 비해 눈에 띄게 적었다. 왜 이런 결과가 나왔을까? 연구팀은 이 결과를 '신앙 공동체 효과'로 해석했다. 즉 같은 신을 믿는 사람끼리 공동체를 형성하는 경향이 있고, 그 공동체 안에서는 되도록 나쁜 소문을 주고받으려 하지 않는다는 것이다.

어쩌면 이 부분이 종교의 진짜 역할인지도 모르겠다. 다시 말해, 신앙심은 사람을 선행으로 이끌어 적극적 양심을 발현시키는 역할보다는 '다른 사람에 대해 이러쿵저러쿵 험담을 늘어놓지 않는다', '다른 사람을 끌어내리려 애쓰지 않는다'라는 소극적 양심에 호소하는 정도의 역할을 한다고 보아도 크게 무리는 없지 않을까 하는 거다.

호프만 교수의 도덕적·비도덕적 행동 평가 실험을 통해 우리는 인간이 얼마나 타인에게는 엄격하면서도 자기 자신에게 관대하고, 스스로를 높이 평가하며, 자칫 이기적으로 변하기 쉬운 존재인지 알게 되었다. 자신을 향한 따뜻한 시선과 관대함의 절반만 타인에게 베풀어도 우리가 사는 세상이 2배는 더 나아지지 않을까.

심리실험 6

잼 진열 종수를 대폭 줄이자 판매량이 7배나 치솟은 이유

컬럼비아대 아이엔가 교수의 '잼 판매 실험'

컬럼비아대학교 쉬나 아이엔가 교수 연구팀의 실험이다. 연구팀은 잼을 시식하고 판매하는 특설부스에 다양한 종류의 잼을 준비해두었다. 그리고 가짓수를 바꾸어가며 고객의 반응을 관찰했다.

연구팀은 6가지 종류의 잼을 판매하는 상황과 24가지 종류의 잼을 판매하는 2가지 상황을 설정하고 차이를 비교했다. 부스 앞을 지나가는 손님이 발길을 멈추는 확률은 예상대로 가짓수가 많은 부스 쪽이 훨씬 높았다. 24종류의 잼을 진열한 부스에는 60퍼센트의 손님이 가던 길을 멈추고 관심을 보였으나, 6종류의 잼만 진열된 부스에는 상품에 눈길을 주는 확률이 40퍼센트 수준에 머물렀다.

그런데 실제 상품을 구매하는 확률을 살펴보니, 앞의 결과와는 정반대되는 결과가 나왔다. 구체적으로 어떤 결과가 나왔을까?

나는 어깨를 맞대고 빙 둘러앉아 주인장과 손님이 떠들썩하게 어울리며 술잔을 주고받는 선술집 분위기를 좋아한다. 그런 내가 술 동무 없이 가끔 혼자 술을 마시러 가기도 한다. 그럴 때면, 시간을 오래 들여 메뉴판을 꼼꼼히 살펴보며 그날 고른 술과 잘 어울리는 제철 안주를 하나 골라 '소.확.행(소소하지만 확실한 행복)'에 빠져들곤 한다.

"재주가 많으면 가난하게 산다"라는 속담이 있다. 식당에도 이 이치가 적용된다. 개인적으로 내가 가게를 평가하는 기준 중 '다양한 메뉴'는 그다지 중요한 평가 항목이 아니다. 무슨 요리든 척척 만들어내는 만능 조리사보다 가짓수가 적더라도 1~2가지 요리에 정성을 들여 맛난 음식을 만들어내는 요리사가 내 취향이다. 라면집을 고를 때도 마찬가지다. 잡다한 메뉴가 많은 가게보다 "우리 가게는 한 가지 메뉴밖에 없수다"라고 무뚝뚝하게 말하는 주인장이 운영하는 가게가 더 믿음직스럽다. 먹는 사람 입장에서도 이것저것 복잡하게 따지고 재며 결정 장애로 고통받을 일이 없어 맘이 편하다.

선택지의 가짓수에 관한 재미있는 연구가 있다. 컬럼비아 대학교(Columbia University) 쉬나 아이엔가(Sheena Iyengar) 교수 연구팀의 실험이다. 실험은 잼을 시식하고 판매하는 특설 부스에서 이루어졌다. 연구팀은 부스에 다양한 종류의 잼을 준비해두었다. 그리고 가짓수를 바꾸어가며 고객의 반응이 어떻게 변화하는지 관찰했다.

연구팀은 2가지 변수를 마련했다. 그들은 6가지 종류의 잼을 판매하는 상황과 24가지 종류의 잼을 판매하는 상황을 설정하고 두 상황의 차이를 비교했다. 부스 앞을 지나가는 손님이 발길을 멈추는 확률은 예상대로 가짓수가 많은 부스 쪽이 높았다. 알록달록한 색색의 잼이 옹기종기 늘어서 있으면 아무래도 눈길을 끌기 쉽기 때문이다. 24종류의 잼을 진열한 부스에는 60퍼센트의 사람이 가던 길을 멈추고 관심을 보였으나, 6종류의 잼만 진열된 부스에는 상품에 눈길을 주는 확률이 40퍼센트 수준에 머물렀다.

그런데 실제 상품을 구매하는 확률을 살펴보니, 앞의 결과와 정반대되는 결과가 나왔다. 즉 24종류의 잼을 갖춘 부스에서는 발길을 멈춘 손님의 3퍼센트만 잼을 구매한 반면, 6종류의 잼을 갖춘 부스에서는 30퍼센트나 되는 손님이 지갑을 열고 잼을 구매했다. 실험 결과를 살펴보면 차이가 좀 더 명확해진다. 진열하는 상품 종류가 적을수록 매출이 증가한 것이다. 놀랍게도, 가짓수를 대폭 줄이자 매출이 7배 가까이 치솟았다.

연구팀은 이 실험을 통해 '사람이 동시에 처리할 수 있는 정보량에는 한계가 있다'는 결론을 내렸다. 선택 항목이 허용량을 초과하면 선택 장애를 일으키고, 결국 구매 의욕도 꺾인다. 게다가 종류가 적은 부스에서 상품을 구매한 손님의 만족도도 높았다는 조사 결과도 나왔다. 선택지가 좁아지면 선택 과정에서 심리적 부담도 줄어들어 '수월하게 선택할 수 있다'는 느낌이 들기 때문이 아닐까.

이러한 현상은 쇼핑 이외의 상황에서도 발생한다. 연구팀은 대학 강의에서도 비슷한 실험을 진행했다. 먼저, 그들은 사회심리학 수업에서 학생들에게 리포트를 제출하게 했다. 여러 가지 주제를 제시하고, 그중에서 각자 좋아하는 주제를 골라 자유롭게 과제를 작성하는 방식이었다. 주제는 '6가지'와 '30가지'로 설정했다. 그러자 6가지 주제를 주었을 때는 리포트 제출률이 74퍼센트, 30가지 주제를 주었을 때는 60퍼센트에 그쳤다. 리포트 점수에서도 큰 차이가 났는데, 6가지 주제 중에서 하나를 선택한 학생들이 상대적으로 더 높은 성적을 받은 것으로 나타났다.

장사할 때 '서비스 정신'이라는 명목으로 더 많은 선택지를 준비하는 사장이 있다. 고객에게 자신이 더 많은 선택권을 제공한다며 내심 뿌듯해할지 모르겠지만, 알고 보면 그야말로 실속없는 자기만족에 지나지 않는다.

나는 클래식 음악을 무척 좋아한다. 그래서 음반을 사들이는 데 돈을 아끼지 않는 편이다. 한데, 요즘에는 그동안 수집한 음반이 너무 많아져서 오히려 그 좋아하는 음악을 듣지 못하는 역설적인 상황을 경험하고 있다. 선택지가 되는 음반 수가 너무 많아져서 선택에 어려움을 겪기 때문이다. '오늘은 무슨 음악을 들을까?' 생각하며 음반을 넣어둔 진열장 앞에서 서성거리며 생각하다, 결국 아무것도 고르지 못해 아까운 음반을 듣지 못하고 썩히고 있다는 사실을 깨닫고는 아차 싶었다. 진부한 말이지만, 그야말로 '풍요 속 빈곤'을 실감하는 문화생활이라고나 할까.

심리실험 7

거짓말쟁이가 알고 보면 더 정직한 사람이라고?

암스테르담대 브루노 교수의 '주사위 굴리기 게임 실험'

암스테르담대학교 브루노 교수 연구팀은 사람들이 거짓말하는 빈도를 실험했다. 그들은 먼저 대학생 527명을 대상으로 지난 24시간 동안 몇 번이나 거짓말했는지 설문조사했다. 그 결과, '평균 2회'가 나왔다. 전체 참여자의 41퍼센트는 자신이 24시간 동안 단 한 번도 거짓말하지 않았다고 대답했다. 6회 이상 거짓말했다고 답한 사람은 8퍼센트 였다.

연구팀은 조사에 응한 대학생들을 대상으로 2차 실험을 했다. 그들은 실험에 참여한 학생들에게 '주사위 굴리기 게임'을 하게 했다. 주사위를 굴려서 나온 숫자에 해당하는 돈을 주는 게임이었다. 주사위를 굴린 사람은 숫자를 볼 수 있지만, 다른 사람들은 볼 수 없는 조건이었다. 눈앞의 숫자를 속여서 말하면 더 많은 돈을 얻을 수 있다는 의미다. 자신이 '평소 거짓말을 많이 한다'고 대답한 사람과 '거짓말을 하지 않는다'고 대답한 사람 중 누가 더 많은 돈을 벌었을까?

거짓말은 나쁜 행동이다. 우리는 그렇게 배워왔다.

"네 이웃에게 불리한 거짓 증언을 하지 말라."

모세가 신에게 받은 십계명의 아홉 번째 계명이다. 거짓말에 관한 계명이 가장 중요한 10가지 계명에 들어 있는 거다. 인류 역사를 통틀어 거의 예외 없이 거짓말은 인간이 절대로 해서는 안 되는 나쁜 행위로 받아들여져 왔음을 알 수 있다. 『구약성경』의 「창세기」에 보면, 동생 아벨을 죽인 카인에게 신이 그의 행방을 묻는 장면이 나온다.

"모릅니다. 제가 동생을 지키는 사람입니까?"

신의 질문에 카인이 거짓으로 한 대답이다. 기독교는 이것을 인류 최초의 거짓말로 간주한다.

거짓말은 무조건 나쁘기만 할까? 그렇지는 않다. 악의에서 나온 '나쁜 거짓말'이 있는가 하면, 선의에서 나온 '착한 거짓말'도 있다. 대화 도중 상대방의 말이 거짓인지 참인지 판단할 때 그 말 자체만이 아니라 '정황'과 함께 세심하게 살펴야 하는 것도 그래서다.

'착한 거짓말'은 긍정적인 면을 가지고 있다. 상대에게 걱정을 끼치지 않으려는 의도에서 자신이 겪는 어려움을 숨기고

자 하는 거짓말이 그런 예다. 이런 거짓말은 상대를 곤란하게 하려는 의도는커녕 오히려 배려에서 나온 것이기에 '따뜻한 거짓말'이라고 할 수 있다.

인사치레로 상대에게 건네는 칭찬도 '착한 거짓말'의 일종이다. 일상 대화에서 오가는 거짓말을 모두 없애면 어떻게 될까? 우리의 대화는 상상하는 것 이상으로 삭막하고 거북해지지 않을까?

거짓말은 고도의 인지적 행동이다. 어린아이는 거짓말에 서툴다. 그럴듯하게 거짓말하려면 적어도 3~4세는 되어야 한다. 아이에게 처음 거짓말을 들은 부모는 누구나 충격을 받는다. 그러나 어린아이의 거짓말은 어른의 거짓말과는 본질에서 다르다. 대부분 악의가 없으며, 잘못된 인식이나 착각에서 비롯되는 허언이다.

그럴듯하게 거짓말하려면 최소한 다음의 4가지 점을 의식해야 한다.

① 무엇이 진실인지 알아야 한다.

② 진실을 숨기고 싶어 하는 욕구가 있어야 한다.

③ 사실을 대체할 가짜 정보를 준비해야 한다.

④ 거짓 정보를 상대방이 믿게 해야 한다.

어린아이는 ①과 ②의 측면에서 모호하다. ①~④를 모두 갖추고 제대로 된 거짓말을 능청스럽게 하려면 적어도 초등학교 저학년 나이는 되어야 한다. 우리는 누구나 성장해가며 차츰 거짓에 물든다. 그렇다면 사람들은 일상에서 얼마나 자주 거짓말을 하며 살까?

네덜란드 암스테르담대학교 브루노(Bruno Verschuere) 교수 연구팀이 최근 발표한 논문에서 그 실마리를 찾을 수 있다.

연구팀은 사람들이 거짓말하는 빈도를 조사했다. 그들은 대학생 527명을 대상으로 지난 24시간 동안 몇 번이나 거짓말했는지 물었는데, '평균 2회'라는 결과가 나왔다. 연구팀의 세부 분석 결과를 보면 자못 흥미롭다. 전체 참여자의 41퍼센트가 '지난 24시간 동안 단 한 번도 거짓말하지 않았다'라고 대답한 것이 그런 예다.

당신은 이 수치를 보면 어떤 느낌이 드나? '어라, 예상보다 너무 적은데?'라고 생각하지 않았나? 만일 그렇게 느끼는 사람이라면 평소 자주 거짓말하는 사람일 수도 있다. 연구팀의 실험 결과에 따르면, '6회 이상'이라고 대답한 사람이 전체 527명 중 8퍼센트 이상을 차지했다. '자신이 평소 거짓말을 거의 안 한다는 사람'과 '자신이 평소 거짓말을 자주 한다는 사람' 중 진짜 거짓말쟁이는 누구일까?

이 실험에 참여한 사람들의 대답을 액면 그대로 믿을 수 있을까? 그렇지는 않을 것이다. 이번 실험에서 생각보다 많은 사람이 실제로 자신이 한 거짓말 횟수보다 약간 줄여서 말했을 수도 있다. 그러므로 '자신이 거짓말을 거의 하지 않는다'라고 답변한 사람은 알고 보면 오히려 거짓말을 더 많이 할 가능성도 있다.

이 실험에서 사람들은 왜 자신이 거짓말을 많이 한다는 사실을 숨기고 싶어 했을까? 다음의 2가지 이유에서 그렇다고 볼 수 있다. 첫째, 인간은 다른 사람 앞에서 자신의 부끄러운 면을 솔직히 드러내고 싶어 하지 않는 무의식적 욕구를 가진 존재이기 때문이다. 둘째, 위의 실험이 참여자가 최대한 자유롭게 대답하도록 유도하는 방식으로 이루어졌기 때문이다.

진짜 재미있는 실험은 이제부터다. 위의 1차 실험은 지금부터 소개할 2차 실험을 위한 준비용 실험인 셈이다. '식사'에 비유하자면 만찬을 즐기기 전에 먹는 '애피타이저(Appetizer)' 같은 것이라고 할까. 연구팀은 실험에 참여한 대학생들을 대상으로 2차 실험을 진행했다. 그들은 실험 참여자들에게 주사위를 굴리게 했다. 그런 다음, 주사위를 굴려서 나온 숫자에 해당하는 돈을 주기로 했다. 예를 들어, 숫자 '1'이 나오면 그 자리에서 100원을, '2'가 나오면 200원을 주는 식이다.

연구팀은 주사위를 굴려서 나온 숫자를 주사위를 굴린 사람 이외에는 아무도 보지 못한다는 조건 아래에서 2차 실험을 진행했다. 이는 실험 참여자가 주사위를 굴려서 나온 숫자를 자신에게 유리하게 속이면 얼마든지 더 많은 돈을 얻을 수 있게 된다는 의미다.

연구팀은 위의 방식으로 실험 참여자들이 '주사위 굴리기 게임'을 하게 한 뒤 유심히 반응을 관찰했다. 어떤 결과가 나왔을까? 흥미롭게도, 1차 실험에서 '자신이 거짓말을 자주 한다'고 대답한 사람일수록 평균보다 상대적으로 더 많은 돈을 벌었다. 이 결과는 '자신이 거짓말을 자주 한다'고 대답한 사람은 거리낌 없이, 확실하게 거짓말을 해서 부당한 이득을 취했다는 걸 보여준다.

이 실험은 '거짓말쟁이는 알고 보면 오히려 정직한 사람'이라는 재미있는 패러독스를 보여준다. 거짓말쟁이는 자신이 수시로 거짓말한다는 사실을 명확히 인지하고, 그 사실을 숨기거나 포장하려 하지 않고 솔직히 시인한다. 이 실험 결과를 보고 이상하게 마음이 훈훈해지는 건 나뿐일까.

심리실험 8

중매결혼 커플과 연애결혼 커플 중 이혼율이 더 높은 쪽은?

플로리다주립대 맥널티 교수의 '결혼 만족도 측정 실험'

맥널티 교수는 유난히 깨가 쏟아지고 금실이 좋은 부부에게 무슨 특별한 비결이 있는지 궁금했다. 그는 연구팀과 함께 찰떡궁합을 자랑하는 부부 상호 간의 '무의식적 호감도'를 알아보기 위해 재미있는 실험을 했다. 연구팀은 신혼부부에게 다양한 사진을 보여준 뒤 그들이 어떤 반응을 보이는지 관찰했다. 사진이 제시되는 시간은 0.3초로, 그야말로 눈 깜빡할 사이였다. 그들은 사진을 보여준 다음, 바로 사진과 가장 가까운 이미지의 단어를 2개 중에서 고르게 했다. 사진 중에는 배우자와 관련 있는 사진도 끼어 있었다.

이 조사로 무의식 수준에서 상대방에게 좋지 않은 감정을 지닌 부부일수록 결혼 후 관계가 틀어질 확률이 높다는 사실이 밝혀졌다. 실험 참여자들은 어떤 선택을 했을까?

"결혼은 인생에서 가장 행복한 사건이다. 이 순간만은 누구나 장밋빛 희망으로 가득하다. 그러나 결혼 직후 커플들의 마음속에는 차츰 불만이 쌓여가고 희망이 절망으로 바뀌어간다……."

얼마 전 읽은 논문의 시작 부분이다. 《사이언스》에 실린 미국 플로리다주립대학교 맥널티 교수의 연구 논문이다.

'결혼으로 얻는 기쁨은 어느 정도의 연봉 인상과 맞먹을까?' 미국에서 이에 대한 설문조사가 이루어진 적이 있는데, '평균 4배'라는 답변을 얻었다. 최근 일본에서도 이와 비슷한 조사가 진행되었는데, 역시 비슷한 결과가 나왔다. 평생 결혼하지 않고 살려면 현재 수입보다 4배는 더 벌어야 결혼한 사람만큼 행복해질 수 있다는 계산이 나온다. 다만 달콤하기만 한 신혼의 행복이 얼마나 오래 갈지를 생각하면 이야기는 달라진다. 위에 제시한 맥널티 교수의 논문이 바로 이 점에 주목했다. 그는 신혼부부 135쌍을 4년에 걸쳐 자세히 추적 조사했다.

먼저, 의식 조사. 결혼에 대한 이미지를 묻는 조사로 '만족과 불만족', '좋다와 나쁘다' 등 반대 의미를 지닌 두 단어 중 하나를 선택하게 했다. 맥널티 교수는 모두 15개의 질문으로 설문조사했는데, 그 결과 결혼에 대한 인상은 당연하게도 신혼 시절이 가장 긍정적으로 나왔다. 그리고 그 후 미끄럼 타듯 부정적인 방향으로 곤두박질쳤다. 이 사실은 과거의 다른 통계 결과로도 확인된다. 그러니까 여기까지는 말하자면, 기정사실을 다시 확인하게 되는 수준이다.

이번 연구에서 맥널티 교수는 결혼 후의 변화가 커플에 따라 크게 달라진다는 데 주목했다. 조사 대상 중에는 신혼 때와 비교해 관계가 그다지 나빠지지 않은 부부도 있었다. 유난히 깨가 쏟아지고 금실이 좋은 부부에게는 무슨 비결이 있는 걸까? 맥널티 교수는 찰떡궁합을 자랑하는 부부 상호 간의 '무의식적 호감도'에 초점을 맞추었다.

연구팀은 신혼부부에게 다양한 사진을 보여주고 어떤 반응을 보이는지 관찰했다. 신혼부부에게 사진이 제시되는 시간은 0.3초로 그야말로 눈 깜빡할 사이였다. 사진을 보여준 다음, 즉시 사진과 가장 가까운 이미지의 단어를 2개 중에서 고르라고 요청했다. 순발력이 요구되는 상황에서는 즉각적으로 거짓말하기 어려우므로 자동으로 본심이 튀어나온다. 사진 중에는 배우자와 관련 있는 사진도 끼어 있었다. 사진을 본 뒤 그 사진에 맞는 단어를 선택하는 데 걸리는 시간을 계산하면 잠재의식에서 배우자에 대해 어떤 인상을 품고 있는지 적

나라하게 드러난다.

이 조사로 무의식 수준에서 상대방에게 좋지 않은 감정을 지닌 부부일수록 결혼 후 관계가 틀어진다는 사실이 밝혀졌다. 반면 의식으로 드러난 호감도는 그다지 중요하지 않았다. 신혼생활 행복도와 무의식 수준의 호불호는 전혀 관계가 없었다. 즉, 조사에 참여한 사람들은 자신들이 상호간에 '진심으로 잘 통한다'는 사실을 알아차리지 못한다.

일본의 경우, 신혼부부 3커플 중 한 커플이 이혼한다는 통계가 있다. 매년 이혼 수는 23만 커플 정도 된다. 맞선이나 중매로 결혼한 커플과 연애결혼한 커플 중 어느 쪽의 이혼율이 더 높을까? 뜻밖에도 후자다. 왜 그럴까? 나는 위의 질문에 대한 해답을 '빨리 달궈진 쇠가 빨리 식고, 천천히 달궈진 쇠가 천천히 식는 법이다'라는 이치에서 찾는다. 이는 자연이나 과학 영역에만 적용되는 이치가 아니라 인간관계에도 똑같이 적용되는 이치이자 법칙인 것 같다. 즉, 인간관계의 수많은 요소와 변수들은 무시한 채 서로에게 미친 듯 빠져드는 맹목적인 사랑은 빨리 달궈진 쇠처럼 빨리 식기 쉽다. 반대로 인간관계의 수많은 요소와 변수들을 고려하고 하나하나 지혜롭게 헤쳐 나가며 서로 차츰 알아가고 신뢰를 쌓아가는 관계는 시련과 역경이 닥쳐도 쉽게 흔들리지 않을 뿐 아니라 천천히 달궈진 쇠처럼 천천히 식는다.

한 가지 더. 똑같이 연애결혼한 두 커플 중 첫눈에 반한 부부와 그렇지 않은 부부 중 어느 쪽의 이혼율이 더 높을까? 역시 후자다. 맥널티 교수의 연구 결과에 따르면, 첫눈에 반하는 사랑은 이해득실을 따지지 않고 잠재의식으로 호·불호를 판단하기 때문이라고 한다. 연구팀은 실험 결과를 꼼꼼히 분석한 뒤 "잠재적으로 호의를 느끼는 상대방은 결혼 초기에 몰랐던 결점이 눈에 들어오더라도 무시하는 경향이 있다"고 결론 내렸다.

문득 영국의 신학자 풀러의 말이 떠올랐다.

"결혼한 자여. 한쪽 눈을 감고 살아라!"

심리실험 9

너무 참신한 아이디어는 오히려 외면당하기 쉽다?

노스웨스턴대 존스 교수의 '발견의 혁신성과 영향력 상관관계 측정 실험'

노스웨스턴대학교 벤저민 교수 연구팀은 1,800만 건 이상의 과학 논문을 정밀 분석하여 발견의 '혁신성'과 '보수성', 그리고 '영향력'을 심층 조사했다. 그 결과, 해당 논문들이 대부분 '보수적'이라는 사실을 밝혀냈다. 연구팀은 한발 더 나아가, 혼자 하는 연구가 팀 연구보다 훨씬 보수적이라는 사실도 밝혀냈다. 왜 그럴까? 혼자서 무언가 골똘히 생각하다 보면 아무래도 사고 유형이 정형화되기 쉽기 때문이 아닐까.

이 연구로 뜻밖의 사실도 밝혀졌다. 후세에까지 강력한 영향을 미치는 우수한 논문은 혁신성만 아니라 보수성 역시 높다는 점이다. 즉, 혁신성과 보수성은 철로처럼 평행선을 달리지 않고 제각각 독립적이면서도 조화를 이루는 상호보완적 관계라는 의미다. 혁신성과 보수성의 절묘한 조화와 균형, 여기에 우리의 미래가 있다고 해도 지나치지 않은 이유다.

"너무 참신한 아이디어는 환영받지 못한다"라는 말을 들어본 적 있는가? 누구나 경험으로 어렴풋이 알고 있는 이 진리가 실험을 통해 멋지게 증명되었다. 미국 노스웨스턴대학교 벤저민 존스(Benjamin F. Jones) 교수 연구팀이 《사이언스》에 발표한 연구에서다. 연구팀은 과거에 출간된 1,800만 건 이상의 과학 논문을 정밀 분석하여 발견의 혁신성과 영향력 간의 상관관계를 조사했다.

우선, 논문을 평가할 때 학술적 경향과 가치를 어떻게 판정할지가 중요하다. 어떻게 해야 주관적 생각이나 견해를 배제한 채 그 논문이 혁신적인지 보수적인지를 공정하게 판단할 수 있을까? 연구팀은 획기적 통계법으로 이 어려운 문제를 단숨에 뛰어넘었다. 그 구체적인 계산 방법은 수학적으로 상당히 복잡하므로 여기서는 간단한 개념만 설명하고자 한다.

연구자는 과학 논문을 집필할 때 반드시 과거 논문을 인용한다. 그는 자신의 연구가 과거의 어떤 연구와 관련이 있는지, 또는 기존의 연구 결과를 살려서 어떤 새로운 발견을 해냈는지 등을 참고문헌 항목에 명시하여 전문가들에게 보여준다. 존스 박사가 이끈 연구팀은 논문 마지막에 덧붙인 '참고

문헌 목록'에 주목했다. 만약 다른 새 논문에 특정한 과거 논문이 몇 번씩 인용된다면 '있을 법한 발상'이라고 간주할 수 있다. 그 논문을 읽으면 누구나 쉽게 떠오르는 아이디어에 바탕을 둔 연구라고 추정할 수 있기 때문이다. 반면 다른 논문에서는 볼 수 없는 독특한 인용 조합으로 되어 있다면 그 논문은 '새로운 관점을 포함하고 있다'고 판단할 수 있다.

연구팀은 객관적인 평가 기준을 개발하여 논문의 혁신성과 보수성에 점수를 매겼다. 분석 결과, 과학 논문은 전반적으로 보수적이라는 사실이 밝혀졌다. 일반적으로 '연구'라고 하면 참신한 아이디어를 통해 독창성을 한껏 드러내는 식의 화려한 이미지를 떠올린다. 하지만 실제 연구 생활은 상당히 무미건조한 편이다. 다람쥐 쳇바퀴 돌리듯 매일 같은 실험을 쉴 새 없이 반복해야 한다. 현장 과학자인 내 눈으로 보자면, 절로 고개가 끄덕여지는 설득력 있는 결과다.

혼자 하는 연구는 다수의 연구자가 동시에 참여하는 팀 연구보다 훨씬 보수적 성향이 강해진다는 사실도 밝혀졌다. 왜 그럴까? 혼자서 무언가 골똘히 생각하다 보면 아무래도 사고 유형이 정형화되기 쉽기 때문이 아닐까?

이 연구로 뜻밖의 사실도 밝혀졌다. 후세에까지 강력한 영향을 미치는 우수한 논문은 혁신성이 뛰어날 뿐 아니라 보수성 역시 높다는 점이 그것이다. 즉, 혁신성과 보수성은 철로처럼 평행선을 달리지 않고 제각각 독립적이면서도 조화를 이루는 상호 협조적 인자로 공존할 수 있다는 의미다. 혁신성과 보수성의 절묘한 조화와 균형, 여기에 우리의 미래가 있다고 해도 지나치지 않은 이유다.

실제로 혁신성 점수를 살펴보면 상위 10~15퍼센트 정도의 논문이 후세에 미친 영향이 가장 강하다. 흥미롭게도, 이보다 혁신적인 논문은 오히려 영향력이 떨어졌다. 그저 참신하고 혁신적이기만 해서는 사람들에게 이해받거나 공감받지 못하는 독선적 논문으로 전락할 위험성이 크기 때문이다.

이 점에 대해 존스 교수는 이렇게 말한다.

"뉴턴의 만유인력도 아인슈타인의 상대성이론에 관한 논문도 거기에 사용된 수학 그 자체는 당시 널리 받아들여지고 사용되는 이론이었습니다. 다윈의 진화론도 마찬가지예요. 개와 새의 혈통 선별에서 당시 잘 알려진 지식에 바탕을 두고 있지요."

저절로 고개가 끄덕여지는 말이다.

획기적 발견이란 전통적 아이디어에 약간의 향신료를 가미해 천상의 맛을 끌어낼 때 만들어진다. 실제로 우리 사고는 선조들이 이미 고안해낸 아이디어를 이리저리 그러모아 효과적으로 짜깁기한 결과물이다. "거인의 어깨에 올라서서 더 넓은 세상을 바라보라"라는 아이작 뉴턴의 말도 이런 맥락에서 이해할 수 있다. 사람의 사고는 '무'에서 탄생하지 않는다. 반드시 씨앗이 되는 아이디어가 존재한다.

"자신의 사고 출처를 밝히는 사람은 일류. 이류는 누군가에게서 빌려왔다는 사실조차 까마득히 잊어버린다."

그건 그렇고, 이 그럴듯한 말은 도대체 누구에게 빌려왔을까? 어디서 읽었을까, 아니면 누구에게 들었을까? 안타깝게도 떠오르지 않는다.

심리실험 10

참으면 참을수록 인내력이 떨어진다고?

케이스 웨스턴 리저브대 바우마이스터 교수의 '악력기 누르기 실험'

케이스 웨스턴 리저브대학교 바우마이스터 교수 연구팀은 사람들의 인내력을 테스트하기 위해 '악력기 누르기 실험'을 했다. 연구팀은 실험 참여자들에게 6분 동안 코미디를 보여주고, 손으로 쥐어서 측정하는 악력기를 힘껏 눌러달라고 요청했다. 그런 다음, 얼마나 오래 힘줄 수 있는지를 측정했다.

실험은 2개의 그룹으로 나누어 진행되었다. 첫째 그룹은 코미디를 보며 마음껏 웃을 수 있도록 했다. 둘째 그룹은 배꼽이 빠지게 웃긴 코미디를 보더라도 절대 웃지 말아 달라고 요청했다. 둘 중 어느 그룹이 인내심을 발휘해 악력기를 좀 더 오래 눌렀을까? 정답은 '실컷 웃은 그룹'이다. 놀랍게도, 웃음을 참은 그룹은 힘을 주는 시간이 20퍼센트나 줄어들었다. 왜 이런 결과가 나왔을까?

성실, 인내, 정의, 도덕, 선의, 자제심……. 인간 사회성의 밑바탕을 이루는 '선(善)'은 우리 마음에 무한히 갖추어져 있을까? 이 의문을 검증하기 위해 진행된 몇 가지 실험을 소개할까 한다. 먼저, 미국 케이스 웨스턴 리저브대학교(Case Western Reserve University)의 로이 바우마이스터(Roy Baumeister) 교수팀의 실험부터 살펴보자.

연구팀은 실험 참여자에게 6분 동안 코미디를 보여주고, 손으로 쥐어서 측정하는 악력기를 힘껏 눌러달라고 요청했다. 그런 다음, 얼마나 오래 힘을 줄 수 있는지를 측정했다. 실험은 2개의 그룹으로 나누어 진행되었다. 연구팀은 첫 번째 그룹에 코미디를 보여주고 마음껏 웃게 했다. 두 번째 그룹에는 배꼽이 빠지게 웃긴 코미디를 보더라도 절대 웃지 말아 달라고 요청했다. 둘 중 어느 그룹이 인내심을 발휘해 악력기를 좀 더 오래 눌렀을까? 정답은 '실컷 웃은 그룹'이다. 놀랍게도, 웃음을 참은 그룹은 힘을 주는 시간이 20퍼센트나 줄어들었다.

연구팀은 추가 실험을 진행했다. 웃음을 참는 데서 그치지 않고 한발 더 나아가 눈앞에 놓인 초콜릿을 먹지 않고 참아야 하는 상황을 설정한 것이다. 그러자 악력기를 누르는 시간이 더욱 줄어들었다. 즉, 무언가를 무조건 참아야 하는 상황에서는 다른 일에 대한 인내력이 줄어든다는 사실이 밝혀진 것이다.

또 다른 재미있는 실험이 있다. '6분 동안 북극곰을 생각하시오'라고 요청한 그룹보다 '6분 동안 북극곰을 생각하지 마시오'라고 요청한 그룹이 악력기를 누르는 시간이 짧았다. 집중해서 무언가를 생각하려면 물론 노력이 필요하지만, 집중해서 '생각하지 않으려 애쓰는 편'이 훨씬 더 많은 정신적 에너지를 소모한다.

여기서 '소모'라는 개념이 핵심이다. 자제심이나 의지력은 언젠가 바닥이 드러나는 유한한 자원이다. 운동할 때 필요한 '근력'과 비슷하다. 근력을 사용하면 사용할수록 그만큼 근육이 피로해지듯, 정신력도 사용하면 사용할수록 소모된다. 무언가를 이루기 위해 노력한 다음에는 의욕이나 인내력, 때로는 도덕심마저 줄어든다. 이것을 '자아 소모'라고 부른다.

정신적으로 소모되면 이것저것 생각하기 귀찮아진다. 그런 예는 우리 일상에서 그야말로 차고 넘친다. 예를 들어, 시험기간 동안 하얗게 불태우며 공부한 뒤 시험을 치르면 시험지를 제출하고 돌아서는 순간 다리에 힘이 풀리며 손가락 하나 까딱하기 싫을 정도로 만사가 귀찮아지고 극심한 허탈감에 빠져든다. 무거운 책임이 뒤따르는 일을 마치고 나서 뒤풀이를 하면 마음이 풀어져서인지 이상하게 과음을 하게 마련이다. 다이어트하느라 먹고 싶은 음식을 오래 참으면 사소한 일에도 자꾸 짜증이 치밀어 오른다. 해외여행을 가면 자신도 모르게 지갑을 활짝 열게 된다(낯선 환경은 정신적 부담으로 작용해 판단력이 떨어진다).

'자아 소모'는 일상적으로 발생하는 현상이다. 아침 일찍부터 몰아쳐서 일하다 보면 오후에는 피로가 쌓이게 마련이다. 하버드대학교 매리엄 쿠차키(Maryam Kouchaki) 교수가 이끄는 연구팀은 정교한 게임을 통해 거짓말하는 횟수를 측정했다. 그러자 오전보다 오후에 거짓말하는 빈도가 20퍼센트나 증가한다는 사실을 알 수 있었다.

일반적으로 기분이 좋을 때는 '○○해서 좋았다' 등으로 그 원인을 구체적으로 짚어낼 수 있다. 반면, 기분이 언짢을 때는 '이유 없이 짜증이 난다'와 같은 말이 있을 정도로 본인조차 이유를 알 수 없는 경우도 드물지 않다. 이유 없는 짜증은 무언가 '다른 일'을 참고 또 참으며 자아를 소모한 탓이다.

다행스럽게도, 자아 소모를 극복하는 아주 쉬운 방법이 있다. 바로 '포도당 보충'이다. 우리 뇌는 에너지원으로 포도당을 사용한다. 얼마 전, 《미국 국립 과학원 회보》에 재미있는 논문 한 편이 실렸다. 오하이오 주립대학교 부시먼

(Buschmann) 교수팀은 혈당치와 짜증 정도(황당하지만, '저주 인형에 찌르는 바늘 개수'로 측정했다고 한다)의 상관관계를 조사했다. 이 실험을 통해 혈당치가 낮을수록 더 쉽게 짜증과 화를 터뜨린다는 사실이 증명되었다. 실제로 포도당을 보충하자, 자제심은 놀라울 정도로 쉽게 회복되었다.

배가 고프면 짜증이 스멀스멀 치밀어 오르며 까칠해진다. 우리 뇌는 에너지가 부족하면 인내심이 줄어들며 조바심을 내기 시작한다. 이러한 지식을 생활의 지혜로 활용할 수 있다. 예를 들어, 상사에게 어려운 안건을 들고 갈 때는 점심 식사 후에 가는 것이 원하는 답변을 들을 가능성이 좀 더 높아질 것이다. 참고로, 젊은 사람일수록 자아를 쉽게 소모하는 경향이 있다고 한다. 능력과는 반대로 참을성은 나이를 먹을수록 늘어나는 능력인 모양이다.

심리실험 11

뇌의 진짜 스승은 성공이 아니라 실패라는데?

존스 홉킨스대 허츠펠드 교수의 '방향 감각 향상 실험'

존스 홉킨스대학교 허츠펠드 교수 연구팀은 성공할 때보다 실패할 때 우리 뇌가 더 큰 학습 효과를 얻는다는 사실을 밝혀냈다. 연구팀은 실험 참여자에게 자기 눈앞에 있는 잔에 손을 뻗으라는 명령을 수행하도록 했다. 이것은 식은 죽 먹기다. 그러나 시야가 10센티미터 오른쪽으로 이동하는 특수한 안경을 끼면 방향 감각에 문제가 생긴다. 이 상황에서도 우리 뇌는 놀라운 능력을 발휘하여 손을 계속 뻗으면서 궤도를 수정한다. 그렇게 공중에 몇 번 '헛손질'하고 난 뒤 비로소 똑바로 잔을 잡을 수 있게 된다. 이렇듯, 우리 뇌에는 실수를 순간적으로 수정하는 놀라운 능력이 숨어 있다.
연구팀은 실험을 통해 '우리 뇌는 이번 실패를 과거의 실패 경험과 대조해 정확하게 인식하는 과정에서 발달한다'는 결론을 내렸다. 인간 뇌가 성공보다는 실패를 통해 배우고 성장해간다는 의미이기도 하다.

스펀지처럼 지식을 빨아들이고, 하나를 배우면 열을 안다. 우리가 생각하는 전형적인 머리 좋은 사람의 모습이다. 그런데 실제로는 '학습 속도가 빠르고 정확한 기억력'을 가지고 있다고 해서 무조건 삶이 술술 풀리지는 않는 것 같다. 예를 들어, 다른 사람을 기억하는 능력 또한 그렇다. 처음 만난 사람의 얼굴과 머리 모양, 세세한 복장까지 사진처럼 빠르고 정확하게 기억한다고 치자. 그런데 그 사람을 다시 만났을 때 같은 옷을 입고 온다는 보장이 없다. 머리 모양도 얼마든지 달라질 수 있다.

우리 뇌는 지난번 기억과 대조해 일치하지 않으면 '다른 사람'이라고 판정한다. 고작 그 정도 변화로 한 번 만났던 사람을 알아보지 못한다면 기억으로서 그다지 쓸모가 없다. 어떤 사람을 다시 만났을 때 지난번에 만났던 사람이라고 정확하게 기억하고, 지난번 만남과의 차이를 찾아내어 기억을 수정하면 이번에는 지난번 만났던 사람이 다른 사람이 되어버린다.

눈으로 보는 정보를 사진처럼 정확히 기억한다 해도 일상생활에 도움이 되는 기억으로는 활용할 수 없는 셈이다. 눈에 보이는 '겉모습' 중 어디에 중점을 두어야 할지 오랜 세월 경험을 통해 세밀히 습득하지 않으면 사람이나 물건을 정확히 인식하기 어려울 수밖에 없다.

일반적으로 기억은 정확하더라도 순간적인 기억이라면 우리 삶에 그리 큰 보탬이 되지는 않는다. 다소 흐릿하더라도 천천히 기억할 필요가 있다. 학습이 지나치게 정확하면 기억 대조에 해리(Dissociation)가 발생해 사물의 '동일성'을 포착하지 못한다. 또한, 학습 속도가 너무 빠르면 뇌가 표면적 정보로 인식하고 흘려버려 이면에 숨은 '본질'에 접근할 수 없다. 컴퓨터는 대량의 사진 데이터를 저장 명령 한 번으로 완벽하게 장기 저장한다. 컴퓨터의 기억장치는 사물의 이면에 숨은 보편성이나 규칙을 포착하지 못한다.

어른이 되면 기억력이 예전만 못하다는 생각이 들 때가 많다. 나이가 들며 생기는 건망증은 사실 기억력이 떨어져서가 아니다. 그럼 무엇 때문일까? 기억력이 변화하도록 우리 뇌에 강력하게 프로그램되어 있기 때문이다. 한 치의 오차도 없는 정확한 기억력은 모호한 기억보다 연산 능력이 떨어진다. 컴퓨터 프로그래밍을 해본 사람이라면 이 점을 이해하기 쉬울 것이다. 정확한 데이터를 저장하는 것은 쉽지만, 사람의 기억처럼 흐릿한 기억을 컴퓨터로 재현하는 데에는 인공지능처럼 상당히 정교한 프로그램이 필요하다.

아이에서 어른으로 자라는 동안 기억력이 모호해지는 것은 회로 연산 측면에서 보면 절대로 '퇴화'가 아니다. 아니, 이는 오히려 '진화'에 가깝다. 기억력이 모호해지며 '응용성'과 '융통성'이라는 커다란 이점을 얻을 수 있기 때문이다. 나이를 먹을수록 어떤 일의 이치를 쉽게 터득하는 것도 그래서다. 이는 우리 기억의 성질에서 비롯되어 나이를 먹으며 얻게 되는, 일종의 세월이 주는 은총인 셈이다.

《사이언스》에 발표된 존스 홉킨스대학교 허츠펠드(Hertzfeld) 교수팀의 연구를 소개할까 한다. 이 연구에 따르면, 우리 뇌는 성공 체험보다 실패 체험에서 학습 성과가 더 높다고 한다. 이 연구는 이 원리를 단순하게 응용한 실험이다.

실험 참여자가 자기 눈앞에 있는 잔에 손을 뻗으라는 명령을 수행해야 한다고 치자. 이는 그야말로 식은 죽 먹기다. 그런데 시야가 10센티미터 오른쪽으로 이동하는 특수한 안경을 끼면 방향 감각에 문제가 생긴다. 그런 상황에서도 우리 뇌는 놀라운 능력을 발휘하여 손을 계속 뻗으면서 궤도를 수정한다. 그렇게 공중에 몇 번 헛손질을 하고 난 뒤에는 비로소 똑바로 잔을 잡을 수 있게 된다. 우리 뇌에는 실수를 순간적으로 수정하는 놀라운 능력이 숨어 있다.

이 훈련을 여러 차례 반복하면 안경을 낀 채로도 헛손질하지 않고 최단 거리로 손을 뻗어 잔을 잡을 수 있게 된다. 오른쪽으로 치우친 세계관에 익숙해져서 의식하지 않고 자연스럽게 생활할 수 있게 되는 셈이다. 재미있게도, 시각을 왜곡시키는 안경을 착용한 채 생활하는 상황에 적응하고 나면 반대로 왼쪽으로 시각을 치우치게 하는 안경을 착용해도 곧바로 적응할 수 있게 된다.

중요한 사실이 한 가지 더 있다. 시각을 오른쪽으로 치우치게 만드는 안경, 정상적인 안경, 왼쪽으로 치우치게 만드는 안경, 이 3가지 종류의 안경을 무작위로 착용한 상태에서 잔을 집는 훈련을 반복한다. 이런 방식으로 최단 시간에 최단 거리를 움직여 잔을 잡는 방법을 학습할 수 있다고 한다. 다만, 실험 참여자는 지금 쓰고 있는 안경이 어떤 안경인지 알 수 없어 실패 횟수가 늘어난다. 이런 방식의 학습에서는 평소보다 더 '천천히' 학습해야 한다.

이 실험은 앞에서 이야기한 내용과 일치한다. 기억은 천천히, 약간 모호하게 습득할 때 비로소 의미를 지닌다. 그래야 우리 뇌가 실패 경험을 통해 효율적으로 학습할 수 있기 때문이다. 이러한 실험 결과로 허츠펠드 교수팀은 '우리 뇌는 이번 실패를 과거의 실패 경험과 대조해 정확하게 인식하는 과정에서 발달한다'는 결론을 내렸다. 여러 의미에서 심오한 결론이다.

이 논문을 읽고 "어떤 분야의 전문가는 그 길에 들어선 뒤

아하!

온갖 실패를 경험하며 차츰 배워 나간다"라는 은사님의 말씀을 떠올렸다. 결국, 우리 뇌는 '소거법'을 통해 학습한다.

발명왕 토머스 에디슨의 유명한 명언이 자연스럽게 머릿속에 떠오른다.

"나는 한 번도 실패한 적이 없다. 다만 효과가 없는 1만 가지 방법을 찾았을 뿐이다."

심리실험 12

뇌는 왜 보이지 않는 상대를 얕잡아볼까?

아테네 국립 고고학 박물관의
'안티키테라 기계'의 사례

길이 18미터, 높이와 폭 각각 4미터, 무게 970톤에 달하는 거대한 유적, 바알베크 유적. 단연 세계 최고 규모다. 당대인들은 어떻게 그 무거운 돌들을 채석장에서 캐어 운반했을까? 바알베크 유적 이외에도 고대 기술의 뛰어난 수준에 혀를 내두르게 되는 작품이 여럿 있다. 아테네 국립 고고학 박물관에 보관된 '안티키테라 기계'가 대표적이다. 안티키테라섬에서 맨 처음 발견될 당시만 해도 '장난감'으로 여겨 발굴하지 않고 방치했던 톱니장치가 훗날 천체 운행을 계산하는 정교한 기계로 판명되었다. 윤년이나 달의 위상 변화뿐 아니라 행성 위치와 일식, 월식까지 계산할 수 있는 장치라고 한다. 코페르니쿠스 지동설보다 무려 1,600년이나 앞선 천문학 관측 장비로, 고대 그리스가 낳은 걸작 중 하나다.
이렇듯, 우리는 고대인들을 미개하다고 생각하며 무시하는 경향이 있다. 뇌 탓이다. 인간 뇌는 왜 눈에 보이지 않는 상대를 무시하고 얕잡아볼까?

몇 년 전, 동료 학자들과 함께 레바논 여행을 갔을 때의 일이었다. 내친김에 나는 시리아와 인접해 있는 국경 지역까지 용기 있게 원정을 나섰다. 레바논과 시리아가 국경을 맞댄 접경 지역은 사막이 많은 중동지역에서는 드물게 비옥한 고원지대다. 이 지역은 기원전 12세기 페니키아 시대부터 번영을 누렸다. 나는 그곳에서 로마 시대에 건설된 유적 바알베크(Baalbek)를 찾았다.

그때 내가 살펴본 유적 중 주피터 신전을 떠받치는 '트릴리톤(Trilithon, 곧게 선 두 돌 위에 한 개의 돌을 얹은 거석 기념물_옮긴이)'이라는 이름의 3개의 거석이 특히 인상적이었다. 나는 그 유적에서 매우 깊은 감동을 받았다.

우리가 좁은 시야에서 벗어나 지구 위로 눈을 돌리면 거석문화는 전 세계 곳곳에 광범위하게 퍼져 있음을 분명하게 알 수 있다. 고대 이집트문명이나 잉카문명에서도 입이 떡 벌어지도록 거대한 돌을 쌓아 만든 유적을 어렵지 않게 찾아볼 수 있다.

바알베크 유적은 수많은 거석문화 유적 중에서도 특히 파격적이었다. 길이 18미터, 높이와 폭 4미터, 무게 970톤에 달하는 거대한 유적이다. 건축 자재로 사용한 석재만 보면 단연 세계 최대 규모다.

당대의 사람들은 이 상상도 안 될 정도로 거대하고 웅장한 구조물을 어떻게 만들었을까? 우선, 채석장이 있는 바위산에서 유적까지 1킬로미터 남짓 거리를 이동해 석재를 날라야 한다. 그들은 어떻게 그 무거운 돌들을 운반했을까? 굴림대로 사용할 통나무를 바닥에 깔고 돌을 밧줄로 묶어 당기며 나르는 것이 당대의 운반법이었다. 그런데 이 거석을 옮기려면 1만 5,000명의 인부가 필요하다. 얼마나 많은 인부를 동원해 석재를 옮기고 배치하며 작업했을지 상상도 가지 않는다. 원하는 위치에 돌을 가져다 놓을 수 있었다고 하더라도, 거석의 중량을 버틸 수 있는 밧줄과 통나무는 과연 어디서 조달했을까?

한번 상상해보자. 오늘날 세계 최고의 토목 기술을 동원한다면 바알베크 유적과 같은 거대한 구조물을 성공적으로 쌓아 올릴 수 있을까? 나는 개인적으로 건축에 대해서는 문외한이지만, 언뜻 생각하기에도 쉽지 않을 것 같다. 아니, 돌을 나르는 일만도 녹록지 않아 보인다. 참고로, 채석장에는 2,000톤짜리 거석이 절단된 상태로 방치되어 있다. 당대의 사람들도 그 엄청난 무게의 돌을 나르는 건 꽤 버거웠던 모양이다.

나는 바알베크 유적 이외에도 고대 기술의 뛰어난 수준에 혀를 내두르게 되는 작품을 우연히 만난 적이 있다. 아테네 국립 고고학 박물관에서 본 '안티키테라 기계(Antikythera Mechanism)'가 대표적인 사례다. 전해 듣기로는, 안티키테라 섬에서 맨 처음 발견될 당시만 해도 '장난감'으로 여겨 발굴하지 않고 방치했던 톱니장치가 나중에 천체 운행을 계산하는 정교한 기계로 판명되었다고 한다. 윤년이나 달의 위상변화뿐 아니라 행성 위치와 일식, 월식까지 상당히 정확하게 계산할 수 있는 장치라고 한다. 놀랍게도, 코페르니쿠스의 지동설보다 무려 1,600년이나 앞선 천문학 관측 장비로, 고대 그리스가 낳은 걸작 중 하나다.

좀 더 소박한 기적도 있다. 중앙아메리카 국가인 코스타리카 국립 박물관에 가면 돌을 깎아 만든 동그란 물체가 있다. 크기도 다양한 고대의 물체는 완벽한 원형이다. 규모가 가장 큰 구체는 무게가 25톤에 달한다. 도대체 어떤 기술을 동원해야 그토록 크고 완벽한 구체를 정교하게 깎아낼 수 있을까? 애초에 무슨 목적으로 구체를 만들고 어떤 용도로 사용했는지는 여전히 수수께끼로 남아 있다. 참으로 불가사의한 유적이 아닐 수 없다.

미국 작가 이반 샌더슨(Ivan T. Sanderson)은 이처럼 시대와 맞지 않는, 고도로 발달되고 정교한 유물에 '오파츠(Out of

Place Artifacts에서 머리글자를 따서 만든 단어)'라는 흥미로운 이름을 붙였다(참고로, '오파츠'는 학계에서 정식으로 인정받는 학술 용어는 아니다). 이따금 나는 '오파츠'를 바라보며 고대인들이 일상적으로 사용했던 기술과 그들이 누렸던 생활을 즐거운 마음으로 상상하곤 한다.

'오파츠'를 보고 머릿속으로 상상의 날개를 펼치던 어느 날, 문득 깨달았다. 내가 '오파츠'에 감탄하는 이유는 '당대에 그런 고도의 기술이 있었을 리 없다'라는, 고대인을 얕잡아보는 저급한 우월감이 마음속 한구석에 깔려 있었기 때문이 아닐까. 고대인들도 우리 현대인과 마찬가지로 호모사피엔스다. 그들은 우리와 같은 우수한 두뇌를 가졌고, 우리처럼 손을 효과적으로 사용할 줄 알았고, 그 손으로 창의적인 활동을 할 줄 알았다. 그러므로 고대인이 우리보다 '열등하다'고 판단할 근거는 어디에도 없다.

상대방을 얕보는 경향은 일상에서도 쉽게 찾아볼 수 있다. 학창시절, 나는 옆 반 친구들이 우리 반 친구들보다 개성도 없고 평범한 아이들이라는 편견을 가지고 있었다. 이는 '외집단 동질성 가설(Out-group Homogeneity)'이라고 부르는 우리 뇌의 못된 습관에서 비롯된 현상이다. 우리 뇌는 보이지 않는 상대방을 얕잡아보는 못된 습성을 가지고 있다. 애당초 '오파츠'라는 단어가 존재한다는 사실 자체가 우리가 고자세로 고대인을 깔보고 있다는 증거다. 지역과 시대를 넘어 사람들이 서로 이해하려면 자신의 내면에 깃든 못난 자존심을 먼저 깨달아야 하지 않을까.

심리실험 13

유머감각이 낮은 사람일수록 자신의 유머감각을 높게 평가하는 이유

코넬대 더닝 교수와 대학원생 크루거의 '유머 이해력 실험'

코넬대학교 데이비드 더닝 교수 연구팀은 사람들이 농담을 즐기는 능력을 조사했다. 그들은 65명의 대학생을 대상으로 30개 농담을 읽게 하고, 어느 정도 재미있었는지 점수를 매겨 달라고 요청했다. 연구팀은 "당신의 유머 이해도는 또래 친구들 사이에서 어느 정도입니까?"라고 물었다. 조사 결과, 유머를 이해하고 즐길 줄 아는 능력이 낮은 사람일수록 상대적으로 자신의 유머감각을 높게 평가한다는 사실이 밝혀졌다. 예를 들어, 하위 25퍼센트 점수를 받은 사람은 평균적으로 '나는 상위 40퍼센트 수준이다'라고 자신을 과대평가했다. 반면, 상위 25퍼센트 안에 드는 우수한 사람은 '나는 상위 30퍼센트 이하 수준이다'라고 자신을 다소 과소평가했다.

실험 결과로 유머감각이 떨어지는 사람일수록 '나는 유머감각이 뛰어나다'고 착각하는 경향이 있다는 걸 알 수 있다. 왜 이런 결과가 나왔을까?

당신은 자신에 대해 어떤 이미지를 가지고 있나? 자기 자신을 그린 그림, 즉 '자화상'은 사람마다 제각각 달라지지만 일정한 경향성과 패턴이 있다. 일상에서 자주 자동차를 운전하는 생활 패턴을 가진 사람에게 다음과 같이 묻는다고 해보자.

"선생님은 다른 운전자들보다 운전을 잘하시는 편인가요?"

평균적인 운전자들과 비교할 때 운전 실력이 어느 정도 수준인지를 물은 것이다. 설문조사를 분석하자, 깜짝 놀랄 만한 결과가 나왔다. 설문에 응한 사람 중 무려 70퍼센트나 되는 많은 사람이 '나는 평균 이상이다'라고 답했기 때문이다. 정규 분포를 고려하면 50퍼센트에 가까운 숫자가 나와야 정상이다. 그런데 예상보다 20퍼센트나 많은 사람이 '나는 평균적인 수준의 운전자보다 운전을 잘한다'라고 대답한 것이다. 자신의 운전 실력을 착각하거나 과대평가하는 사람이 그만큼 많다는 뜻이다.

이 시점에서 궁금증이 생긴다. '얼마나 많은 사람이 자신의 능력을 착각하며 살아갈까?' 평균 이상의 능력을 지닌 사람은 실제로 존재한다. 또 자신을 냉철하고 정확하게 평가할 수 있는 사람도 분명 존재한다. 그렇다면 어떤 사람이 자신을 과대평가하는 경향이 있을까?

미국 코넬대학교 사회심리학과 데이비드 더닝(David Dunning) 교수와 대학원생 저스틴 크루거(Justin Kruger)는 이 의문을 풀기 위해 연구를 진행했다. 더닝-크루거 연구팀이 특히 주목한 것은 사람들의 '유머 이해력'이었다. 고차원적 유머를 이해하고 즐기는 일은 생각처럼 녹록하지 않다. 나름대로 세련된 감각과 지식, 기지와 위트가 뒷받침하지 않으면 다른 사람의 유머를 제대로 이해할 수도 즐길 수도 없다. 유머를 구사하는 일은 더 말할 필요도 없다.

연구팀은 65명의 대학생을 대상으로 30개의 유머를 읽게 한 뒤 얼마나 재미있었는지 구체적인 점수로 매겨 달라고 요청했다. 그런 다음 실험 참여자들이 매긴 점수를 종합하고 세밀히 분석했다. 참여자들이 매긴 점수를 보면 과연 그들이 유머의 묘미를 얼마나 잘 이해했는지 판단할 수 있다.

연구팀은 실험 과정에 "당신의 유머 이해도는 또래 친구들 사이에서 어느 정도 위치라고 생각하는가?"라고 물었다. 조사 결과, 유머를 이해하고 즐길 줄 아는 능력이 낮은 사람일수록 상대적으로 자신에 대해 높게 평가한다는 사실이 밝혀졌다. 예를 들어, 하위 25퍼센트 점수를 받은 사람은 평균적으로 '나는 상위 40퍼센트 수준이다'라고 자신을 과대평가했다. 반면 상위 25퍼센트 안에 드는 우수한 사람은 '나는 상위

30퍼센트 이하 수준이다'라고 자신을 다소 과소평가했다.

위의 실험 결과를 보면 유머감각이 떨어지는 사람일수록 '나는 유머감각이 뛰어나다'고 착각하는 경향이 있다는 걸 알 수 있다. 다시 말해, 사람들이 스스로 판단하는 자신의 능력과 실제 능력에 적지 않은 차이가 존재한다고 결론 내릴 수 있다. 이는 비단 유머 이해력이나 유머감각만이 아니라 논리적 사고에서 학력을 테스트하는 시험에 이르기까지 보편적인 현상이다.

문득 한 가지 의문점이 생긴다. 이런 인지와 실제 사이의 불일치는 왜 일어나는 걸까? 말하자면, 인지적 · 지적 능력이 낮아서 자신을 객관적으로 볼 수 없는 걸까? 아니면, 반대로 자신을 객관적으로 볼 수 없어서 인지적 · 지적 능력이 떨어지는 걸까?

연구팀은 좀 더 세밀한 실험과 조사를 거쳐서 다음과 같은 결론을 내렸다.

① 인지적 · 지적 능력이 낮은 사람은 바로 그 낮은 '능력' 때문에 자신이 얼마나 능력이 낮은지 정확히 판단하지 못한다.

② 인지적 · 지적 능력이 낮은 사람은 바로 그 낮은 '능력' 때문에 다른 사람의 능력도 정당하게 평가하지 못한다.

③ 그러므로 인지적 · 지적 능력이 낮은 사람은 자신을 과대평가하는 경

향이 있다.

이러한 현상을 심리학 발전에 크게 공헌한 연구자들의 이름을 따서 '더닝-크루거 효과(Dunning-Kruger Effect)'라고 부른다. 그런데 더닝-크루거 효과를 알게 된 사람들의 반응이 재미있다. 그들 중 대다수는 다음과 같이 말하며 마치 자신과는 상관없는 이야기라도 되는 것처럼 말한다.

"아무리 착각은 자유라지만, 제 주위에 확실히 착각하는 사람이 있어요. 지금 제 머릿속에 딱 떠오르는 사람이 있네요."

굳이 말하지 않아도 알겠지만, 이러한 반응 역시 더닝-크루거 효과의 일종으로 '맹점 오류(Blind-Spot Bias)'라는 용어로도 불린다.

사실 더닝-크루거 실험의 핵심은 '인지적·지적 능력이 낮은 사람이라도 훈련에 훈련을 거듭하면, 자신의 부족함을 깨닫고 좀 더 나은 사람이 될 수 있다'는 데 있다. 인지적·지적 능력이 낮은 사람은 글자 그대로 무능한 것이 아니라 현 시점에서 조금 미숙할 뿐 얼마든지 성장할 수 있는 가능성과 잠재력이 남아 있다. 요컨대, 더닝-크루거 효과는 어떤 분야이든 상대적으로 초보자에게 나타나기 쉬운 자연스러운 심리 경향이자 효과인 셈이다. 그러고 보면 '근자감', 즉 근거 없는 자신감이 부정적인 요소만 지닌 것은 아니다. 앞으로 자신의 잠재력을 꽃피우고 가능성을 높이기 위한 밑거름이자 원동력으로 얼마든지 작용할 수 있기 때문이다.

당신 주위에 유머감각이나 인지적·지적 능력이 조금 떨어져 보이는 사람이 있는가? 만일 그렇더라도 그들을 비하하거나 비판하는 오지랖 넓은 행동은 삼가고 좀 더 관대한 자세로 대하기 바란다.

심리실험 14

당신을 비웃는 사람을 한 방 먹이고 싶다면 억지로라도 웃어라

취리히대 플랫 교수의 '비웃음 공포증' 연구 사례

'비웃음 공포증'이란 비웃음이나 조롱당하는 일을 두려워하는 심리 장애를 일컫는 말로, 스위스 취리히 대학교 플랫 교수팀의 연구 결과다. 이 증상을 가진 사람들은 다른 사람들에게 비웃음을 살까 두려워 온종일 가시방석에 앉은 기분으로 산다. 놀랍게도, 전 세계 인구의 7퍼센트 정도가 이 증상으로 고통받는다고 한다.

다른 사람에게 비웃음당할까 두려워하는 사람은 자발적으로 잘 웃지 않을 뿐만 아니라, 웃더라도 반응이 느리고 웃는 시간도 짧다. 즐거움의 최대치가 상대적으로 낮은 사람들이다. 게다가 다른 사람들이 일부러 배려해서 웃어주어도 '저 미소 뒤에 무슨 꿍꿍이를 숨기고 있을까?' 하며 의심한다.

이런 사람들에게 저자는 '억지로라도 자꾸 웃는 훈련을 하라'고 권한다. 설령 나를 비웃는 사람이라도 내가 크게 웃으면 상대방의 힘은 약화하거나 무력화한다는 것이다.

'올해는 적극적으로 웃는 한 해로 만들자!' 새해에 '많이 웃자'는 목표를 세우며 속으로 다짐했다. "만족한 웃음은 집안의 햇빛이다"라는 말이 있듯, 웃어야 좋은 일이 생긴다고 굳게 믿기 때문이다. 이런 당찬 포부를 내건 이유는 현실이 그만큼 녹록지 않기 때문이다. 사실, 요즘 개인적으로 웃을 일은 그리 많지 않다. 어린 시절에는 너무 웃다가 오줌을 지릴 정도로 신나게 웃는 일이 많았다(여담이지만, 웃다가 소변을 지리는 증상을 '복압성 요실금'이라고 부른다). 그러나 어른이 되면서 배꼽이 빠지도록 웃는 일은 눈에 띄게 줄어들었다.

물론 요즘도 즐거운 순간이 전혀 없는 것은 아니다. 연구자로서 가장 기쁜 순간은 뭐니 뭐니 해도 뭔가 새로운 발견을 했을 때다. 그 순간만은 잠시나마 입이 귀에 걸리며 세상에서 가장 행복한 미소를 지을 수 있다. 그러나 그것도 잠시, 새로운 발견에 기뻐하면서도 냉정한 눈으로 현실을 바라보는 또 하나의 내가 내 안에 있다. '이 발견으로 어떤 새로운 법칙을 도출할 수 있을까?', '언제 학회에 논문을 발표해야 할까?', '학회에서 논문이 통과되려면 논문 개요를 구체적으로 어떻게 짜야 할까?', '이 발견을 토대로 새로운 연구비를 따낼 만한 효과적인 전략은 없을까?', '동료들이 내 발견을 두고 수군거리며 샘을 내지는 않을까?' 등등. 이런저런 생각으로 머릿속이 한없이 복잡해진다. 그만한 이유로 입이 찢어지도록 웃다가도 순식간에 얼굴에서 미소가 사라지는 건 참으로 안타까운 현실이 아닐 수 없다.

웃음에 관해 생각이 많아진 건 '비웃음 공포증(Catapedaphobia)'에 관한 스위스 취리히 대학교 플랫(Platt) 교수 연구팀의 논문을 읽고 나서다. '비웃음 공포증'이란 비웃음이나 조롱을 두려워하는 심리 장애를 일컫는다. 쉽게 말해, 다른 사람들에게 비웃음을 살까 두려워 온종일 가시방석에 앉은 기분으로 사는 사람을 가리킨다.

놀랍게도, 전 세계 인구의 7퍼센트가량이 이 증상에 해당한다고 한다. 2012년 세계적 규모로 벌인 조사 결과다. 나는 설마 내가 '비웃음 공포증'을 앓고 있을 줄은 꿈에도 몰랐다. 그러다가 '비웃음 공포증'에 걸린 사람은 평소 잘 웃지 않는 경향이 있다는 연구 결과를 보고 짚이는 구석이 있어 가슴 한구석이 갑자기 서늘해졌다.

다른 사람들에게 비웃음당할까 두려워하는 사람은 자발적으로 잘 웃지 않을 뿐만 아니라, 설령 웃더라도 웃음을 터뜨리는 반응이 상당히 느리고 웃는 시간도 짧다고 한다. 말하자면, 즐거움의 최대치가 낮은 사람들이다. 게다가 다른 사람

Ha
Ha
Ha
Ha
Ha
Ha
Ha
Ha
Ha
Ha
Ha

Ha
Ha
Ha
Ha
Ha
Ha
Ha
Ha
Ha
Ha
Ha

들이 일부러 배려해서 웃어주어도 '저 미소 뒤에 무슨 꿍꿍이를 숨기고 있을까?'라고 제멋대로 넘겨짚는 경향도 있다고 한다. 나에게도 해당하는 이야기라 아픈 곳을 찔린 듯 속으로 뜨끔했다. 아무래도 나의 직업과 관계가 있는 게 아닐까.

나는 대학에서 학문을 연구하고 학생을 가르치는 일을 하며 산다. 말하자면, 교육직에 종사하는 셈이다. 그렇다 보니, 학교 현장에서 학생을 '칭찬'할 일이 많은 편이다. 최고 성과를 내지 못해도 조금이라도 잘했다 싶으면 적극적으로 학생들을 칭찬하려고 애쓴다. 학생에게 동기를 부여해 당사자뿐 아니라 교육 현장 분위기를 띄우는 데는 칭찬만큼 효과적인 방법도 없다고 믿기 때문이다. 이런 나의 행동을 조금 삐딱하게 보자면, 약간 가식적이고 입에 발린 말에 지나지 않는 것 같다. 속으로는 '좀 더 잘할 수 있잖아'라고 생각하며 혀를 차면서도, 겉으로는 '잘했어'라고 이야기하며 칭찬해주는 습관이 어느새 몸에 배고 말았다.

반쯤 위선적인 일상을 살다 보면 다른 사람에게 칭찬을 받아도 '비행기 태우려고 하는 소리 아냐? 입에 발린 말인 거 다 알아!'라는 식으로 자조적으로 생각하게 된다. 다른 사람의 미소를 편안하게 받아들이지 못하는 나의 성향은 어쩌면 직업병의 일종일지도 모르겠다.

'비웃음 공포증'이 있는 사람은 일반적으로 인생의 만족도가 낮다고 알려져 있다. 고개가 끄덕여지는 연구 결과가 아닐 수 없다. 자신의 의지로 웃지 않으며 사느라 행복을 놓치는 인생은 여러모로 안타깝고 가슴 짠하다. 적극적으로 웃지 않으면 나만 손해라는 사실을 알았으니 이제 적극적으로 웃기 위해 노력하려고 한다. '복압성 요실금'으로 오줌을 지릴 정도로 배꼽이 빠질 정도로 웃던 어린 시절의 웃음까지는 바라지 않더라도 의식적으로 웃을 일을 늘려 인생의 질을 개선할 수 있다면 제법 짭짤한 투자가 아닐까.

심리실험 15

집중력을 2배 높여주는 '가짜 전기헬멧'의 비밀

브뤼셀 자유대 마갈레스 교수의 '스트룹 효과 실험'

벨기에 브뤼셀 자유대학교 마갈레스 교수 연구팀은 머리에 쓰기만 해도 오답률이 절반으로 떨어지는 헬멧을 개발하는 데 성공했다. 아니, 사실 그들이 만든 것은 '가짜 헬멧'이었다. 그것은 플라세보 효과를 확인하기 위한 실험 도구였다. 그들은 실험 참여자들에게 다음과 같이 말했다.

"이 헬멧은 새로 개발한 장치로, 사람의 인지 능력을 획기적으로 높여주는 효과가 있다는 점이 입증되었습니다."

흰 가운을 입은 전문가가 실험 참여자의 머리에 헬멧을 씌운 다음 이렇게 말하자, 대부분 그 말을 믿었고 실제로 성적이 향상되었다.

"이 장치가 뇌를 교란하여 성적이 떨어질 수 있습니다."

연구팀이 실험 참여자들에게 이렇게 말하자, 점수가 내려갔다. 플라세보 효과가 실제로 입증된 셈인데, 우리는 이것을 긍정적으로 보아야 할까 부정적으로 보아야 할까?

짜잔, 인류의 오랜 꿈을 이루어주는 마법 같은 미래형 기계가 나왔다. 약간 호들갑을 떨어도 이해받을 만큼 대단한 가치와 의미를 지닌 도구다. 그게 뭐냐고? '뇌의 성능을 획기적으로 높여주는 헬멧'이다. 이 놀라운 도구 개발에 마침내 성공했다는 반가운 소식이 들려온 거다. 벨기에 브뤼셀 자유대학교 마갈레스(Magalhaes) 교수가 이끄는 연구팀이 최근 발표한 대단한 성과다. 아직 특정하게 제한한 상황에서만 실험하여 성공을 거두었지만, 효과만은 확실하게 보장할 만하다고 한다.

연구팀은 '스트룹 효과(Stroop Effect)'를 적용해 실험했다. 자, 다음 한자가 적힌 글자의 '색'을 말해보라.

1. 白
2. 黑

글자 의미에 낚여 무심코 오답을 말하는 사람이 많다. 정답은 1. 검은색 2. 하얀색이다. 한자를 무시하고 글자 색을 정확하게 대답하려면 나름대로 고도의 집중력이 필요하다. 진지하게 문제를 풀어도 평균 4퍼센트는 틀린다(실제 '스트룹 실험'

에서는 빨간색, 파란색, 초록색 등 다채로운 색을 사용했다).

연구팀은 스트룹 실험 성적을 올려주는 전기헬멧을 개발하는 데 성공했다. 모두 28명이 자원하여 이 실험에 참여했다. 한데, 헬멧을 머리에 쓰기만 해도 오답률이 4퍼센트에서 2퍼센트로 뚝 떨어졌다.

여기까지 읽은 독자 중에는 벌써 눈치챈 사람도 있을 것이다. 사실, 그 헬멧은 '가짜'였다. 누구나 눈독을 들이고 탐낼 만한 손쉬운 뇌 증강장치가 그렇게 쉽게 개발될 리 없다. 연구팀은 일반 의료용 뇌파계를 그럴듯한 장치로 둔갑시켰다.

"이 헬멧은 새로 개발한 장치로, 사람의 인지 능력을 획기적으로 높여주는 효과가 있다는 점이 입증되었습니다."

가짜 헬멧을 씌우고 흰 가운을 입은 전문가가 그럴듯한 설명 한마디만 보태면 사람들은 대부분 순진하게 속아 넘어갔고, 실제로 성적이 향상되었다.

"이 장치가 뇌를 교란하여 성적이 떨어질 수 있습니다."

반대로 '이 장치를 쓰면 성적이 떨어진다'고 말하자, 실제로 점수가 내려갔다.

전문가의 말을 믿은 결과, 현실에서 실제로 이루어지는 현상을 '플라세보 효과(Placebo Effect)'라고 부른다. 사실, 이 효과는 의약품으로 잘 알려져 있다. 가짜 약인 위약을 투여해도 믿고 따르는 의사가 처방하면 실제로 효과가 있다는 실험이다. 하지만 골절이나 뇌출혈처럼 심각한 질환을 플라세보 효과로 치료하기는 어렵다. 그래도 우울증이나 가벼운 통증, 기억력이나 의욕 감퇴 등 심리적 요인에는 제법 신통한 효과를 발휘한다.

플라세보 효과는 의약품 이외 분야에도 적용된다. 미국 존스 홉킨스대학교 스타츠(H. Staats) 교수팀은 찬물에 손을 넣고 참는 시간을 측정하는 실험을 했다.

"찬물은 건강에 유익한 효과를 냅니다."

연구팀이 이런 설명을 덧붙이자, 참여자들의 인내심이 2배로 늘어난다는 사실을 발견했다. 게다가 특수한 약이나 장치를 사용하지 않아도 일상적인 사물과 단순한 암시만으로도 효과가 있었다.

플라세보 효과에는 항상 '플라세보 효과를 이용한 치료는 선인가, 악인가?'와 같은 윤리적인 문제 제기와 논란이 따라다닌다. 허위 설명은 일종의 '사기'로 볼 수 있다. 가짜 약이나 장치가 고가일수록 플라세보 효과도 덩달아 상승하므로 반사회적 유통 사기의 온상이 될 수도 있다. 한편에서는 '효과가 있으면 그만이지 무슨 트집을 잡느냐'며 플라세보 효과를 지지하는 의견도 있다. 말하자면, 플라세보 효과는 종교와 과학의 경계선에 아슬아슬하게 걸쳐 있는 셈이다.

화장품 개발 일을 하는 지인에게 플라세보 효과 이야기를 했더니, 재미있는 대답이 돌아왔다.

"화장품은 비싸게 팔아야 하는 상품이야. 저렴한 화장품은 같은 성분을 써도 상품으로서의 가치가 떨어지거든."

그의 더욱 놀라운 고백이 이어졌다.

"아, 효과가 너무 좋은 화장품도 안 돼. 한 번 바르고 예뻐지는 화장품을 내놓으면 화장품 회사가 먹고살 길이 막막해지잖아. 화장품 한 번 바르고 미인이 되는데, 화장품을 계속 살 바보가 어디 있겠어? 효과가 있는 듯 없는 듯한 화장품을 만드는 게 관건이지."

만드는 사람도 사용하는 사람도 심리적 존재인 인간이 관여하는 이상 소비자와 기업 간 눈치 싸움은 앞으로도 계속되지 않을까.

memory

CHAPTER

2

뇌를 알면 기억력이 쑥쑥

심리실험 16

수업시간에 잡담을 섞어 가르치면 훨씬 오래 기억에 남는다고?

캘리포니아대 그루버 교수의 '잡학 퀴즈 정답 맞히기 실험'

'특별한 흥미나 관심 있는 일은 왜 선명하게 기억나고, 또 오래 남을까?' 미국 캘리포니아대학교 그루버 교수는 이 문제를 주제로 연구했고, 《뉴런》이라는 과학 잡지에 그 결과가 실렸다. 그의 연구팀은 112개의 잡학 퀴즈를 준비했다. 예를 들면, '도시락의 어원은 무엇일까?', '고속철도를 맨 처음 개통한 나라는?' 등의 시시콜콜한 질문들이다. 연구팀은 참여자에게 퀴즈를 내고 '얼마나 재미있는가?', 즉 정답이 얼마나 궁금한지 호기심을 자극하는 정도를 점수로 매기게 했다. 그런 다음 10초 후 정답을 알려주었고, 실험을 종료한 뒤 잡학 퀴즈 정답을 얼마나 정확히 기억하는지 확인하는 시험을 했다. 어떤 결과가 나왔을까? 실험 참여자들은 자신이 흥미를 느낀 지식은 71퍼센트 정답을 기억했지만, 별로 흥미를 느끼지 못하는 잡학 지식은 54퍼센트밖에 기억하지 못했다. 연이어서 좀 더 심도 있고 흥미진진한 관련 실험들이 이어지는데…….

명화 〈모나리자〉로 유명한 거장 중의 거장 레오나르도 다 빈치. 그를 단지 위대한 화가로만 아는 사람이 많지만, 그는 요즘 말로 하면 퍼포먼스에 강한 '가수'이기도 했다. 실제로 재능이 뛰어난 음악가였던 다 빈치는 노래뿐 아니라 현악기인 리라 연주 실력도 탁월했다고 한다. 요즘 말로 하자면, 그는 만능 엔터테이너였던 셈이다. 30세에 밀라노의 스포르차 궁정에 초빙되었을 때도 화가로서가 아니라 음악적 재능을 인정받아서였다. 당시 문서에는 "회화에도 비범한 재능이 있다"라는 설명이 덧붙여져 있다. 즉, 다 빈치는 사실 음악이 본업이고 회화는 부업이었던 셈이다. 알아두어도 딱히 쓸모는 없으나 재미는 있는 잡학 지식을 들은 사람들의 입에서는 대개 '오!' 하는 감탄사가 나온다.

잡학은 즐겁다. 아니, 단지 즐겁기만 한 게 아니다. 사람들은 누구나 일반적으로 흥미를 느낀 지식일수록 그렇지 않은 지식에 비해 훨씬 더 잘 기억한다. '특별한 흥미나 관심이 있는 일은 왜 기억에 선명하게, 그리고 오래 남을까?'라는 의문에 답하기 위한 연구가 이루어졌고 논문으로 발표되었다. 《뉴런》이라는 과학잡지에 실린 미국 캘리포니아대학교 그루버(Gruber) 교수 연구팀의 논문이 그것이다.

연구 결과에 따르면, '흥미를 느낀 '대상'은 오랫동안 선명하게 기억에 남는다'라는 주장은 과학적으로 따져보면 그다지 정확한 학설은 아니라고 한다. 궁금한 독자를 위해 좀 더 자세히 살펴보자. 연구팀은 112개의 잡학 퀴즈를 준비했다. 예를 들면 '도시락의 어원은 무엇일까?', '고속철도를 맨 처음 개통한 나라는?' 등의 시시콜콜한 질문들이다. 연구팀은 참여자에게 퀴즈를 내고 '얼마나 재미있는가?', 즉 정답이 얼마나 궁금한지 호기심을 자극하는 정도를 점수로 매기게 했다. 그런 다음, 10초 후에 정답을 알려주었다. 일련의 실험을 마친 뒤 잡학 퀴즈 정답을 얼마나 정확히 기억하고 있는지 확인하는 시험을 했다.

수많은 잡학 지식이 한꺼번에 쏟아져 들어와 전부 기억하는 건 애초 불가능했다. 그러므로 항목마다 실험 참여자들이 기억하는 정도의 편차는 매우 컸다. 예를 들어, 그들은 자신이 흥미를 느낀 잡학 지식을 71퍼센트의 확률로 정확히 정답을 기억했다. 반면, 그다지 흥미를 느끼지 못하는 잡학 지식은 정답률이 54퍼센트에 그쳤다. 확실히 흥미가 있으면 기억하기 쉬운 모양이다.

연구팀은 실험 도중 묘안을 짜냈다. 잡학 퀴즈가 화면에 표시되고 나서 정답이 나올 때까지 10초를 기다리는 시간에 중

명사진을 2초 동안 보여주었다. 잡학과는 무관한 다양한 인물들의 얼굴이었다. 모든 실험을 마치고 난 뒤 참여자들은 뒤풀이 시간을 가졌다. 그 후 연구팀은 대기 시간에 화면에 나왔던 얼굴 중 몇 명을 기억하는지 물었다.

그 결과, 흥미를 느낀 잡학 퀴즈 직후 표시된 얼굴은 흥미 없는 퀴즈 직후 나온 얼굴보다 4퍼센트 더 많이 기억했다. 일주일 뒤 같은 시험을 해도 역시 4퍼센트의 차이를 유지했다. 4퍼센트는 아주 작은 차이로 느껴질 수 있겠지만, 며칠이 지나도 효과가 지속되었다는 점에 주목하면 절대로 무시할 수 없는 수치다. 실험을 통해 사람이 어떤 일이나 대상에 흥미를 느낄 때는 그 대상뿐 아니라 주변의 관계 없는 사물들까지 덩달아 기억에 남는다는 사실을 밝혀냈다. 예를 들어, 학교 수업시간에 잡담을 섞어 가르치는 선생님들이 있다. 잡담을 섞어 진행하면 수업이 덜 지루하게 느껴지는 효과 이외에 기억에 오래 남는다는 덤까지 얻을 수 있다.

연구팀은 뇌 활동도 함께 기록했다. 실험 참여자가 흥미를 느낄 때는 호기심과 쾌감을 담당하는 복측피개영역(Ventral Tegmental Area)과 중격핵(Nucleus Accumbens)이 활발하게 활동한다. 그런데 참여자가 흥미를 느끼는 상황에서는 기억을 관장하는 해마 활동까지 덩달아 활발해졌다. 참고로, 해마의 활동에는 개인차가 있지만 해마가 활발하게 활동할수록 사진

속 얼굴을 정확히 떠올릴 수 있었다고 한다.

레오나르도 다 빈치는 "식욕 없는 식사가 건강에 해롭듯, 의욕이 동반되지 않은 공부는 기억에 남지 않는다"라는 명언을 남겼다. 이 말을 주의 깊게 읽어보자. '기억하고 싶은 대상에 흥미를 가지라'는 의미라기보다는 '흥미를 느꼈을 때 공부하라'는 참신한 주장이다. 역시 천재는 뭐가 달라도 다르다. 정곡을 찌르는 표현이자 통찰력을 지닌 말이 아닐 수 없다.

심리실험 17

공부를 잘하고 싶다면 자주 멍 때려야 한다는데?

헤리엇와트대 듀어 교수의 '기억력 테스트 실험'

헤리엇와트대학교 듀어 교수 연구팀은 한 가지 흥미로운 실험을 했다. 연구팀은 실험 참여자 70명에게 단어를 암기하라는 과제를 내주었다. 그들은 모니터에 '햇빛', '역', '전문가' 등 일상용어 15개를 단어당 1초씩 표시했다. 15분 후 그중 몇 개의 단어를 기억하는지 확인하는 실험이었다.

먼저, 연구팀은 참여자를 두 그룹으로 나누었다. 첫 번째 그룹은 아무것도 하지 않고 멍하니 15분의 시간을 보내게 했다. 두 번째 그룹은 연구팀이 미리 준비한 '틀린 그림 찾기'를 하며 15분을 보냈다.

결과는 놀라웠다. 멍하니 시간을 보낸 그룹은 평균 70퍼센트 수준으로 단어를 기억했지만, 틀린 그림 찾기를 하며 시간을 보낸 그룹은 평균 55퍼센트 이하의 정답률을 보였다.

이쯤 되면, 초등학교 시절 수업시간에 자주 멍하니 딴생각에 잠기곤 했던 과거의 자신에게 좀 더 관대해져도 좋지 않을까!

어느 날 오후, 멍하니 생각에 잠겨 있자니 어디선가 느닷없이 분필이 날아온다. 정신을 차리고 보니, 초등학교 교실. 한창 국어수업 중이다. 선생님이 시뻘겋게 달아오른 얼굴로 호통 친다.

“이케가야 유지! 정신 안 차릴래? 마음이 콩밭에 가 있지? 잘~한다. 정신 차리고 선생님이 묻는 말에 똑바로 대답해!”

수업 중에 딴생각에 빠지는 건 내 고질병이다. 지금도 강연이나 세미나 도중 정신을 딴 데 팔고 멍해질 때가 많다. 아, 젊은 독자 중에는 ‘분필이 날아왔다’는 상황에 문화적 충격을 느끼는 사람도 있을지 모르겠다. 사실, 나의 학창시절에는 수업시간에 꿀밤 맞는 일은 예삿일이고, 따귀도 온당한 체벌로 용인되었다.

아예 작정하고 검도용 목검이나 쥘부채를 챙겨서 ‘사랑의 매’라는 이름으로 무장하고 수업에 들어오는 선생님까지 있었다. 이해하기 어렵겠지만, 그 시절엔 그랬다. 돌이켜 보면, 당시에는 체벌을 문제시하는 사회적 풍조 자체가 없었던 것 같다.

나는 교육자로서 ‘체벌’에 반대한다. 그러나 마음 한편으로

BUFFURING...
머어엉~

는 요즘 교육 현장이 지나치게 체벌에 과민하게 반응한다는 생각도 든다. 특히 학생들이 예민하게 반응한다.

"어! 때려요? 신고할 거예요."

체벌을 빌미로 교사를 협박하는 학생도 드물지 않은 것 같다. 그래도 다행히 아직은 정상적인 부모가 많은 것 같다.

"당신 뭐야? 감히 귀한 내 새끼 몸에 손을 대?"라며 교사의 체벌을 일러바친 아이 편을 들며 쪼르르 학교로 달려와 항의하는 부모는 많지 않다.

"저희 아이가 선생님께 폐를 끼쳤습니다."

오히려 한달음에 학교로 달려와 고개를 조아리며 사과하는 학부모도 적지 않다고 들었다. 막 나가는 사람이 교사 측에서도 보호자 측에서도 소수지만, 그 소수의 목소리가 크다는 점이 문제라면 문제일 것이다.

아차, 이야기가 옆길로 샜다. 다시 본론으로 돌아가자. 툭하면 '멍~때리는' 습관은 분명 내 잘못이지만, 그래도 과학적으로 근거를 들어 자기 합리화를 하라면 얼마든지 할 수 있다. '멍~때리는' 시간에도 이점이 있기 때문이다.

영국 헤리엇와트대학교(Heriot-Watt University) 듀어(Dewar) 교수가 이끄는 연구팀이 얼마 전 발표한 논문을 방패로 삼아 잠깐 자기 변론을 펼쳐보려 한다.

연구팀은 실험 참여자 70명에게 단어를 암기하라는 과제를 내주었다. 그들은 모니터에 '햇빛', '역', '전문가' 등 일상에서 사용하는 단어 15개를 표시했다. 표시 시간은 각 단어 당 1초. 15분 후 그중 몇 개의 단어를 기억하는지 확인하는 실험이다.

연구팀은 참여자를 두 그룹으로 나누어 각자 다른 방식으로 15분을 보내게 했다. 첫 번째 그룹은 아무것도 하지 않고 멍하니 시간을 보냈다. 방안의 불을 끄고 휴대전화와 신문, 잡지 등 소일거리를 모두 금지했다. 반면, 두 번째 그룹은 특정 작업을 하며 시간을 보내게 했다. 두 번째 그룹 참여자들은 연구팀이 미리 준비한 '틀린 그림 찾기'를 하며 15분을 보냈다. 결과는 놀라웠다. 멍하니 시간을 보낸 그룹은 평균 70퍼센트 수준으로 단어를 기억한 반면, 특정 작업에 몰두하며 시간을 보낸 그룹은 평균 55퍼센트 이하의 정답률을 보였다. 일주일 뒤 다시 암기한 단어를 확인하게 해도 같은 결과가 나왔다. 멍하니 시간을 보낸 그룹은 여전히 50퍼센트 수준의 단어를 기억했지만, 특정 작업을 하며 시간을 보낸 그룹의 정답률은 30퍼센트를 밑돌았다. 즉, '멍하니 있는 시간'은 게으름을 피우며 흘려보내는 시간이 아니라 직전에 습득한 정보를 확실한 기억으로 정착시키는 중요한 '두뇌 활동 시간'인 셈이다. 이것은 61세부터 87세까지의 고령의 참여자를 대상으로 한 실험이지만, '청년부터 고령자까지 폭넓게 관찰할 수 있는 보편적 현상'이라는 것이 연구팀의 설명이다.

초등학교 시절 수업시간에 자주 멍하니 딴생각에 잠기곤 했던 과거의 나를 위한 변호의 사례가 될 수도 있지 않을까. '얼이 빠져 딴청을 피웠다'고 무작정 단정 짓고 자책만 할 게 아니라 기억을 정착시키기 위한 적극적 행위였다고 나 자신을 위로하고 싶다. 물론 '정착시킬 만한 내용이나 제대로 공부한 다음에 멍~때리라'라는 말을 들으면 할 말이 없지만 말이다.

심리실험 18

잠도 자고, 공부도 하고…… 이거야말로 일거양득!

프라이부르크대 라스크 교수의 '쥐의 미로 통과 실험'

프라이부르크대학교 비요른 라스크 교수는 '수면학습'이 효과가 있다는 사실을 증명했다. 그의 연구팀은 독일어를 모국어로 하는 68명의 참여자를 모아 네덜란드어 단어 120개(실험 참여자에게는 외국어에 해당함)를 암기하게 했다. 공부는 밤 10시부터 시작하게 하고, 11시에는 잠자리에 들게 했다. 그리고 참여자들이 논렘수면에 빠진 동안에만 암기한 단어 120개 중 절반에 해당하는 60개의 단어를 음성으로 낭독했다. 그러자 논렘수면 상태에서 들은 60개의 단어는 나머지 60개에 비해 단어 시험 점수가 10퍼센트가량 높았다.
잠도 충분히 자면서 공부도 잘할 수 있다는 가설, 듣기만 해도 반갑고 매력적인 이야기 아닌가?
이번 꼭지에서 이 주제에 관한 좀 더 자세한 내용을 살펴보자.

자면서 공부하는 수면학습에 효과가 있다는 가설이 최근에 실험으로 증명되었다. 얼마 전 발표된 스위스 프라이부르크 대학교(Freiburg im Üechtland)의 비요른 라스크(Björn Rasch) 교수팀의 연구 결과다. 사실, 수면학습 효과는 1920년대부터 이미 대중적으로 알려져 있었다. 그런데 왜 굳이 잘 알려진 사실을 다시 연구를 거쳐 검증해야 했을까? 관점에 따라서는 이미 알려진 사실을 굳이 다시 연구하는 비요른 교수 연구팀의 의도가 미심쩍어 보일 수도 있다.

자는 동안 외국어를 듣기만 해도 학습할 수 있다는, 이른바 수면학습(Hypnopedia)이 전 세계적으로 엄청난 열풍을 일으킨 것은 1970년대다. 지금으로부터 무려 40년도 더 지난 얘기인 셈이다. 그런데 수십 년의 시간이 흐르는 동안 많은 변화가 일어나서 최근에는 수면학습이 효과가 없다고 알고 있는 사람이 대부분이다. 게다가 '소음을 발생시켜 숙면을 방해하면 오히려 학습 능률을 떨어뜨린다'고 주장하는 연구자도 있을 정도다. 그렇다면 왜 이제야 '수면학습이 효과가 없다'는 기존의 주장이 뒤집혔을까? 이 궁금증에 대답하려면 기억 연구 분야의 최근 몇 년 동안의 상황 변화에 대한 설명이 필요할 것 같다.

우리가 잠을 잘 때 그날 낮 동안 경험한 일이 뇌 속에서 재생된다. 이는 쥐 실험으로 발견된 사실이다. 쥐에게 미로를 몇 차례 통과하게 하면 미로 안에서 활동한 신경세포가 수면 중에 다시 활성화된다. 무려 20년 전에 이루어진 연구 결과다. 그 후 지속해서 후속 연구가 이루어졌고, 수면 중 재생은 예상 이상으로 '정확'하다는 사실이 아울러 판명되었다. 즉, 잠자는 동안의 두뇌 활동 패턴을 보기만 해도 그 쥐가 미로 안에서 어떤 경로를 선택해 통과했는지 거의 정확하게 '역산'할 수 있다.

재생 속도는 더욱 놀랍다. 실제로 미로를 통과할 때 걸린 시간의 수십 배 속도로 고속 재생되었다. 이 고속 재생 경험이 뇌 속, 특히 해마에서 일어난다는 사실이 추가 연구를 통해 밝혀졌다. 해마는 기억에 관여하는 부위다. 당연히 뇌 내 재생이 기억의 열쇠가 된다고 추정하는 가설은 자연스러운 흐름이다.

연구팀은 후속 연구로 뇌 내 재생을 막으면 어떻게 될지 조사하는 실험에 착수했다. 그들은 미로 훈련을 받은 쥐의 뇌에 수면 중 재생이 일어나는 타이밍을 가늠하여 실시간으로 전기 충격을 주어 재생 활동을 방해했다. 그러자 쥐는 이미 통과했던 미로의 경로를 제대로 기억하지 못했다. 이 실험으로 해마가 수면 중 몇 차례 '복습'하며 그날 일어난 사건을 기억으로 정착시키는 역할을 한다는 가설이 사실로 입증되었다.

2012년, 더욱 결정적인 발견이 이루어졌다. 연구팀은 쥐가 미로를 통과할 때 특정한 '소리'를 들려주었다. 이 실험에서는 2종류의 미로를 학습하는 도중에 미로마다 서로 다른 소리를 사용했다. 그리고 수면 중에 둘 중 한 가지 소리를 들려주면 그 소리에 관련된 미로의 기억이 빈번하게 뇌 속에서 재생된다는 사실이 밝혀졌다. 자는 동안 외부에서 소리를 들려주어 뇌 내 재생 횟수를 조절할 수 있다는 뜻이다. 이러한 인공 제어는 '논렘수면'이라 부르는 깊은 수면에서만 가능했다.

이 연구 결과에서 출발하여 비요른 라스크 교수가 이끄는 연구팀이 실험에 착수했다. 연구팀은 독일어를 모국어로 하는 68명의 참여자를 모아 네덜란드어 단어 120개(실험 참여자에게는 외국어에 해당함)를 암기하게 했다. 공부는 밤 10시부터 시작하게 하고, 11시에는 잠자리에 들게 했다. 그리고 참여자들이 논렘수면에 빠진 동안에만 암기한 단어 120개 중 절반에 해당하는 60개의 단어를 음성으로 낭독했다. 그러자 논렘수면 상태에서 들은 60개의 단어는 나머지 60개에 비해 단어 시험 점수가 10퍼센트가량 높았다.

잠자며 학습할 수 있다는 가설은 상당히 매력적이다. 앞으로 교육에 활용할 수 있는 과학적 전략으로 기대한다. 다만, 논렘수면 상태에서 들려주어야 효과가 있다. 한 시대를 풍미한 낡은 '수면학습'의 주장처럼 자는 동안 무조건 테이프를 틀어놓는다고 효과가 있는 것은 아니다. 제대로 효과를 보려면 구시대적인 방식의 '수면학습'을 한 차원 뛰어넘는 훨씬 정교한 기술과 장치가 필요하다. 꿈의 수면학습을 이루어줄 스마트폰 어플리케이션이 나온다면 나부터 꼭 사용해보고 싶다.

심리실험 19

"엄마, 지난여름 엄마가 한 일을 난 다 알고 있어요!"

헬싱키대 파타넨 교수의 '태아 시절 기억 확인 실험'

이탈리아 국제 첨단연구소 몬테로소 박사 연구팀은 생후 4개월짜리 유아의 스트레스 반응을 관찰해 기억을 추적했다. 그들은 10분 동안 아이에게 괴로운 경험을 하도록 유도하고, 2주 후 다시 같은 경험을 하도록 유도했다. 그런 다음 첫 경험과 비교하자, 스트레스 호르몬 반응에 변화가 나타났다. 놀랍게도, 아기는 2주 전에 받은 스트레스를 분명하게 '기억하고' 있었다.
그러나 아직 놀라기는 이르다. 헬싱키대학교 파타넨 교수 연구팀은 심지어 '태어나기도 전의 기억'이 남아 있다는 사실을 증명했다. 임신 후기에 엄마의 몸 밖에서 〈반짝반짝 작은 별〉 멜로디를 일주일에 5회 반복해서 들려주었다. 생후 4개월 된 아기는 과연 어떤 반응을 보였을까?

얼마 전, 내 연구실에서 기억을 되살리는 약을 발견했다. 자세한 상황은 밝힐 수 없지만, 효과는 놀라우리만치 뛰어나다. 그 약은 동물실험은 물론이고 인체실험에서도 대단한 효과를 발휘했다. 까맣게 잊고 있던 기억을 되살려 기적의 약을 개발하는 데 성공한 것이다.

실험 결과, 우리가 까맣게 잊어버렸다고 생각했던 기억이 완전히 사라지지 않고 뇌 속 어딘가에 저장되어 있다는 사실을 알 수 있었다. 뇌 회로 안에 흔적이 남아 있음에도 '마음'이 정보에 접속하지 못함으로 인해 표면상 잊어버린 것 같은 증상으로 나타나는 것이다. '잊을 망(忘)'은 '마음을 잃어버리다'라는 의미를 갖는다. 멋진 글자 조합이 아닐 수 없다. 아무튼, 잃어버린 것은 '떠올려야 하는 마음'이지 뇌 정보 그 자체는 아니다.

오늘날 뇌 연구 분야에서는 뇌 속에 보관된 정보 접근을 차단하는 새로운 '기억'이 생성되어 '망각'이라는 현상이 일어난다고 추정한다. 즉, 망각이란 '떠올리지 마라'라는 다른 형태의 기억이 뇌 회로에 보존되며 성립하는 진취적인 현상인 셈이다. 이러한 유형의 기억을 '소거 기억'이라고 부른다. 그렇다면 뇌에는 얼마나 오래된 정보가 남아 있을까? 1년 전, 아니면 10년 전? 이에 대한 실마리를 최면술 실험에서 얻을 수 있다. 숙달된 최면술사가 유도하면 10퍼센트 정도의 사람이 쉽게 최면 상태에 빠져든다. 최면 상태에서는 다양한 행동을 끌어낼 수 있다.

최면술 중에서도 '퇴행 실험'은 특히 흥미로운 현상 중 하나다. 퇴행 실험이란 시간을 거슬러 올라가도록 유도하는 기술이다. 고등학생이던 시절을 떠올리게 하면 행동이나 말투까지 고등학생처럼 변하고, 당시 가족 구성이나 친구 관계, 경험한 사건들을 주절주절 이야기하기 시작한다. 중학생이나 초등학생 시절을 떠올리게 해도 마찬가지다. 최면술을 통해 유아기로 거슬러 올라가면 당사자가 '기억하고 있다'는 자각이 없는 옛날 기억까지 불러낼 수 있다. 최면에 걸린 사람이 최면 상태에서 이야기한 내용을 부모님이나 주위 사람들에게 들려주며 확인하면 신기하게도 정확히 맞아떨어지는 경우가 드물지 않다. 아무래도 상상 이상으로 오래된 흔적이 뇌 회로 어딘가에 잠들어 있는 게 아닌가 싶다.

유아기에 관한 논문 2편을 소개할까 한다. 먼저, 이탈리아 국제 첨단연구소 몬테로소(Monterosso) 박사 연구팀의 연구부터 잠깐 살펴보자. 연구팀은 생후 4개월 유아의 스트레스 반응을 관찰해 기억을 추적했다. 예를 들어, 서럽게 울고 있는

2000.5
2018.6.9
2010.8

데 엄마가 반응해주지 않는 상황은 아기에게는 견디기 힘든 스트레스를 유발한다.

실험에서는 10분 동안 괴로운 경험을 하도록 유도하고, 그로부터 2주 후 다시 같은 경험을 하도록 유도했다. 그러자 첫 경험과 비교할 경우 스트레스 호르몬 반응에 변화가 나타났다. 즉, 아기는 지난주 받은 스트레스를 그때까지 분명하게 '기억하고' 있었다.

변화 양상은 물론 제각각 달랐지만, 겨우 4개월짜리 갓난 아기라도 경험이 기억으로 탈바꿈해 뇌 회로에 각인되었음을 확인해주는 분명한 증거로 볼 수 있다. 아직 놀라기는 이르다. 스웨덴 헬싱키대학교 파타넨(Partanen) 교수가 이끄는 연구팀은 심지어 '태어나기도 전의 기억'이 남아 있다는 사실을 증명했다.

임신 후기에 어머니의 몸 밖에서 〈반짝반짝 작은 별〉 멜로디를 일주일에 다섯 번 반복해서 들려주었다. 생후 4개월 된 아기는 어떤 반응을 보였을까? 신기하게도, '반짝반짝 작은 별'을 들을 때만 뇌파에 반응이 나타났다고 한다. 이 실험 결과는 우리가 '기억'이라는 말을 들었을 때 일반적으로 연상하는 것보다 훨씬 오래된 경험이 뇌 회로에 각인되어 있음을 보여준다. '전생'까지는 거슬러 올라갈 수 없지만, 적어도 태아 시기의 기억은 우리 뇌 어딘가에 남아 있는 모양이다.

기억은 우리의 개성을 만드는 원형이다. 우리는 자신의 '기억'에 근거해 느끼고, 생각하고, 판단한다. 내 기억은 내 인격을 형성한다고 말하는 것도 그래서다. 이는 태어나기 전부터 축적된 소중한 보물이다. 잊지 말자. 지금 이 순간에도 새로운 기억이 뇌 회로를 따라 미래의 자신에게 전송되고 있다는 사실을.

'삶'이란 말하자면, 과거의 자신을 현재의 자신이 덧칠해 미래의 자신에게 맡기는 과정이 아닐까…….

심리실험 20

기억력을 향상하고 싶다면 커피를 마셔라

존스 홉킨스대 마이클 야사 교수의 '행동 태깅 실험'

동일본 대지진이 일어난 날, 저자는 자신이 메밀국수를 먹은 걸 또렷이 기억한다고 한다. '동일본 대지진'이라는 특별한 사건이 그날 점심으로 메밀국수를 먹은 일상의 평범한 정보를 특별한 기억으로 전환해 장기기억으로 정착시키는 '꼬리표' 역할을 했기 때문이라는 거다.
기억은 1. 획득 · 정보 입수 2. 고정 · 정보 정착 3. 재생 · 정보 상기의 3단계를 밟아 저장된다. 이 단계 중 한 가지만 빠져도 기억은 저장되지 않는다. 저자가 말한 '동일본 대지진'이 두 번째 단계인 '고정' 역할을 한 셈이다.
존스 홉킨스대학교 마이클 야사 교수팀은 카페인에 기억력 향상 효과가 있음을 실험을 통해 밝혀냈다. 위에 언급한 '동일본 대지진 · 메밀국수 점심' 사례처럼, 커피가 '고정' 역할을 했다는 거다. 야사 교수는 '행동 태깅'이라는 용어로 이 개념을 설명한다.

커피 성분 중 하나인 카페인에 기억력 향상 효과가 있다는 연구 결과가 발표되었다. 미국 존스 홉킨스대학교 마이클 야사(Michael Yassa) 교수가 이끄는 연구팀이 발표한 논문이다. 카페인은 신경 흥분 작용을 하는 성분으로, 기억력 향상과 무슨 관계가 있는지 얼핏 들어서는 고개가 갸웃거려지는 이야기다. 논문을 읽어보면 뜻밖의 흥미로운 사실을 발견할 수 있다.

2011년 3월 11일, 동일본 대지진이 일어났다. 그날 당신은 점심으로 무엇을 먹었는가? 잠시, 눈을 감고 기억을 되짚어보자. 또렷이 기억하는 사람도 있고, 전혀 기억나지 않는 사람도 있을 것이다. 참고로, 나는 연구실 근처 식당에서 메밀국수를 먹었다. 메밀국수를 좋아해서 평소 자주 먹는다. 그렇다 보니, 일반적인 상황에서라면 그날 메밀국수를 먹었다는 사실을 잊어버리는 게 어쩌면 당연한 일이다. 그런데 그날 메밀국수를 먹고 들어온 지 얼마 안 된 오후 2시 46분경에 텔레비전을 통해 그 참극을 목도했다.

이처럼 뭔가 큰 사건이나 인상 깊은 일이 생기면, 시간을 거슬러 올라가 그 일보다 먼저 일어난 일에 대한 정보가 기억으로 정착된다. 이러한 현상을 '행동 태깅(Tagging)'이라 부른다. 곰곰이 생각해보면, 귀신이 곡할 노릇이 아닐 수 없다. 메밀국수를 먹는 시점에서 뇌는 이 정보를 기억해야 할지 말아야 할지 정확히 판단할 수 없다. 나중에 '사건(동일본 대지진)'이 발생하자, 비로소 뇌는 기억으로 '정착시켜야겠다'고 판단한다. 이처럼 일상적 정보라도 잠시 우리 뇌 속에서 기억의 창고로 가기 전 '보류' 꼬리표를 달고 대기 번호표를 들고 기다리는 시간을 거친다.

기억은 적어도 다음의 3가지 단계를 밟아 저장된다.

1. 획득(정보 입수)
2. 고정(정보의 정착)
3. 재생(정보의 상기)

기억은 이렇게 3단계를 거쳐 우리 뇌에 저장된다. 이 단계 중 한 가지만 빠져도 기억은 저장되지 않는다. 그런데 어떤 과정을 추가하면 놀랍게도 기억이 획기적으로 향상된다. 동일본 대지진처럼 강렬한 경험은 평소라면 잊어버리는 게 당연한 기억을 장기기억으로 정착시키도록 '고정' 작업을 한다.

마이클 야사 교수 연구팀도 이 점에 주목했다. 카페인도 '고정' 과정을 촉진한다. 실제로 공부한 '후' 카페인을 섭취하

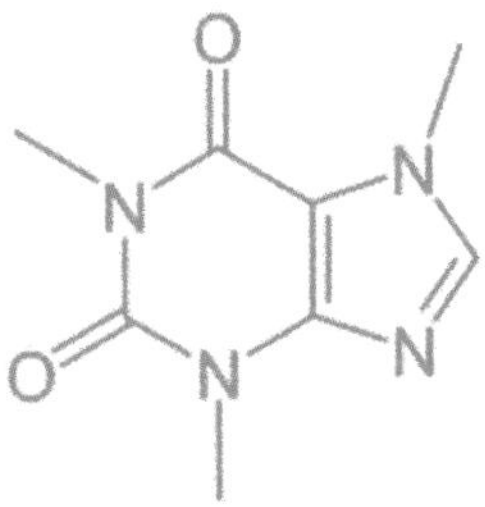

카페인

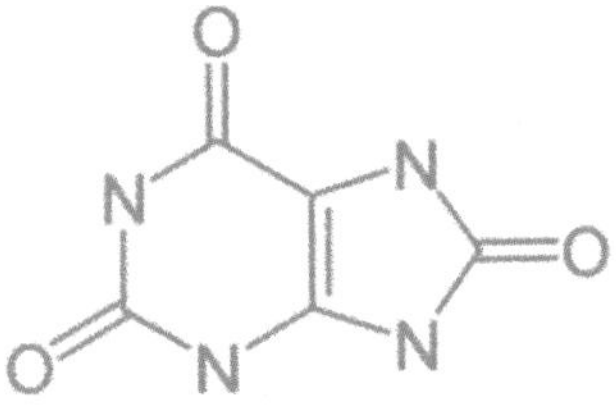

요산

면 공부하는 동안 외운 지식이 장기기억으로 저장된다는 사실이 밝혀졌다. 커피는 졸음을 쫓으려고 공부하기 '전' 마시는 음료라는 인상이 강하지만, 공부한 '후' 마시면 학습 효과를 높일 수 있다. 그런데 카페인과 함께 주목받은 물질이 한 가지 더 있다. 바로 '요산'이다. 요산은 푸린체(Purine Bodies)라고도 부르는데, 통풍의 원인이 되는 물질로도 유명하다.

사실, 카페인도 푸린체의 일종이다. 카페인과 요산의 화학 구조는 쌍둥이처럼 닮았다. 재미있게도, 카페인이나 요산을 동물에게 주사하면 운동량이 증가하고 활발하게 움직인다. 알고 지내는 어느 뇌 연구자가 "통풍을 치료하려고 약을 먹어서 요산 수치가 내려갔다. 그런데 희한하게 기운까지 덩달아 떨어졌다"고 푸념했다. 알고 보면, 과학적으로 전혀 근거 없는 이야기는 아니다.

네덜란드 에라스무스대학교(Erasmus Universiteit Rotterdam)의 모니크 브레텔러(Monique. M. B. Breteler) 교수 연구팀은 이와 관련해 대규모 조사를 벌였다. 그들은 요산 수치가 높은 사람은 기억력과 인지 기능이 높고, 앞으로 치매에 걸릴 위험이 낮다는 사실을 신중하게 결과 분석하고 증명하는 데 성공했다. 알렉산드로스 대왕, 미켈란젤로, 다 빈치, 괴테, 다윈 등의 천재들은 통풍으로 고생했다는 기록이 남아 있다. 물론 이 사실만으로 통풍과 재능의 인과관계까지 단정할 수는 없다. 그러나 상상력에 불을 지피는 흥미로운 연구 결과이기는 하다.

엄밀하게 따지면, 카페인과 요산은 약리작용이 다르다. 카페인은 직접 작용해 신경 흥분을 유도하지만, 요산은 항산화 작용을 매개로 작용해 뇌 기능이 향상된다고 추정된다.

이 글을 쓰는 동안 갑자기 커피가 당기는 건 뇌의 반사적 작용일까?

심리실험 21

많이 걸으면 기억력이 좋아지는 이유

'일리노이대 클레이먼 교수의 '산책-기억력 상호 관계 실험'

일리노이대학교 클레이먼 교수 연구팀은 55~80세 남녀 60명에게 하루 40분 동안 주 3회 산책하게 했다. 그런 다음, 뇌가 어떻게 변화하는지 조사했다. 놀랍게도, 그로부터 반년 후 산책 실험에 참여한 사람들은 해마 크기가 평균 2퍼센트 남짓 커졌다. 당연히 기억력도 눈에 띄게 향상되었다. 또한, 실험 결과 해마 증가율이 상대적으로 높은 사람일수록 기억력도 그만큼 더 크게 향상되었다.
저자는 '걷기'와 '기억'의 상관관계를 클레이먼 교수팀과 케나다 사이먼 프레이저대학 맥기어 교수팀의 연구 결과 등 최신 연구를 중심으로 흥미진진하게 풀어나간다.

마르코 폴로의 『동방견문록』, 모로코 출신 이슬람 여행가 이븐 바투타의 『이븐 바투타 여행기』, 『서유기』의 모태가 된 현장의 『대당서역기』 등 나라와 시대를 막론하고 옛사람들은 수많은 기행문을 남겼다. 그러고 보면, 인간은 태생적으로 걷기를 좋아하는 생물인 것 같다. 물론 현대인 중에는 '걸으면 다리도 아프고, 발도 아프고, 이래저래 피곤해져서 싫다'며 걷기 싫어하는 사람도 있다. 그래도 해맑은 얼굴로 아장아장 걷는 아기를 보면 두 발로 서서 걸어 다니는 행위가 사람에게 본질적 '쾌감'임은 의심의 여지가 없다.

산책은 마음 건강뿐 아니라 신체 건강에도 큰 도움이 된다. 게다가 최근 산책이 뇌에 미치는 영향이 속속 밝혀지기도 했다. 그중에서도 미국 일리노이대학교 클레이먼(Kleiman) 교수 연구팀의 실험이 대표적이다. 연구팀은 이 실험을 논문으로 정리하여 《미국 과학원 회보》에 발표했다. 연구팀은 55~80세 남녀 60명에게 하루 40분 동안 주 3회 산책하게 한 다음, 뇌가 어떻게 변화하는지 조사했다. 그로부터 반 년 후, 산책 실험에 참여한 사람들은 해마 크기가 평균 2퍼센트 남짓 확대되었고 기억력도 눈에 띄게 향상되었다는 사실이 밝혀졌다. 해마 증가율이 상대적으로 높은 사람일수록 기억력 시험에서도 좋은 성적을 얻었다. 산책으로 체내의 '뇌유래신경영양인자(Brain-Derived Neurotrophic Facror, BDNF)' 분비량이 증가하는데, 이 물질이 기억력 증강의 열쇠를 쥐고 있다고 한다.

걷기의 신비는 여기서 그치지 않는다. 애초에 걷기라는 행위 자체가 불가사의한 일이 아닐 수 없다. 이족보행 로봇을 제작해보면 이 점을 명확히 알 수 있다. 이족보행으로 체중을 떠받치는 설계 자체가 매우 까다롭기 때문이다. 중심이 불안정해 까딱하면 넘어져서 볼썽사납게 바닥에 나뒹굴거나 다시 일어나지 못하고 버둥거린다.

그렇다면 우리 뇌는 보행 중 어느 정도로 정교하게 두 다리의 균형을 잡을 수 있을까? 수많은 신경 과학자가 이 수수께끼 풀이에 도전했다. 그러나 보행을 실행하는 정교한 신경 메커니즘은 아직 해명되지 못했다. 이 난제에 뜻밖의 곳에서 서광이 비치기 시작했다. 선발 투수로 나섰던 신경과학이 아니라 구원투수로 등판해 멋지게 공을 던진 시스템 공학 연구자가 실마리를 찾아냈다. 답은 뇌가 아니라 '다리'에 있었다.

1990년, 캐나다의 사이먼 프레이저대학교(Simon Fraser University) 소속 맥기어(McGuire) 교수가 이끄는 연구팀이 동력 장치가 없는 컴퍼스 모양의 이족보행기가 넘어지지 않고 경사면을 걸어서 내려올 수 있다는 사실을 발견했다. '수동

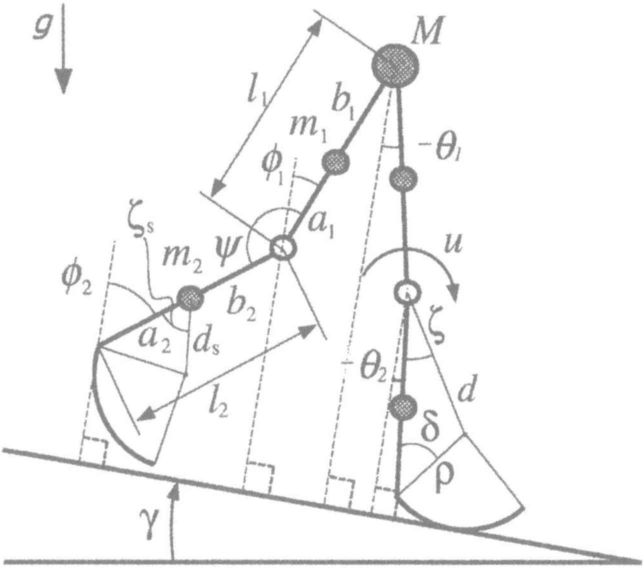
g
M
l_1
b_1
m_1
$-\theta_1$
ϕ_1
ζ_s
a_1
m_2
ψ
u
ϕ_2
b_2
ζ
a_2
d_s
$-\theta_2$
d
l_2
δ
ρ
γ

《일본 로봇 학회지》 자료

보행'이라 부르는 현상이다. 이후 일본 나고야공업대학교 후지모토 히데오 교수 연구팀이 한층 정교해진 보행 로봇을 디자인했다. 잠시 책을 덮고 인터넷을 검색해 실제로 움직이는 동영상을 감상하기 바란다. 그것은 사람의 보행운동을 빼닮았다.

컴퓨터 연산은 물론 모터조차 사용하지 않는 '장난감'이 뚜벅뚜벅 걸어 다니는 광경을 보고 있으면 그야말로 입이 딱 벌어진다. 골격과 관절 모양이 적절하면 중력에 몸을 맡기기만 해도 진자운동으로 토크(Torque: 물체에 작용하여 물체의 회전을 촉발하는 물리량으로 '비틀림 모멘트'라 부르기도 한다._옮긴이)가 발생해 안정된 보행을 실현할 수 있다. 즉, 보행 균형은 뇌 신경 회로에서 생성되지 않고 다리의 '형태'에서 자연스럽게 발생하는 셈이다. 고도의 구동력과 제어장치가 필요하지 않은 보행운동의 이점은 효율적인 '연비'에 있다. 그러므로 장시간 걸어도 좀처럼 지치지 않는다.

인류는 보행에 적합한 다리 골격을 완성함으로써 강력한 이동 수단을 손에 넣게 된 셈이다. 실제 사람의 이동 범위는 야생동물과 비교하면 어마어마하게 넓다. 인간과 비슷한 영장류라는 침팬지조차 태어난 지역에서 평생을 마치는 게 일반적이다. 효과적인 직립 이족보행을 시작한 현생 인류는 6만 년 전 아프리카 대륙을 나와 4만 년 전 머나먼 북극권까지 거주지를 확장하고, 지구 구석구석으로 진출했다. 그리고 그 과정에 '기행문'이라는 예술작품까지 창작해냈다. 모두 사람의 다리 덕분이라고 말할 수 있다. 여러 의미에서 동물계에서도 인간은 손에 꼽을 정도로 아름다운 '각선미'를 타고나는 생물이다.

갑자기 평소 귀하게 여겨본 적이 별로 없는 튼튼한 내 두 다리가 오늘따라 왠지 고맙고 대견하게 여겨진다.

심리실험 22

인간은 자신의 과거를 자기 입맛에 맞게 각색하기 좋아하는 존재

워털루대 콘웨이 교수의 '학습 기능 프로그램 수강 신청 현황 조사'

워털루대학교 콘웨이 교수 연구팀은 '학습 기능 프로그램'이라는 강의를 신설한 뒤 학생들의 심리를 알아보는 실험을 했다. 프로그램은 3주에 걸쳐 진행되었다. 첫날, 연구팀은 학생들에게 현재 자신의 성적과 공부시간, 집중력 등을 평가하게 했다. 그런 다음, 효과적인 필기법, 독서법 등을 날마다 90여 분간 강의했다. 종강 후 시행한 설문조사에서 학생 대다수가 수업에 만족하며 학습 능력도 향상되었다고 답했다.

이 조사 결과, 재미있는 사실이 밝혀졌다. 강의 첫날, 연구팀은 학생들에게 자신의 학습 능력을 어떻게 평가하는지 질문했다. 그리고 강의가 끝난 뒤 다시 자신의 학습 능력을 어떻게 평가하는지 물었다. 그 결과, 첫날 매긴 자기평가 점수보다 (강의가 끝난 뒤) 현재의 평가 점수가 더 낮게 나왔다. 이 실험으로 대개 사람들은 '과거(강의 첫날)의 나는 현재(수강 직후)의 나보다 부족했다'고 과소평가한다는 사실이 밝혀진 셈이다.

하버드대학교 심리학자 대니얼 샥터(Deniel Schacter) 교수는 '기억의 7가지 큰 죄'라는 제목으로 논문을 발표했다. '7가지 큰 죄'란 기독교 용어에서 파생한 용어다. 논문에서는 사람의 기억을 큰 죄에 비유해 설명하는데, 우리 기억이 얼마나 모호한지 보여주기 위해 7가지 예시로 나누어 소개한다. 그중 하나가 과거의 '자화상'이다.

잠시 눈을 감고 3년 전 자기 모습을 떠올려보자. 당시 당신의 능력이나 지식은 어느 정도였는가? 사람은 누구나 나무처럼 성장한다. 3년 치 다양한 경험을 쌓았으니 지금 내가 3년 전 나보다 기능이나 정보를 더 많이 습득해 한결 나은 존재가 되어 있지 않을까? 그렇다면 3년 전 나는 지금 나와 비교해 얼마나 '모자란 사람'이었을까?

잠시 캐나다 워털루대학교(University of Waterloo) 마이클 콘웨이(Michael Conway) 교수가 이끄는 연구팀의 실험을 소개할까 한다. 연구팀은 이 대학에 '학습 기능 프로그램'이라는 강의 과정을 신설했다. '우수한 성적을 거두려면 어떻게 공부해야 할까?'를 가르치는 일종의 자기계발 강좌였다. 유럽이나 미국 대학은 아시아권 대학보다 학점 이수가 어려워 학생들은 효과적인 공부법이나 암기법에 관심이 많다.

학습 기능 프로그램은 다양한 나라의 여러 대학에 개설되어 인기 강좌로 자리매김했다. 한데 약간 뜻밖의 결과로 여겨지겠지만, 이러한 지원 프로그램은 성적 향상에 별 효과가 없다는 사실이 다양한 조사로 증명되었다. 그런데도 학생들은 수강 신청 전쟁까지 벌여가며 앞 다투어 강의를 신청했다. 참으로 얄궂은 상황이다.

콘웨이 교수 연구팀은 이 점에 주목했다. 수강 신청을 받기 시작하자 예상대로 바로 정원이 찼을 뿐 아니라 수강 신청에서 탈락한 학생들은 대기자 명부에까지 이름을 올릴 정도로 대단한 열의를 보여주었다. 프로그램은 3주에 걸쳐 진행되었다. 첫날, 연구팀은 학생들에게 현재 자신의 성적과 공부시간, 집중력 등을 스스로 평가하도록 요청했다. 그런 다음 효과적인 청강 방법과 필기법, 독서법 등을 날마다 90여 분간 강의했다. 종강 후 설문조사를 했더니, 참여 학생 대다수가 수업에 만족한다고 대답했고 학습 능력도 향상되었다는 강의평가서를 제출했다.

이 조사 결과, 재미있는 사실이 밝혀졌다. 강의 첫날, 연구팀은 학생들에게 자신의 학습 능력을 어떻게 평가하는지 질문했다. 그리고 강의가 끝난 뒤 다시 자신의 학습 능력을 어떻게 평가하는지 물었다. 그 결과, 첫날 매긴 자기평가 점수

PLAY
RESET
OFF
BRAIN CLEAN MACHINE
CLEAN WASH
100%

보다 (강의가 끝난 뒤) 현재의 평가 점수가 더 낮게 나왔다. 이 실험으로 대개 사람들은 '과거(강의 첫날)의 나는 현재(수강 직후)의 나보다 부족했다'고 과소평가한다는 사실이 밝혀진 셈이다.

이러한 사실 왜곡은 프로그램을 이수하지 못한 대기자 명부의 학생들에게서는 좀처럼 찾아보기 어려운 현상이었다. 학생들은 자신이 수강한 프로그램에 효과가 있다고 믿고, 확신과 이치에 맞게 자신의 과거 기억을 왜곡했다. 참고로, 이후 치러진 기말시험에서는 수강자와 대기자 명부의 학생 간 성적 차이가 거의 없었다고 한다.

기억 왜곡에는 또 한 가지 이유가 있다. 과거 자신의 수준을 되도록 낮추어 성장 정도를 높이고 3주 동안의 노력을 정당화하고 싶은 자기방어 기제가 작용하기 때문이다.

"젊어서는 바보 같은 짓을 참 많이도 했지."

"학교 다닐 때 만날 놀기만 하고 공부는 하나도 안 했어."

자랑거리가 되지 않는 일을 마치 자랑스럽다는 듯 말하는 사람이 적지 않다. 거기다 한술 더 떠서 "내가 왕년에 주먹질 좀 했지"라며 과거의 폭력 경험을 자랑삼아 떠들고 다니는 사람도 있다.

싸움이나 일탈 경험을 습관적으로 자랑하는 사람일수록 학창 시절 행실이 불량하지 않았다는 사실도 잘 알려져 있다. 다만 약간의 과장을 보태 자신의 과거를 이야기하는 행위 자체는 나름대로 의미가 있다. 과거의 자신을 부정해 현재의 자신을 바라보면 자기만족과 자존감이 생성되어 긍정적인 심리를 갖게 하기 때문이다. 그러므로 어느 정도의 '셀프 이미지 세탁'은 눈 감아 주어야 하지 않을까.

심리실험 23

몸속에 수분이 부족하면 기억력이 감퇴한다는데?

코네티컷대 암스트롱 교수의 '수분-기억력 관계 측정 실험'

코네티컷대학교 암스트롱 교수 연구팀은 수분이 기억력과 학습 능력에 영향을 미친다는 사실을 밝혀냈다. 연구팀에 따르면, 수분 손실이 몸무게의 1퍼센트 이하라도 기억력 저하나 인지장애 등의 증상이 발생할 수 있다고 한다. 1퍼센트의 수분 손실은 두통은커녕 목마름조차 느껴지지 않을 정도의 극소량이다. 이 정도의 탈수는 여름뿐 아니라 1년 내내 발생하는 수준이다. 그런데도 아침에 등교한 아동 대다수가 탈수 상태에 빠져 있었다는 해외 조사 결과까지 나와 있다. 참고로 이스라엘 조사에서는 63퍼센트의 학생이, 이탈리아 조사에서는 84퍼센트의 학생이 탈수에 해당하는 수치를 나타냈다고 한다. 실제로 탈수 증상이 있는 아동에게 암기 테스트를 했더니 저조한 성적을 보였다는 후속 연구도 있다.
이 꼭지에서는 '몸속 수분 - 기억력'의 상관관계를 암스트롱 교수 외에도 영국 이스트런던 대학교 에드먼드 교수 연구팀 등의 심층 연구를 바탕으로 흥미롭게 풀어낸다.

한여름이 되어 무더위가 찾아오면 뉴스에 빠짐없이 등장하는 반갑지 않은 질병이 있다. 흔히 더위를 먹었다고 표현하는 '열사병'이 그것이다. 구급차를 타고 병원으로 이송되는 폭염 관련 질환자 수는 일본에서 4만 명이 넘어선 지 이미 몇 해 지났다.

열사병에 이르는 위험 인자 중 하나가 '탈수증'이다. 몸속에 수분이 부족하면 땀이 나지 않게 되고 체온이 상승해 위험해진다. 그럴 때는 규칙적으로 물을 마셔서 수분을 보충해주어야 한다(습도가 높은 환경에서는 탈수를 동반하지 않는 열사병에 걸릴 수도 있다).

수분은 우리 몸 전체 무게의 60~70퍼센트를 차지한다. 그중 3퍼센트만 상실해도 두통이나 구역질, 식욕 저하 등의 위험 증상이 나타난다. 우리 몸 전체의 수량으로 보면 3퍼센트는 극히 미미한 수준으로 느껴질 수도 있다. 그러나 반대로 말하자면, 그 정도의 적은 양의 물조차 우리 몸에 얼마나 중요한지를 알 수 있다. 실제로 의사들은 체내 수분이 10퍼센트 이상 감소하면 치명적 질환으로 간주한다. 최근 수분이 건강뿐 아니라 기억력과 학습 능력에도 영향을 미친다는 사실이 속속 밝혀지고 있다.

이에 관한 연구로는 미국 코네티컷대학교 암스트롱 교수 연구팀이 발표한 논문이 대표적이다. 이 논문에 따르면, 수분 손실이 몸무게의 1퍼센트 이하라도 기억력 저하나 인지장애 등의 증상이 발생할 가능성이 있다고 한다. 1퍼센트의 수분 손실은 두통은커녕 목마름조차 느껴지지 않을 정도의 극소량이다. 이 정도의 탈수는 비단 여름뿐 아니라 1년 내내 발생하는 수준이다. 한데, 아침에 학교에 도착했을 때 이미 대다수 아동이 탈수 상태였다는 해외 아동 조사 결과도 있다. 이스라엘 조사에서는 63퍼센트의 학생이, 이탈리아 조사에서는 84퍼센트의 학생이 탈수에 해당하는 수치를 나타냈다고 한다. 실제로 탈수 증상이 있는 아동에게 암기 테스트를 했더니 저조한 성적을 보였다는 후속 연구도 있다. 이스라엘이나 이탈리아는 평균 기온이 상대적으로 높은 지역이라 좀 더 극단적인 수치가 나왔을 수도 있다. 조사에 따르면 미국, 영국, 프랑스에서도 3분의 2 비율로 탈수 상태의 학생을 관찰할 수 있었다고 한다.

영국 이스트런던대학교 에드먼드 교수 연구팀이 수분 보충과 뇌 기능의 상관관계를 심층 조사했다. 그들은 초등학교 저학년 학생 58명을 대상으로 이야기를 읽고 질문하는 방식으로 인지 능력을 시험했다. 20분 전에 약 250밀리리터의 물을 마신 학생은 점수가 약 10퍼센트 상승했다. 특히 어려운 문제의 정답률이 높았다는 부분이 매우 흥미롭다. 참고로, 이 시험은 봄철인 3월에 이루어진 까닭에 불볕더위가 기승을 부리는 여름철 탈수 증상과는 관계가 없다. 아마도 학생들은 일상적으로 수분이 부족한 상태라서 약간의 수분 보충만으로도 인지 능력이 회복되었을 것이다. 그렇다면 성인은 어떨까?

에드먼드 교수 연구팀은 성인을 대상으로 같은 실험을 했다. 평균 연령 29세의 남녀 34명을 대상으로 자신이 직접 눈으로 본 대상을 신속하게 판단하는 인지 시험을 했다. 성인은 어린이와 비교해 많은 양의 물을 마시지 않으면 효과가 없다. 그럼에도 불구하고 500밀리리터만 마셔도 판단 속도가 14퍼센트나 빨라졌다고 한다.

우리 뇌는 몸속 여러 장기 중에서도 특히 수분이 많은 장기로 알려져 있다. 좀 더 구체적으로, 뇌는 총 중량의 70~80퍼센트가 물로 이루어져 있다. 그러므로 몸으로 느끼는 증상이 나타나기 전 뇌 기능에 좋지 않은 영향이 나타나는 것은 당연하다. 참고로, 차나 커피로 수분을 보충하면 이뇨작용이 촉진되어 수분을 상실하기 쉬우므로 특별한 주의가 필요하다. 물론, 알코올도 이뇨작용이 강하므로 탈수 대책으로는 적절하지 않다.

우리 몸의 약 70퍼센트가 '수분'으로 이루어져 있다는 것은 누구나 다 아는 사실이다. 이 사실 하나만으로도 인간, 아니 모든 생물의 몸에서 '수분'이 얼마나 귀하고 소중한 요소인지 실감이 난다.

Toge
ther

CHAPTER

3

뇌와 함께 사람과 함께

심리실험 24

함께 공부하면 혼자 할 때보다 더 오래, 더 또렷이 기억에 남는다

예일대 부스비 교수의
'대화 없이 같은 경험을 공유하는 효과 연구'

오늘날 '개인 작업할 때보다 집단 작업할 때 좀 더 오래 기억에 남는다'라는 가설은 학계에서 정설로 널리 받아들여진다. 네이메헌 라드바우드 대학교 아시케나지 교수 연구팀이 실험으로 이 가설을 증명했다. 눈앞에 줄줄이 표시되는 단어를 '동물'이나 '식물' 또는 '가구' 식으로 분류하기만 하면 되는 간단한 실험이었는데, 한 사람 또는 두 사람이 짝을 이루어 실험에 참여하는 방식이다. 공동작업은 각자 다른 분야를 나누어 맡아야 한다. 연구팀은 쉬지 않고 화면에 표시되는 96개의 단어를 실험이 끝난 뒤 얼마나 기억하고 있는지 물었다. 이 실험에서 혼자 작업한 경우와 공동작업한 경우 후자가 2배 더 많은 단어를 기억하는 것으로 나타났다. '개인 작업할 때보다 집단 작업할 때 좀 더 오래 기억에 남는다'라는 가설을 멋지게 증명해낸 셈이다.

나는 그다지 붙임성이 좋은 사람이 못 된다. 그런 터라, 다른 사람들과 어울리기보다는 혼자 있는 시간을 즐기는 편이다. 가족과 모여 식사할 때도 더러 있지만, 평소에는 대개 혼자 밥을 먹는다. 요즘 말로 하면 '혼밥족'인 셈이다. 지인과 술잔을 주고받으며 떠들썩하게 어울려 노는 시간이 나름대로 즐겁기는 하다. 그러나 아무래도 마음에 드는 공간에서 찔끔찔끔 술잔을 기울이며 혼자 노는 시간이 훨씬 각별한 즐거움을 안겨준다. 가게 안에 있는 낯모르는 손님들이 각자 자기만의 공간을 만들고, 그 공간이 서로 겹치지 않는 고독한 분위기 속에서 천천히 술잔을 기울인다.

돌이켜 보면, 학창 시절부터 혼자 있는 시간을 유독 좋아했다. 그렇다고 왕따는 아니었다. 학교축제처럼 다 같이 즐기는 행사에 참여해 신나게 놀기도 했고, 나름대로 다른 사람들과 어우러지며 만든 추억도 간직하고 있다. 공동작업은 단순한 보람을 넘어 기묘한 일체감을 자아낸다. 당시 함께 어울렸던 친구들의 얼굴을 떠올리기만 해도 추억에 젖어들곤 한다.

여느 때처럼 아련한 옛 추억을 소환해 상념에 잠겼다가 문득 재미있는 사실이 떠올랐다. '혼자 보내는 적적한 시간은 다 같이 보내는 즐거운 시간과 어떻게 다를까?' 혼자서 보내는 시간은 이상하게도 기억이 흐릿하다. 어떻게 시간을 보냈고, 그때 무슨 생각을 했는지 선명하게 기억을 떠올릴 수가 없다.

나의 기억력 문제는 아니다. 그보다는 과거의 심리실험으로 증명된 과학적 사실이다. 오늘날 '집단행동은 개인행동보다 좀 더 선명하게 기억에 남는다'라는 가설은 학계에서 정설로 널리 받아들여지고 있다.

네덜란드의 네이메헌 라드바우드대학교(Radboud Universiteit Nijmegen) 아시케나지(Ashkenazy) 교수 연구팀이 간단한 실험으로 이 가설을 증명했다. 실험 자체는 단순하다. 참여자는 눈앞에 줄줄이 표시되는 단어를 분류하기만 하면 된다.

단어는 '동물'이나 '식물' 또는 '가구' 식으로 분류할 수 있다. 참여자는 각 단어가 어디에 속하는지 선택하면 된다. 가령 '동물이 나오면 버튼을 누르시오'라는 식으로 지시한다. 한 사람 또는 두 사람이 짝을 이루어 실험에 참여한다. 공동작업은 각자 다른 분야를 나누어 맡아야 한다. 연구팀은 쉬지 않고 화면에 표시되는 96개의 단어를 실험이 끝난 뒤 얼마나 기억하고 있는지 물었다. 재미있게도, 자신이 맡은 단어는 혼자 작업하든 둘이 작업하든 의미 있는 차이를 보이지 않았다. 그런데 담당 분야 이외의 단어는 공동작업을 한 참여자가

2배나 많은 단어를 기억했다. 함께 작업하면 기억에 더 선명하게 남는다는 가설을 멋지게 증명해낸 셈이다.

추가로 암기한 단어의 수만큼 상금을 지급하자, 자신이 담당한 분야의 단어를 더 많이 기억했다. 그러나 그 이외의 단어 암기율은 거의 증가하지 않았다. 즉, 집단작업 효과는 보수와 보람과는 다른 메커니즘으로 작동한다고 추정할 수 있다.

사람은 오로지 커뮤니케이션을 위해서만 집단을 이루지는 않는다. 콘서트에서 음악에 귀를 기울이고, 영화관에서는 스크린에 시선을 고정하고, 미술관에서는 넋을 잃고 예술품을 감상한다. 많은 사람이 같은 장소에 모여 같은 시청각 경험을 공유하더라도 그곳에 대화는 없다.

예일대학교 에리카 부스비(Erica J. Boothby) 교수 연구팀은 대화를 나누지 않고 같은 경험을 공유하는 효과를 심층 조사했다. 이 연구 성과는 《심리과학(Psychological Science)》이라는 과학지에 소개되었다. 연구팀은 혼자서 초콜릿을 먹는 상황과 잘 모르는 다른 사람과 함께 먹는 상황을 비교했다. 둘이서 같이 초콜릿을 먹더라도 서로 대화를 나눌 수는 없다. 그런데 실험 참여자들을 대상으로 설문조사를 하자, 흥미로운 결과가 나왔다. 신기하게도, 대다수 참여자가 '둘이 먹었을 때가 더 맛있었다'라고 대답한 것이다. 반대로, 엄청나게 쓴 초콜릿을 제공했을 때는 두 사람이 먹었을 때가 더 쓰게 느껴졌다고 응답했다. 대화를 나누지 않고 같은 경험을 공유하기만 해도 긍정적인 방향이든 부정적인 방향이든 감정이 강렬해졌다.

조사 결과를 보며 나는 혼자 밥을 먹을 때 느끼는 편안함은 다른 손님이 나와 마찬가지로 혼자만의 시공간에 빠져드는, 그 가게 전체의 시공간을 공유하기 때문에 만들어지는 감정임을 깨달았다. 나의 '혼자 놀기'는 참된 의미에서의 고독이 아니라 무언의 집단 효과를 선호하는 습성에서 비롯되지 않았을까.

심리실험 25

충분한 영양을 공급받은 보육원 아기들은 왜 만 2세가 되기 전 91명 중 35명이나 죽었을까?

정신과 전문의 르네 스피츠의 '보육원 전쟁고아 사망사건 원인 조사'

제2차 세계대전 후 정신과 전문의 르네 스피츠 박사는 한 보육원을 대상으로 본격 연구에 착수했다. 조사 결과, 그는 보육원의 영·유아 91명 중 35명이 만 2세가 되기도 전 사망했다는 사실을 밝혀냈다.

처음에 스피츠 박사는 정확한 원인을 알 수 없었다. 당시에는 이미 영양과 위생의 중요성에 대한 인식이 싹트고 있었고, 그런 분위기에서 그 보육원도 부족하나마 아이들에게 충분한 식사와 청결한 환경을 제공하려고 최선을 다했기 때문이다. 영양 부족이 사망 원인은 아니었다. 전염병이 돈 것도 아니었다. 유일하게 부족한 부분은 '커뮤니케이션'이었다. 보육원에는 수많은 아동이 모여 살았지만, 만성적 인력 부족으로 모든 아이에게 골고루 돌봄의 손길을 주지는 못했다. 결국, 소통 결여가 사망 원인이었다.

'사람 인(人)'이라는 한자의 모양을 찬찬히 들여다보자. 2개의 막대가 서로 버팀목이 되어 떠받치고 있는 모습을 하고 있다. 둘 중 하나만 빠져도 쓰러질 수밖에 없다. 그러므로 사람은 태생적으로 홀로 살 수 없고, 다른 사람과 서로 돕고 의지하며 살아가야 하는 존재다. 초등학생 시절 배운 지식이다. 그렇다. 사람은 혼자서는 살 수 없는 존재가 분명하다. 그런 터라 본능적으로 타인과의 관계성, 즉 소통(Communication)을 갈망하고 추구한다.

약간 엉뚱한 상상을 해보자. 만일 사람에게서 의사소통 능력을 빼앗으면 어떻게 될까? 이를 단순한 호기심 차원에서 그치지 않고 대담하게도 증명해보겠다며 실험에 나선 사람이 있다. 의약 분업을 추진해 유명해진 신성로마제국 황제 프리드리히 2세(Friedrich Ⅱ)가 바로 그다(프리드리히 2세는 의사가 진료와 조제를 독점하면 고의 또는 실수로 의료 사고가 날 수 있다고 보고, 이를 방지하기 위해 1240년 세계 최초로 의약 분업을 명하는 법을 시행하기도 했다._옮긴이).

호기심 많은 황제는 일가친척 하나 없는 가엾은 핏덩이들을 거두어 시녀에게 양육을 맡겼다. 이 황제는 특별히 '언어의 기원'에 관심이 많았는데, '사람은 언어를 배우지 않아도 말할 수 있을까'라는 의문을 품고 있었다. 시녀들은 때가 되면 젖을 먹이고, 기저귀를 갈아주고, 목욕을 시켜주며 나름대로 아기들을 정성껏 돌보았지만, 아기에게 말을 거는 행위는 금지되었다. 그러자 뜻밖의 결과가 나왔다. 만 2세가 되기도 전, 즉 말을 확실히 배우기 전 모든 아기가 시름시름 앓다 죽고 말았다.

황제의 비도덕적 연구는 세대를 거쳐 호사가들의 입에 오르내리며 다소 과장이 보태져 일종의 괴담으로 각색된 것으로 보인다. 아무튼, 13세기 당시 어느 정도로 과학적 연구가 가능했을지 지금으로서는 알 길이 없다. 어쩌면 단순히 양육 방식이 잘못되었거나 시녀들이 영양분 제공 등을 소홀히 했기 때문일 수도 있다.

이후 좀 더 신빙성 있는 연구가 진행되었다. 제2차 세계대전 중 일어난 일이었다. 전쟁에서는 수많은 고아가 생겨난다. 정신과 전문의 르네 스피츠(Rene Spitz) 박사는 보육원에서 본격 연구에 착수했다. 치밀한 조사 끝에, 그는 보육원의 영·유아 91명 중 35명의 아이가 만 2세가 되기도 전 사망했다는 사실을 알게 되었다.

왜 이런 일이 일어났을까? 처음에 스피츠 박사는 정확한 원인을 알 수 없었다. 당시에는 이미 영양과 위생이 건강한 신체를 위해 무엇보다 중요하다는 인식이 싹트고 있었다. 그런 분위기에서 그 보육원도 부족하나마 아이들에게 충분한 식사와 청결한 환경을 제공하려고 최선을 다했다. 분명 영양부족이 사망 원인은 아니었다. 그렇다고 보육원에 전염병이 돈 것도 아니었다. 유일하게 부족한 요소는 '커뮤니케이션'이었다.

보육원에는 수많은 아동이 모여 살았지만, 만성적 인력 부족으로 모든 아이에게 골고루 돌봄의 손길을 주지는 못했다. 선생님들은 아이 한 명 한 명에게 말을 걸어주고, 관심을 기울여주고, 이야기를 들어줄 여유가 없었다. 결국, 스피츠 박사는 '소통 결여'를 사망 원인으로 결론 내릴 수밖에 없었다.

동물들은 영양과 위생 상태만 충족되면 성장 도중 어지간해서는 죽지 않는다. 새끼 때부터 한 마리씩 우리에 넣어져 개별 사육한 동물을 보면 알 수 있다. 반면, 사람은 육체적으로 건강해도 혼자서는 살아가기 어려운 존재인 모양이다. 그래서일까. 사람의 뇌에는 식욕과 마찬가지로 '관계성 욕구 본능'도 강력하게 갖추어져 있다. 사람은 태생적으로 타인과의 커뮤니케이션을 원한다.

사실, 이 소통 욕구가 오늘날 또 다른 문제를 낳고 있다. 본능은 브레이크보다 액셀러레이터를 즐겨 밟는다. 그것도 살짝 밟는 게 아니라 꾹 눌러 밟기를 좋아한다. 이해하기 쉬운

MENU

안녕!
안녕!

예를 들자면 '식욕'이 있다. 수렵·채집 시대에 식량 확보는 사느냐 죽느냐가 달린 가장 중요한 일이었다. 당시에는 굶어 죽지 않도록 식욕이 왕성하게 활동했다. 그런데 음식이 넘쳐나는 오늘날에는 식욕이 지나치게 왕성해서 탈이 나는 경우가 더 많다. 현대인의 식욕 수준은 수렵·채집 시대의 생활에 적합한 수준으로 설정되어 있기 때문이다.

식욕이 강할수록 위험해진다. 우리 뇌는 현대의 풍요로운 생활을 맞이할 준비를 제대로 마치지 못했다. 뜻밖의 환경 변화에 뇌는 몹시 당황하고 있다. 본능을 억제하려면 엄청난 자제심이 필요하다. 참기 힘들기에 '본능'이라고 부른다. 당연히 식욕은 고삐 풀린 망아지처럼 미쳐 날뛴다. 브레이크가 없는 식욕은 현대인의 고질병인 '성인병'으로 나타나고 있다.

관계성 욕구 역시 비슷한 결과를 불러온다. 요즘에는 이메일이나 인터넷을 통해 손쉽게 타인과 이어질 수 있다. 그런데 본능은 브레이크를 밟을 줄 모른다. 신종 현대병인 '전뇌 중독'이 등장한 것도 그래서다.

다른 사람과 이어져 있지 않으면 불안하고, 바로 답장이 오지 않으면 초조해진다……. 시나브로 스마트폰 중독이나 인터넷 중독으로 발전한다. 성인병은 잘못된 생활습관으로 발생한다는 인식이 사회적으로 널리 알려져 있다. 그런 까닭에 다이어트나 운동으로 성인병에 대처하는 사람이 늘어나고 있다. 그뿐만이 아니다. 확실한 효과를 발휘하는 치료제도 속속 개발되고 있다. 반면, 전뇌 중독에 대한 대응은 아직 뒤처지고 있다. 아니, 애초에 병에 걸린 환자 자신이 스스로 '병'에 걸렸다는 사실을 인지하지 못하는 경우가 더 많다.

사람에게 '커뮤니케이션'이란 무엇일까? 다시금 답을 생각해보아야 하는 질문이 아닐까. '사람 인'이라는 글자는 태연하게 서로를 떠받치고 있다. 발자크의 말을 인용해 '사람에게 커뮤니케이션이란 무엇일까?'라는 화두를 여러분에게 던져보려 한다.

"고독이 좋은 것이라는 사실을 인정하지 않을 수 없다. 그러나 고독은 좋은 것이라고 이야기를 주고받을 수 있는 상대가 있다는 것도 기쁨이다."

심리실험 26

인간은 1조 종류의 냄새를 식별할 수 있다는데?

록펠러대 켈러 교수의 '인공 향 합성 감지 실험'

인간은 얼마나 많은 냄새를 맡고 구별할 수 있을까? 후각 이외의 다른 감각은 이미 다양한 연구가 이루어져 있다. 예를 들어, 빛은 390~700나노미터의 파장을, 소리는 20~2만 헤르츠의 파장을 느낄 수 있다고 한다. 이 감수 영역에서 분별 테스트를 했더니 수백만 가지 색채와 34만 가지 소리를 식별할 수 있었다고 한다. 그렇다면 냄새는 어떨까? 냄새 식별 능력은 수치로 나타내기 어렵다. 후각은 다른 감각과 비교해 안테나 종류가 350개 남짓으로 상당히 많기 때문이다(참고로, 빛은 4종의 안테나밖에 없다).

록펠러대학교 켈러 교수팀은 실험을 통해 이 문제의 답을 찾았다. 연구팀에 따르면, 인간은 평균 1조(10의 12제곱) 종류 이상의 냄새를 식별할 수 있다고 한다. 너무 엄청난 숫자인데, 어떻게 이런 결과가 나왔을까?

후각 작용은 강렬하다. 어떤 향기를 맡으면 그 냄새와 관련된 옛날 기억이 선명하게 되살아나는 이른바 '프루스트 효과(Proust Effect)'를 경험하는 일도 드물지 않다(프랑스 소설가 마르셀 프루스트의 『잃어버린 시간을 찾아서』 1권에 등장하는 유명한 장면에서 비롯되었다. 중년이 된 주인공이 홍차에 곁들여져 나온 마들렌을 한 입 베어 무는 순간, 어린 시절의 기억으로 돌아가는 명장면에서 착안해 특정한 냄새 자극으로 기억을 떠올리는 현상을 '프루스트 효과'라고 부른다._옮긴이).

후각의 예민함은 사람마다 천양지차로 다르다. 예전에 내 연구실에 후각이 매우 뛰어난 학생이 있었다. 유난히 예민한 후각을 가진 그 여학생은 앉은 상태에서 자기 등 뒤를 지나가는 사람이 누구인지 체취만으로 정확히 알아맞히곤 했다. 게다가 더욱 놀라운 것은 냄새로 그 사람의 컨디션까지 진단할 수 있었다. 보통 사람들보다도 후각이 뒤떨어지는 편인 나로서는 상상조차 할 수 없을 만큼 엄청난 수준이다.

인간의 후각 감도는 쥐나 개보다 크게 떨어진다는 것이 상식이다. 그런데 후각 수용체(냄새를 감지하는 콧구멍 속의 안테나)만 놓고 보면 인간은 다른 포유류와 같은 수용체를 사용한다. 즉, 후각 안테나 자체의 감도는 사람이나 개나 별반 다르지 않다는 의미다. 다만 안테나를 설치하는 '후각상피(Olfactory Epithelium)' 면적이 다르다. 사람의 후각상피가 3~4제곱센티미터로 좁은 데 비해 개의 후각상피는 18~150제곱센티미터로 널찍한 편이다. 말하자면, 개가 몇 배나 많은 안테나를 가지고 있는 셈이다. 게다가 후각 안테나의 다양성 면에서도 차이가 난다. 포유류 대부분은 1,000여 종의 냄새 안테나 유전자를 가지고 있다. 그러나 희한하게도 인간의 유전자는 절반 이상이 제 기능을 하지 못해 사용 가능한 안테나는 약 350종밖에 되지 않는다.

그렇다면 인간은 얼마나 많은 냄새를 맡고 구별할 수 있을까? 후각 이외의 다른 감각은 이미 다양한 연구가 이루어져 있다. 예를 들어, 빛은 390~700나노미터(nm)의 파장을, 소리는 20~2만 헤르츠(Hz)의 파장을 느낄 수 있다고 한다. 이 감수 영역에서 분별 테스트를 했더니 수백만 가지 색채와 34만 가지 소리를 식별할 수 있었다.

다시 본론으로 돌아가자. 그렇다면 냄새는 어떨까? 냄새 식별 능력은 수치로 나타내기 어렵다. 후각은 다른 감각과 비교해 안테나 종류가 350개 남짓으로 상당히 많기 때문이다(참고로, 빛은 4종의 안테나밖에 없다). 이 어려운 문제를 붙들고 씨름한 연구자가 마침내 《사이언스》에 연구 성과를 발표했다. 미국 록펠러대학교 켈러(Keller) 교수 연구팀의 연구다.

냄새는 단일 물질이 아니다. 여러 종류의 냄새 물질이 혼합되어 우리가 '냄새'라고 느끼는 형태로 완성된다. 장미 향기만 해도 275종의 냄새 분자 집합체로 되어 있다. 연구팀은 이 부분에 주목했다. 그들은 모두 128가지 종류의 냄새 분자를 준비한 뒤 그중에서 임의로 10~30개의 분자를 이리저리 조합해 '인공향'을 합성했다.

구체적인 실험은 다음과 같이 이루어졌다. 먼저, 3개의 병을 준비한다. 2개의 병에는 똑같은 향기를 준비하고, 나머지 하나에만 다른 향기가 들어 있다. 3개의 병 중 향기가 다른 병을 찾아내야 한다. 공통으로 사용한 혼합 물질이 어느 정도면 냄새를 구별할 수 없을지 한계치를 조사해 후각 해상도를 통계적으로 추정하려는 전략이다.

실험 결과, 사람은 평균 1조(10의 12제곱) 종류 이상의 냄새를 식별할 수 있다는 사실이 밝혀졌다. 이 실험이 기껏해야 1만여 종을 구별할 수 있다는 가설이 학계의 정설로 받아들여졌다. 그런데 실제로 인간의 후각은 전문가들의 예상을 훨씬 뛰어넘는 수준으로 예민하고 날카로웠다.

이 실험으로 후각 감도는 개인에 따른 차이가 크다는 사실도 더불어 밝혀졌다. 다양한 민족 출신 참여자 26명을 대상으로 실험한 결과, 후각이 예민한 사람은 10의 28제곱 종류의 향기를 구분할 수 있었다. 반면 후각이 둔한 사람은 1억

(10의 8제곱) 종류에 그쳤다. 개인마다 감도 면에서 놀라울 정도로 큰 차이가 났다.

후각이 뛰어난 사람은 조향사나 소믈리에 등 향기를 디자인하거나 평가하는 직종에 필요한 적성을 가지고 있다. 말하자면, 이들은 냄새를 구별해 먹고 살 수 있는 재능을 타고난 사람들이다.

그러고 보니, 체취만으로 다른 사람의 컨디션을 진단할 수 있었던 그 여학생은 지금 화장품 회사에서 재능을 발휘하며 열정적으로 살고 있다. 누구나 적어도 한두 가지씩 자기만의 특출한 재능을 타고나는 법인데, 그 여학생은 바로 '뛰어난 후각'이 그 재능이었으며, 그 재능을 잘 살려 능력을 발휘하며 행복한 인생을 꾸려가고 있는 셈이다.

심리실험 27

인간이 문자와 숫자에 약한 건 모두 '뇌' 때문이야!

난독증을 유발하는 유전자로 의심받는 'DYX1C1'의 실체

IQ는 유전될까? 그렇다. IQ 이외에도 유전자의 영향 아래에 놓인 능력은 많다. 읽고 쓰는 능력이나 연산 능력 같은 것이 그런 예다. 이러한 능력은 특히 개인차가 크다고 알려져 있다. 인류는 문자와 숫자를 기껏해야 1만 년 정도 사용해왔다. 말하자면, 우리 인간의 뇌 회로에 어느 날 느닷없이 나타난 일종의 부자연스러운 기호로 볼 수 있다. 그러므로 우리 뇌가 문자와 숫자를 능숙하게 다루지 못하는 것이 절대 이상한 일은 아니다.

이런 기본 상식을 가지고 어린아이들을 대하면 좀 더 이해심을 가지고 대할 수 있지 않을까? 또, 그렇게 함으로써 오히려 교육 효과도 더 커지지 않을까 싶다.

독자 여러분은 IQ가 유전된다는 사실을 알고 있는가? 유전자가 무관한 두 사람을 무작위로 데려와 IQ가 어느 정도 일치하는지 조사하면 전혀 상관관계가 없다는 결과가 나온다. 즉, 우연의 확률로밖에 일치하지 않는다.

그런데 일란성 쌍둥이(같은 유전자를 지닌 두 사람)가 어린 시절 입양되어 서로 다른 양부모 밑에서 각자 다른 환경에서 자라더라도 (조사에 따라 수치에 약간의 오차는 있지만) IQ는 70퍼센트 이상 일치된 확률 통계를 보인다.

또한 동일 인물을 추적 조사한 결과, IQ는 평생에 걸쳐 거의 변하지 않는다는 사실도 밝혀졌다. 초등학생 무렵과 후기 고령기에 접어든 시기 같은 사람의 IQ를 비교한 결과, 60퍼센트 이상 일치했기 때문이다. 이러한 조사 결과를 놓고 보면 안타깝지만, 재능은 태어나기 전부터 결정된다는 '운명 결정론'을 어느 정도 받아들이지 않을 수 없으리라는 생각도 든다. 하지만 조상 탓, 팔자 탓을 하기에는 아직 이르다. 선천적으로 뛰어난 IQ를 타고나지 못한 사람도 얼마든지 적절한 경험과 학습을 통해 지혜와 지식을 얻고 훌륭하게 성장해 나갈 수 있기 때문이다.

사실 IQ라는 개념은 환경과 교육, 나이에 따른 영향을 최대한 받지 않는 지표를 만들고자 하는 목적에서 고안되었다. IQ 테스트는 순수하게 타고난 능력만 효율적으로 측정할 수 있도록 오랜 세월에 걸쳐 개량에 개량을 거듭하며 만들어진 평가 도구다. 그런 터라, IQ는 당연히 유전된다는 것이 상식이다.

나는 오히려 IQ 유전율이 100퍼센트로 나오지 않는 게 뭔가 이상하다고 생각한다. 전문가들은 IQ 테스트에 아직 개량의 여지가 있다고 본다. 따라서 자식을 둔 부모의 실낱같은 희망을 저버리는 야속한 발언일 수도 있겠으나, '유아의 IQ를 높여준다'고 주장하는 각종 교재나 조기교육 프로그램은 IQ의 역사적 경위에서 보면 명백히 과장된 표현이며 허위 광고다.

사실, IQ 이외에도 유전자의 영향권에 놓인 능력은 많다. 읽고 쓰는 능력이나 연산 능력 같은 것이 그런 예다. 이러한 능력은 특히 개인차가 크다고 알려져 있다. 인류는 문자와 숫자를 기껏해야 1만 년 정도 사용해왔다. 말하자면, 우리 인간의 뇌 회로에 어느 날 느닷없이 나타난 일종의 부자연스러운 기호로 볼 수 있다. 그러므로 우리 뇌가 문자와 숫자를 능숙하게 다루지 못하는 것이 전혀 이상한 일은 아니다.

'신입 능력'의 유전자적 영향 중에서 비교적 연구가 많이 진전된 분야로 난독증(Dyslexia)을 꼽을 수 있다. 난독증(대체로 지능은 정상이다)은 글자를 읽는 능력이 현격히 떨어지는 증상으로, 학령기 아동의 5~12퍼센트가 난독증에 해당한다는 조사 결과도 나와 있다. 생각보다 수치가 높아 절대로 무시할 수 없는 증상 중 하나다. 요인이 복잡한 데다 적어도 수십 개의 원인 유전자가 난독증을 유발하는 유전자로 의심받고 있다. DYX1C1(Dyslexia Susceptibility 1 Candidate Gene 1 Protein)이라 부르는 유전자 변종이 특히 유명하다.

사실 나는 가벼운 난독증을 앓고 있다. 그런 터라, 내가 쓴 이메일은 오자와 탈자 투성이다. 주위 사람들은 내가 덤벙대며 대충 쓴다고 생각하는 모양이다(확실히 정신을 딴 데 팔고 메일을 쓸 때가 있기는 하다). 부끄러워서 대놓고 말하지는 않았지만, 사실 나는 메일을 보내기 전에 최소한 3번, 보통 5번은 다시 읽어보고 꼼꼼히 고친 다음 신중하게 '보내기' 버튼을 누른다. 칼럼을 연재할 때는 더하다. 적어도 20번은 다시 읽어보고, 오타와 맞춤법을 눈에 불을 켜고 확인한다. 그런데도 오자와 탈자가 수두룩하다. 역시 문자 인식 능력이 떨어지는 모양이다.

노파심에 내 유전자를 검사했더니, 아니나 다를까 DYX1C1 변이가 무려 2종류나 발견되었다. 유전자 검사 결과를 받아 들고, 잠시 내 과거를 떠올리며 쓰라린 기억을 떠올렸다. 그러던 중 대학 입시를 준비하던 수험생 시절, 국어 독해 문제의 지문을 시험 시간 종료를 알리는 종이 울릴 때까지 끝내

읽어내지 못해 쩔쩔맸던 기억이 새록새록 되살아났다. 당시에는 출제자가 누구를 골탕 먹이려고 이렇게 긴 지문을 냈는지, 얼굴도 모르는 출제자를 무척 원망했다. 그런데 유전자 검사 결과를 받아들고 보니, 역시 남다른 증상이 그때부터 드러났다는 생각이 든다.

그렇다고 내가 글쓰기에 완전히 손을 놓아버린 건 아니다. 우리 뇌는 대단히 뛰어난 능력을 갖추고 있다. 그런 터라, 우리는 경험을 통해 부족한 능력을 다른 능력으로 보완하는 기술을 배울 수 있다. 약간의 고생을 감수하면 (아직도 오자와 탈자가 넘쳐나지만) 나는 사는 데 큰 지장 없이 읽고 쓰며 생활할 수 있다.

자, 다시 깨달음의 순간이 찾아왔다. 유전자로 운명이 결정된 타고난 능력에서 자유롭게 날개를 펼치고 훨훨 날아가기 위해 뇌가 존재한다. 유전자로 정해진 특정한 재능에 집착하기보다 미개척 잠재능력에 주목하는 편이 훨씬 건전하고 멋진 삶의 방식이라고 나는 믿는다.

심리실험 28

훈련하면 누구나 뇌 활동을 자유자재로 통제할 수 있다고?

로리엇 뇌 연구소 보두르카 박사의 '편도체 활동 조절 실험'

미국의 로리엇 뇌 연구소 보두르카 박사 연구팀은 편도체 활동을 의지로 조절하는 실험에 성공했다. 연구팀은 fMRI를 이용해 편도체를 기록하고 활동 수준을 막대그래프로 만들어 실시간으로 보여주는 장치를 통해 실험 참여자에게 알려주었다. 다만, 뇌는 일반적인 장기와 달리 상태를 알기만 해서는 제어할 수 없으므로 연구팀은 참여자들이 과거 경험을 상상하게 했다.
편도체는 감정에 관여하는 뇌 부위다. 실험 참여자들은 즐거운 경험을 떠올리며 편도체를 활성화하는 훈련을 한 결과, 40분 정도의 훈련으로 편도체를 제어할 수 있게 되었다. 일단 충분히 훈련받아 방법을 터득한 사람은 fMRI로 측정하지 않아도 자유자재로 편도체를 활성화할 수 있게 되었다. 그야말로 뇌 활동을 자유자재로 통제할 수 있게 된 것이다.

자, 지금부터 편도체의 활동을 2퍼센트 강화해보자. 편도체란 우리 뇌의 특정 부위를 가리키는 용어다. 지금 이 순간, 우리 뇌 깊숙한 곳에 있는 이 작은 부위를 활발하게 작동시키라는 지시를 받는다면 어떤 기분이 들까?

"억지를 부려도 유분수지, 적당히 좀 하시죠. 이름도 들어본 적 없는 뇌의 특정 부위를 다짜고짜 활발하게 작동시키라뇨. 말이 되는 소리를 하셔야죠!"

독자 여러분의 볼멘소리가 여기까지 들려오는 것 같다. 자, 그럼 여러분이 잘 아는 내장기관으로 바꾸어보면 어떨까. 예를 들면, 위 입구에서 15센티미터 가량 내려간 곳에 있는 장기를 수축해보자. 역시 불가능한 일이다.

우리 몸은 우리 자신의 소유물이다. 그런데 왜 자신의 몸뚱이를 자기 마음대로 할 수 없을까? 횡격막이라면 어떨까? 10초 정도만 호흡을 참아보자. 그 정도는 누구나 할 수 있다. 그렇다면 심장은? 심박 수를 10 정도 빨라지게 해보자. 얼핏 생각해보면, 불가능한 주문처럼 느껴질 수도 있다. 그러나 심박 수는 인간의 의지로 얼마든지 조절할 수 있다. 그런데도 심박 수를 제어할 수 없다고 생각하기 쉬운 이유는 현재 자신의 심박 수를 모르기 때문이다.

미지의 대상은 조작할 재간이 없다. 그런데 심박 수를 측정하고, 수치를 실시간으로 화면에 표시하여 자신이 볼 수 있도록 조건을 설정한 다음 훈련하면 얼마든지 자유자재로 조절할 수 있게 된다. 이러한 현상을 '바이오피드백(Biofeedback)'이라고 부른다.

'피드백'이란 자신의 상태를 자신에게 알려준다는 뜻이다. '바이오피드백'은 다양한 상황에 응용할 수 있다. 예를 들어, 혈압이 대표적이다. 혈압은 제어하기 어렵지만, 현재의 혈압을 알면 훈련을 통해 제어할 수 있게 된다.

바이오피드백도 한 번 익히고 나면 장치의 도움 없이 자기 의지로 혈압을 조절할 수 있게 된다. 이것은 마치 자전거 타기를 한 번 배우고 난 다음 자전거에 오르면 몸이 알아서 반응하는 것과 비슷한 이치다. 약물치료처럼 부작용을 염려할 필요도 없으므로 탁월한 고혈압 치료 효과를 기대할 수 있다.

사실, 바이오피드백과 유사한 기법은 옛날부터 존재해왔다. 그것은 바로 여러분도 잘 아는 '요가'다. 요가는 일반적으로 불가능한 심신 제어를 가능하게 해준다. 오랫동안 요가 수련을 한 사람들은 심박 수와 신진대사를 자유자재로 조절할 수 있는 경지에 올라서 있다. 제대로 요가 수련을 한 사람들의 능력을 보면 눈이 휘둥그레질 정도다. 정확히 알 수는 없지만, 수행 과정에서 '뭔가 특별한 비결'을 터득하는 게 아닐까.

자, 다시 본론으로 돌아와 편도체의 활동을 살펴보자. 만약 편도체 활동 수준을 알 수 있다면 여러분은 얼마든지 그것을 제어할 수 있다. 실제로 편도체 제어에 성공한 연구자가 있으므로 자신 있게 말할 수 있다. 미국의 로리엇 뇌 연구소(Laureate Institute for Brain Research) 저지 보두르카(Jerzy Bodurka) 박사 연구팀이 그 주인공들이다. 그들은 꾸준한 노력을 통해 마침내 편도체 활동을 의지로 조절하는 실험에 성공했다.

연구팀은 fMRI(functional Magnetic Resonance Imaging: 기능적 자기공명 영상)를 이용해 편도체를 기록하고 활동 수준을 막대 그래프로 만들어 실시간으로 보여주는 장치를 통해 실험 참여자들에게 알려주었다. 다만, 뇌는 일반적인 장기와 달리 상태를 알기만 해서는 제어할 수 없으므로 연구팀은 참여자들이 과거 경험을 상상하게 했다.

편도체는 감정에 관여하는 뇌 부위로 즐거운 경험을 떠올리며 편도체를 활성화하는 훈련을 한 결과 40분 정도의 훈련으로 편도체를 제어할 수 있게 되었다. 일단 충분히 훈련받아 방법을 터득한 사람은 fMRI로 측정하지 않아도 자유자재로 편도체를 활성화할 수 있게 되었다. 연구팀은 '편도체는 우울증과 트라우마와 관련된 부분으로 바이오피드백은 뇌 관련 질환 치료에 응용할 수 있다'고 연구 성과를 발표했다.

연구팀은 편도체의 활동 제어 방법을 터득하는 속도가 특히 빠른 사람이 있다는 사실도 아울러 발견했다. 그들은 몇 가지 성격 테스트를 통해 자제심이 강하고 감정을 억제하는 능력이 뛰어난 유형의 사람일수록 뇌를 자유자재로 제어할 수 있다는 사실을 알아냈다. 묘하게 수긍이 가는 결론이다.

무엇보다 먼저 나는 요가를 배워 마음 수행부터 해야겠다.

심리실험 29

21세기 과학기술, 남녀 성별의 경계를 허물다

교토대 마코토 교수의 '수컷 쥐를 암컷으로 바꾸기 실험'

교토대학교 사이토 미치노리 교수 연구팀은 쥐의 iPS 세포에서 난자와 정자를 만들어 건강한 새끼 쥐를 만드는 데 성공했다. 이 기술을 사람에게 응용하면 이론상으로는 동성애 커플이 자녀를 얻을 수 있다. 또 개념상 자신의 피부세포에서 정자와 난자를 만들면 자가수정도 가능하다. 이 기술은 유성생식과 무성생식의 경계를 단숨에 흐릿하게 만들었다.

교토대학교 다치바나 마코토 교수 연구팀은 쥐의 발생 과정에서 Jmjd1a라는 유전자의 작용을 억제해 수컷을 암컷으로 변신시키는 데 성공했다. 유전자 조작 시술을 받은 수컷 쥐는 유두와 자궁이 생겼고, 성별이 뒤바뀐 상태로 새끼까지 출산했다.

우리는 과학기술의 놀라운 발달로 '성'의 정의가 갈수록 모호해지는 희한한 시대를 사는 것 같다.

남자와 여자. 그 사이에서 온갖 다양하고 흥미진진한 드라마가 만들어진다. 광기에 가까운 지독한 사랑, 애틋하고 가슴 짠해지는 사랑, 안쓰럽기 짝이 없는 짝사랑, 열병처럼 앓고 지나가는 불같은 사랑……. 남녀 사이의 사랑과 다툼, 갈등과 화해는 수많은 예술작품의 밑거름이 되어주었다.

이 세상에 성별이 없다면 얼마나 많은 사람의 마음이 평온해질까. 왜 '남녀'라는 귀찮은 성별이 이 세상에 생겨났을까. 유흥가에서는 '성(性)이 있기에 경제가 활성화된다'는 주장을 펴는 사람도 있지만, 고작 그 정도 이유로 남녀 성 차이가 존재한다고 생각하지는 않는다.

성별의 존재 의미를 파고드는 질문은 생각보다 뿌리가 깊다. 생물학적 관점에서 보자면, '수컷과 암컷이 존재하는 이점은 무엇인가?'라는 진화론적 의문까지 나아간다.

고대 생물계에서는 무성생식이 주를 이루었다. 그렇다면 유성생식은 언제 나타났을까? 인류가 발견한 가장 오래된 유성생식 화석 증거는 미국 캘리포니아 리버사이드대학교 메리 드로서(Mary L. Droser) 교수 연구팀이 2008년에 보고한 5억 6천만 년 전 연체동물이다.

유성생식 이후 생물의 '번뇌'가 시작되었다(오스트레일리아 남부의 사우스오스트레일리아주 플린더스산맥에 펼쳐진 에디아카라 힐즈(Ediacara Hills)라는 구릉지대에서 발견한 이 생물은 30센티미터 길이의 원통 모양의 생물로 'Funisia dorothea'라는 이름이 붙었다. 에디아카라 힐즈에서는 선캄브리아 시대 다양한 생물 화석이 발견되어 '에디아카라 동물군'으로 유명하다. 관련 정보는 https://earthsciences.ucr.edu/droser.html 에서 확인 가능하다._옮긴이).

지구 역사를 46억 년으로 잡으면 최초의 생물은 약 40억 년 전에 탄생했다. 즉, 생명 그 자체는 고작 6억 년 전에 만들어졌다. 이렇게 생각하면 오직 무성생식만 하던 세계가 35억 년 가까이 이어졌고, 아주 최근에야 자웅이 분리되었음을 알 수 있다. 일반적으로 무성생식이 자손을 남기는 속도가 빠르고, 종족 번영에 유리하다. 그런데도 굳이 생물이 유성생식을 시작한 까닭은 무엇일까? '유전자의 교환'으로 다양성을 확보하기 위해서였다는 것이 정설이다.

유성생식으로 기형이 태어날 확률이 높아지기도 했지만, 다른 한편으로 진화 속도도 빨라졌다. 다시 말하자면, 생물이 환경에 적응하는 속도가 빨라졌다는 의미다. 오늘날 다채로운 유성생식 생물이 지구 전역을 활보하고 있는 것은 모두 유성생식을 시작한 생물들의 은혜를 입었다는 증거로 볼 수 있다. 인류는 자연이 태생적으로 간직한 본성과 본질에 인위적인 조작을 가하며 문명과 과학기술을 발전시켜왔다. 그 선봉에 선 기술 중 하나가 바로 '체외수정'이다. 쉽게 말해, 체외수정이란 성행위 없이 수정하는 기술이다.

이렇게 얻은 인공수정란을 친어머니가 아닌 여성의 자궁에 착상시키면 대리모가 만들어진다. 즉, 과학기술로 '유전자상의 부모'와 '낳아준 부모'가 다른 경우를 현실에서 볼 수 있게 된 것이며, 복수의 '부모'가 탄생한 셈이다. 참고로, 부모에게는 '길러준 부모'와 '법률상의 부모(양부모)'도 있기에 한 아이에게 최대 4종류의 '부모'가 동시에 존재할 수 있다. 자연계에서 이처럼 기묘한 현상이 발생하는 생물종은 인간뿐이지 않을까.

현대 유전자공학으로 더욱 황당한 사태가 빚어지기 시작했다. iPS세포가 그 계기를 제공했다. 교토대학교 사이토 미치노리(斎藤通紀) 교수 연구팀은 쥐의 iPS세포에서 난자와 정자를 만들어 건강한 새끼 쥐를 만드는 데 성공했다. 이 기술을 사람에게 응용하면 이론상으로는 동성애 커플이 자녀를 얻을 수 있다. 또 자신의 피부세포에서 정자와 난자를 만들면 자가수정도 개념상 가능하다. 이 기술은 유성생식과 무성생식의 경계를 단숨에 흐릿하게 만들었다(물론 윤리적으로도 기술적으로도 실현하려면 아직 높은 벽을 넘어야 한다).

더욱 놀라운 혁신은 교토대학교 다치바나 마코토 교수가

이끄는 연구팀이 《사이언스》에 보고한 논문이다. 연구팀은 쥐의 발생 과정에서 Jmjd1a(Jumonji Domain-Containing 1a)라는 유전자의 작용을 억제해 수컷을 암컷으로 변신시키는 데 성공했다. 유전자 조작 시술을 받은 수컷 쥐는 유두와 자궁이 생겼고, 성별이 뒤바뀐 상태로 새끼까지 출산했다.

지금은 과학기술로 '성'의 정의가 모호해졌다.

① **유전자상의 성**(Y염색체의 유무),

② **정신적 자각으로서의 성**(이성애와 동성애),

③ **기능으로서의 성**(임신 및 출산)**이 각각 독립해 각자의 길을 걷기 시작했다.**

옛사람들은 "사랑은 고독하고 슬프다"고 노래한 모양이다. 현대에는 남녀의 정의가 붕괴하며 고전적인 '사랑'의 개념 자체가 홀로 슬퍼하고 있다는 생각이 든다.

심리실험 30

‘유전자 유사도’로 4,000년간 100여 개 역사적 사실을 밝혀내다

옥스퍼드대 마이어스 교수의 ‘인류 교배사 유전자 지도장’

옥스퍼드대학교 마이어스 교수 연구팀은 《사이언스》에 ‘인류 교배사 유전자 지도장’이라는 제목의 야심만만한 논문을 발표했다. 연구팀은 전 세계 다양한 민족에게서 유전자를 채취해 어떤 과정을 거쳐 민족끼리 섞였는지를 유전자 유사도로 해석했다. 연구 결과 과거 4,000년에 걸친 100개 이상의 역사적 사건이 밝혀졌다.
연구팀은 중남미 마야 민족에서 스페인인과의 유전자 교잡을 확인하기도 했다. 유전자의 잔존 상태로 보아 교잡이 발생한 시기는 대략 1,670년 무렵으로 추정되며, 시기적으로 스페인 사람들이 마야를 침략했던 역사적 사실과 일치한다. 이런 식으로, 연구팀은 알렉산드로스 제국의 흥망성쇠와 크메르 왕조의 번영부터 아랍민족과 베두인족의 이동, 노예무역에 이르기까지 교과서에 실린 역사적 사건을 유전자 흔적으로 선명하게 되살릴 수 있었다.

〈우리는 어디서 왔는가? 우리는 누구인가? 우리는 어디로 가는가? (D'où venons-nous? Que sommes-nous? Où allons-nous?)〉. 프랑스 화가 고갱이 그린 유명한 유화의 제목이다. 이 대작 앞에 서면 강렬한 필치와 원시적 배색에서 끓어오르는 불가사의한 생명력에 누구나 압도된다. 그리고 중요한 무언가를 잊고 사는 게 아닌지 난데없이 밀려오는 존재의 고독에 휩싸이게 된다.

우선, 그림 제목부터 절묘하다. 인간은 '내가 누구인지' 모르면 불안해질 수밖에 없는 존재다. 인간은 자신의 과거를 찾고자 하는 욕구를 감추고 살아간다. 자신이 태어난 고향에 꼭 한번 가보고 싶다는 충동을 느끼거나, 자기 조상의 뿌리가 미치도록 궁금해질 때가 있다. 족보를 만들어 대대로 소중히 간직하는 것은 그러한 욕구가 개인 수준을 넘어 집단적으로 공유되는 사례 중 하나다.

오래 전에 심심풀이 삼아 내 유전자를 분석해본 적이 있다. 그 결과, 500여 년 전 내 조상들 중 일부가 동남아시아에 살았음을 알게 되었다. 그들은 베트남이나 인도네시아 근방에서 일본으로 건너왔을 가능성이 크다. 이 사실을 알고 솔직히

나는 놀랐다. 자신의 유전자에 숨겨져 있는 전혀 뜻밖의 내력에 놀랐을 뿐 아니라, 이렇게 간단히 과거를 알 수 있다는 사실에 또 한 번 놀라움을 감출 수 없었다.

오늘날 유전자 해석 기술은 눈부신 발전을 이루고 있다. 올해 2월, 영국 옥스퍼드대학교 노먼 마이어스(Norman Miers) 교수 연구팀이 《사이언스》에 발표한 논문은 그야말로 획기적이다. 대담하게도, 마이어스 교수는 논문에 '인류 교배사 유전자 지도장'이라는 제목을 붙였다. 연구팀은 전 세계 다양한 민족에게서 유전자를 채취해 어떤 과정을 거쳐 민족끼리 섞였는지를 유전자 유사도로 해석했다. 연구 결과 과거 4,000년에 걸친 100개 이상의 역사적 사건이 밝혀졌다.

중남미 마야 민족에게서 스페인인과의 유전자 교잡이 확인되었다. 유전자의 잔존 상태로 보아 교잡이 발생한 시기는 대략 1,670년 무렵으로 산출되었다. 시기적으로 스페인 사람들이 마야를 침략했던 역사상 사실과 일치한다. 이런 식으로 알렉산드로스 제국의 흥망성쇠와 크메르 왕조의 번영부터 아랍민족과 베두인족의 이동, 노예무역에 이르기까지 교과서에 실린 역사적 사건을 유전자 흔적으로 선명하게 되살릴 수 있었다.

특히 몽골족의 유전자가 (아프리카 일부 지역을 제외하고) 전 세계 거의 모든 민족에게 골고루 남아 있다는 사실은 눈여겨 볼만

한 가치가 있다. 계산하면, 혼혈이 발생한 시기는 대략 13세기 무렵이다. 즉, 칭기즈칸이 몽골 제국을 건설했던 시대다. 몽골 제국은 당시 세계 전체 인구의 절반 이상을 통치하는, 인류 역사상 가장 거대한 '제국'을 건설했다. 천하, 아니 세계를 주름잡던 몽골 제국의 절대적인 영향력을 유전자 분포로 증명했다.

나는 문득 일본인의 뿌리가 궁금했다. 논문에 따르면, 일본인에게는 명확한 혼혈 흔적이 발견되지 않았다고 한다. 일본은 태평양 전쟁이 끝난 후의 짧은 미군정 시기를 제외하면 외부에서 침략당한 경험이 없다. 2회에 걸친 몽골 원정에서도 일본은 안전했다.

다른 나라들은 거의 예외 없이 오랜 역사를 통해 침략이나 점령을 경험했다. 그러나 전 세계를 호령하는 세계 제국 시대에서 일본은 제외되었다. 기껏해야 전국시대나 메이지유신처럼 열도 안에서 복닥거린 '내란'에 그쳤다. 아무래도 일본인은 유전자의 극적인 교잡 없이 몇천 년을 존속하고 있는, 전 세계적으로도 매우 희귀한 민족으로 받아들여졌는지도 모르겠다.

그런데 이번 유전자 지도 연구를 통해 역사적 사실로 명확하게 남지 않은 교잡의 흔적도 다수 발견되었다. 이는 상당히 귀중한 발견이 아닐 수 없다. 유전자 지도는 앞으로 고문서와 고고학 등의 유물과 함께 새로운 역사자료로 추가될 수 있다.

나는 이번 논문을 읽고 동시대를 사는 사람들의 체세포 하나 하나에 인류의 모험과 침공의 역사가 또렷하게 새겨져 있음을 깨닫고 기묘한 안도감을 느꼈다.

심리실험 31

꿀벌이 '동일성'의 개념을 이해한다고?

프랑스 국립 과학연구소 파고 박사의 '꿀벌의 색깔 인지 능력 측정 실험'

프랑스 국립 과학연구소 파고 박사 연구팀은 곤충인 꿀벌이 '동일성'의 개념을 이해하는지 알아보기 위해 실험을 했다. 연구팀은 꿀벌에게 노란색과 초록색 패널을 보여주고, 미로 안쪽에 2장의 패널에 영사된 색을 선택하게 하는 실험을 했다. 연구팀은 직전에 본 패널과 같은 색을 선택하면 설탕물이 나오는 장치를 설치했다. 이런 식으로 훈련에 훈련을 거듭하면 꿀벌은 같은 색 패널을 선택할 수 있게 된다.

훈련을 거친 꿀벌은 이어서 색이 아니라 가로줄 무늬 또는 세로줄 무늬라는 흑백무늬를 선택하는 실험에 난데없이 투입된다. 그런데 훈련된 꿀벌은 처음 본 무늬에도 당황하지 않고 같은 무늬를 선택한다. 이 실험을 통해 꿀벌이 '동일성'의 개념을 확실히 이해한다는 사실을 밝혀낸 셈이다.

얼마 전에 옛 친구를 만났다. 30년 만의 만남이었다. 서로 "야, 여전하네! 너 하나도 안 변했구나"라고 인사를 나누고는, 그리운 옛이야기로 회포를 풀었다. 한바탕 떠들썩하게 안부를 묻고 난 뒤 다시 처음 화제로 돌아왔다. '하나도 안 변했구나!'라고 인사치레를 건넸지만, 그러기에는 너무도 오랜 세월이 지났다. 피차일반 많이 '변한' 게 사실이다. 우리는 서로의 변화에 동의했다.

둘이서 한참 대화를 나누다가 결국 여성에게는 '하나도 안 변했어(=여전히 젊구나)'라고 하고, 남성에게는 '많이 변했네(=중후한 멋이 생겼구나)'라고 인사하는 게 최선의 방책이라고 결론 내렸다. 시시콜콜한 잡담을 나누다가 문득 떠올랐다. '변하지 않는다는 건' 도대체 무엇일까?

마이크로 단위의 소립자로 이루어진 이 세계는 원래 만물이 끊임없이 변하는 '비정상(非定常)' 세계다. 우리 뇌도 분자 수준에서 쉼 없이 변화한다. 소립자 관점에서 보면 어제와 오늘의 나는 전혀 다른 사람이라고 해도 지나친 말이 아닐 정도다. 끊임없이 변화하는 '뇌'라는 장치를 사용해 어떻게 '변하지 않는다'라는 사실을 인식할 수 있을까? 참으로 불가사의한 현상이 아닐 수 없다.

한 가지 확실한 것은 '변하지 않았다'는 사실을 인식하기 위해서라도 '변화'를 인식해야 한다는 점이다. 뇌는 항상 '무언가'와 '무언가'를 대비해 비로소 그 차이를 인식할 수 있다. 이것이 인식의 대원칙이다.

"나라는 망했건만 산천은 그대로다."

(國破山河在, 당나라 시인 두보(杜甫)가 지은 「춘망(春望)」의 한 소절_옮긴이)

"흘러가는 강줄기는 끊이지 않아도, 그 강을 흐르는 강물은 예전의 그 물이 아니로다."

(수필가이자 가인인 가모노 초메이(鴨長明)의 시구_옮긴이)

우리는 만물이 끊임없이 변화하는 제행무상(諸行無常)이라는 명제를 인지함으로써 비로소 변화하지 않고 머무는 무언가를 포착할 수 있다. 그리운 친구의 얼굴에도 지나간 세월의 흔적이 선명하기에 변함없는 얼굴이라는 '동일성'을 발견한다.

사람은 생후 2개월에 어머니와 아버지에게 다른 반응을 보이게 된다. 어머니와는 다른 사람의 존재를 알아차리고, 어머니라는 불변의 '동일성'을 깨닫는다. 4개월 차에 접어들면 실제 얼굴과 사진의 얼굴의 차이를 이해할 수 있다. 한 돌 반이 되면 사진과 거울 속의 자신을 '나'라고 인식할 수 있게 된다. 이는 이루 말할 수 없을 정도로 고도의 경지인 '동일성' 이해다.

프랑스 국립 과학연구소(CNRS)의 파고(J. Fagot) 박사 연구팀은 고릴라가 사진 속 바나나를 진짜 바나나로 착각해 바나나 사진을 우걱우걱 먹어치우는 상황을 보고했다. 고릴라는 사진과 실물을 구별하지 못하기 때문이다. 그런데 이 실험에서 고릴라는 '사진'이라는 인류가 만들어낸 산물을 처음으로 경험한 터라 이해하지 못했을 가능성이 있다. 고릴라도 훈련하면 실물과 사진을 구별할 수 있을 것이다. 곤충인 꿀벌조차 '동일성'을 이해할 수 있기 때문이다.

연구팀은 꿀벌에게 노란색과 초록색 패널을 보여주고, 미로 안쪽에 2장의 패널에 영사된 색을 선택하게 하는 실험을 했다. 연구팀은 직전에 본 패널과 같은 색을 선택하면 설탕물이 나오는 장치를 설치했다. 이런 식으로 훈련에 훈련을 거듭하면 꿀벌은 같은 색 패널을 선택할 수 있게 된다.

훈련을 거친 꿀벌은 이어서 색이 아니라 가로줄무늬 또는 세로줄무늬라는 흑백무늬를 선택하는 실험에 난데없이 투입된다. 그런데 훈련된 꿀벌은 처음 본 무늬에도 당황하지 않고 같은 무늬를 선택한다. 즉, '동일성이란 무엇인가?'라는 개념을 꿀벌이 이해했다고 볼 수 있다.

넌 하나도
안 변했어!
많이 변했네!

꿀벌이 동료와 '친구야, 너 하나도 안 변했구나!'라고 인사하는 모습을 상상하기 어렵지만, 끊임없이 변하는 이 세계에서 변하지 않는 무언가를 골라내는 고도의 인식기능이 꿀벌에게도 갖추어져 있음은 부정할 수 없는 사실이다.

심리실험
32

고대 인류가 풍요로움을 포기하고 사냥 대신 농경을 선택한 이유

인도네시아 대규모 화산 폭발로 인한 기후 변화설

고대 인류는 왜 사냥을 멈추고 땅을 일구기 시작했을까? 충분한 영양을 확보하기 위해서였을까? 상식 수준에서 생각하면 답을 찾기 어렵다. 농경을 시작하면서 평균수명은 1~2년 정도 짧아졌고, 키는 10센티미터 이상 줄어들었기 때문이다.

원시 농경기술로는 수확량이 적었고, 품종 개량도 이루어지지 않아 영양분이 부족하거나 수확량이 적은 작물밖에 재배할 수 없었다. 농경을 시작한 결과, 수렵·채집 시대보다 영양 상태가 열악해졌다. 그런데도 1만여 년 전 미리 서로 짜기라도 한 듯 세계 곳곳에서 거의 동시다발적으로 농경이 시작되었다. 고대인들은 왜 편한 수렵·채집 생활을 버리고 고된 농사일을 시작해야 했을까? 이에 대한 여러 가지 학설이 있는데, 이번 꼭지에서는 그중 한 가지 유력한 학설을 살펴보자.

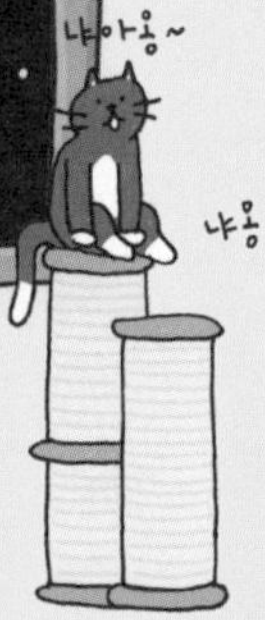

'여유로움'이란 무엇일까? 넉넉한 재산이 여유로움의 지표일까? 소유물의 양만으로 여유로운가 그렇지 않은가를 판단하기 어렵다. 사람은 날마다 녹록지 않은 현실에 얽매여 아등바등 일하며 산다. 왜 그토록 힘들고 고통스럽게 일하며 살아야 할까? 노동의 목적 중 하나는 일종의 '여유로움'을 얻기 위해서다. 바로 이 부분에 실마리가 숨어 있다.

노동의 정의나 의의에 대해 공부하고 고심하다 보면 어느 순간 오묘한 깨달음을 얻게 될 때가 있다. 오늘날 노동시간에는 상한선이 정해져 있다. 일본의 노동기준법에 따르면, 원칙적으로 하루 8시간을 초과해 일해서는 안 된다. 어쩔 수 없이 야근이나 휴일 근무를 하더라도 주당 노동시간이 45시간을 넘기면 안 된다. 즉, 1일 노동시간은 평균 10~11시간 정도를 상한선으로 정해놓았다. 일본에서는 이를 두고 '36 협정'이라고 부른다. 법률에서 정해진 노동시간이 제도로 뒷받침되어야 한다는 사실을 머리로는 이해하면서도 인류의 역사를 거슬러 올라가면 새록새록 야릇한 감정이 샘솟는다.

원시 인류는 사냥으로 생활했다. 인류 전 역사를 통틀어 99퍼센트가 넘는 대부분의 시대는 수렵·채집 생활로 채워졌다. 당시 노동시간은 3시간 남짓이었는데, 그 정도만 일해도 일용할 양식을 충분히 얻을 수 있었다. 하루 벌어 하루 먹고 사는 소박한 생활이지만, 야근이 필수가 되어 저녁이 없는 삶을 사는 현대 직장인들에게 묻는다면 어느 쪽을 '여유로운 생활'이라고 답할까? '농업'은 우리 인류의 생활방식을 획기적으로 뒤바꾸어놓는 계기로 작용했다.

'농업(農業)'을 나타내는 한자를 찬찬히 뜯어보자. '농사 농(農)'과 '풍년 풍(豐)'이라는 글자는 서로 묘하게 닮은꼴이다. 실제로, 농경은 인류에게 풍요로운 자연의 은혜를 선사했고, 인류는 농경으로 정착 생활을 시작했다. 그런데 농경 시대가 막을 올리며 노동시간은 수렵·채집 시대보다 길어졌다.

고대의 인류는 왜 사냥을 멈추고 땅을 일구기 시작했을까? 충분한 영양을 확보하기 위해서였을까? 상식 수준에서 생각하면 답을 찾기 어렵다. 농경을 시작하면서 평균수명은 1~2년 정도 짧아졌고, 키는 10센티미터 이상 줄어들었기 때문이다.

원시 농경기술로는 수확량이 적었고, 품종 개량도 이루어지지 않아 영양분이 부족하거나 수확량이 적은 작물밖에 재배할 수 없었다. 농경을 시작한 결과, 수렵·채집 시대보다 영양 상태가 더 열악해졌다. 그런데도 1만여 년 전 미리 서로 짜기라도 한 듯 세계 곳곳에서 거의 동시다발적으로 농경이 시작되었다. 왜 고대 인류는 편한 수렵·채집 생활을 버리고 고된 농사일을 시작해야 했을까? 학자들이 너무 많은 가설을 제시하여 그중 어느 한 가지를 정답이라고 내놓을 수는 없다. 그중 한 가지 유력한 학설을 살펴보자.

오랜 옛날, 인도네시아에서 엄청난 규모의 화산 폭발이 일어났다. 순식간에 화산재가 지구의 상당 부분을 뒤덮었고, 이후 1,000년 넘게 한랭기가 이어졌다. 그 여파로 수많은 동식물이 멸종했고, 수렵·채집으로 얻을 수 있는 식량은 바닥을 드러냈다. 그런 최악의 환경 속에서 인간은 울며 겨자 먹기로 어쩔 수 없이 농경을 시작해야 했다는 주장이다. 영양가가 낮더라도 농사를 지어서 수확한 작물을 먹고 살아야 했던 것이다. 당시 인류가 생존하기 위해서는 농경 이외의 다른 마땅한 선택지가 없었기 때문일 수 있다.

다행히도 농경에는 기대하지 않은 이점이 있었다. 농작물, 특히 곡물은 날고기와 달리 저장성이 좋아 오래 두고 먹을 수 있다는 점이 그것이다. 식량 비축으로 악천후와 천재지변 등 예기치 못한 재난에서 목숨을 부지할 수 있게 된 것이다. 이후 사람들은 다시 수렵·채집 생활로 돌아가지 않았다. 늘어난 노동시간에 합당한 대가를 얻고 있다고 판단했기 때문이다.

나는 이처럼 종의 보존을 위한 선택이 '여유로움'의 원점이 되었다고 추정한다. 풍요로움에서 '여유로움'이 나왔다. 살림 살이가 곧바로 나아지지는 않더라도 만약의 사태에 대비해 손을 쓸 수 있는 능력을 갖추고 있으면 문제가 없다. 다시 말해, 언젠가 찾아올 위기에 대처할 수 있는 능력이야말로 여유로움을 갈망하는 형태로 우리 인류의 마음에 깊이 뿌리 내리지 않았을까.

우리 인간의 몸 구조에 눈을 돌려보면 허점투성이에 낭비도 이런 낭비가 없다. 면역세포나 정자는 대부분 사용되지 않고 버려진다. 어쩌면 우리 뇌의 능력도 충분히 발휘되지 못하고 있을지 모른다. 자신이 가진 능력을 제대로 활용하지 못하는 일종의 '낭비'도 생물이 채용하는 '여유로움'의 여러 수단 중 하나다.

유비무환(有備無患), 즉, "준비가 철저하면 근심이 없다"는 옛말이 있다. 사람은 여유로움을 얻기 위해 노동한다. 그러나 오늘날 사람들은 너무 많이, 너무 오래 일한다. 노동법이라는 기묘한 규칙을 정해두고 노동시간을 제한하는 것도 그런 지나침과 부작용 때문이다. 우리 인간은 여러모로 참 불가사의한 생물이 아닐 수 없다.

심리실험 33

‘의욕’을 끌어내기 위해 ‘의욕’을 활용한다?

스탠퍼드대 넛슨 교수의 ‘최고 의욕 끌어내기 실험’

스탠퍼드대학교 브라이언 넛슨 교수 연구팀은 31명의 청년에게서 최고의 의욕을 끌어내는 방법을 고안했다. 의욕은 ‘중격핵’이라는 뇌 부위에서 발생한다. 즉, 중격핵의 활동이 활발해지면 의욕이 솟아난다. 연구팀은 곧바로 실험에 착수했다. 앞에서 소개한 바이오피드백 장치가 연구에 투입되었다.

그들은 MRI로 중격핵을 측정해 활동 수준을 막대그래프로 표시했다. 이때 실험 참여자가 그래프를 볼 수 있게 했다. 즉, MRI 장치 속에 있는 참여자는 자신의 중격핵이 지금 어느 정도로 활동하고 있는지 실시간으로 알 수 있다. 그 상태에서 참여자에게 ‘그래프 수치를 높이라’고 지시한다. 쉽게 말해, 중격핵이 활발하게 움직이도록 의지로 조절하라는 의미다. 연구팀은 이 간단한 실험으로 최고 수준의 의욕을 끌어내는 방법을 찾은 셈이다.

'오른쪽 우(右)'라는 한자는 어떤 뜻으로 사용될까? 누군가의 오른팔, 우회전, 우향우, 우익……. '오른쪽 우'라는 글자가 무엇을 의미하는지 생각해보자. 만약 '오른쪽 우'라는 글자가 존재하지 않았더라면 일상생활에 지장이 생길까? 〈세상에 이런 일이〉에나 나올 만한 일이라고 생각할지 모르겠지만, 세상은 넓고 놀랄 일은 많다.

이 세상에는 '좌우'를 표현하는 단어가 없는 언어도 존재한다. 오스트레일리아 구구 이미디어(Guugu Yimidhir)와 멕시코 테네하파(Tenejapa)어 등이 대표적이다. 이러한 언어에서는 '오른쪽에 둔다'라는 말 대신 '남쪽에 둔다'라는 말로 동서남북의 방위를 사용해 표현한다. 그렇다면 오른쪽과 왼쪽은 인간의 일상생활에 필요하지 않은 개념으로 해석해도 될까?

사전에서는 '오른쪽 우'를 어떻게 정의할까? 사전을 펼쳐보면 오른쪽, 오른손, 우익(右翼), 서쪽(西-), 높다, 귀하다(貴--), 숭상하다(崇尙--), 돕다(=佑), 강하다(強--), 굽다, 권하다(勸--) 등으로 평소에 듣도 보도 못한 뜻풀이가 줄줄이 나온다. 신기하게도, '오른쪽 우'에는 '서쪽'이라는 방위를 나타내는 뜻도 있다. 사전의 도움 없이 '오른쪽 우'라는 단어의 개념을 정의하는 게 말처럼 쉬운 일은 아니다.

그런데 사전의 정의를 가만히 들여다보면, 또 다른 문제가 숨어 있다. 과연 '서쪽이란 무엇일까?'라는 의문이 생겨난다. 그래서 다시 사전에 '서녘 서(西)'를 찾아본다. 그러면 '서녘(西-), 서쪽(西-), 서양(西洋), 구미(歐美), (서쪽으로) 가다, 깃들이다, 옮기다' 식의 설명이 꼬리에 꼬리를 물고 이어진다. 서쪽은 네 방위의 하나로 동쪽의 반대편 해가 지는 쪽을 가리키고, 동서남북에서 북쪽의 오른편에 위치한다. 이쯤 되면 골치가 아파 머리가 지끈거린다. 서쪽의 개념을 정의하려고 다시 좌우의 개념이 등장했다. 이처럼 사전을 펼칠 때마다 원래 단어로 돌아가는 현상을 '순환 정의'라고 부른다. 일종의 '동어 반복(Tautology)'인 셈이다.

복잡하게 동어 반복 이야기를 꺼낸 이유가 있다. 최근 과학 전문지 《뉴로이미지(NueroImage)》에 발표된 스탠퍼드대학교 브라이언 넛슨(Brian Knutson) 교수 연구팀의 뇌 연구 논문을 읽고 동어 반복이라는 개념이 까꿍 하고 얼굴을 내밀었기 때문이다.

연구팀은 31명의 청년들에게서 최고의 의욕을 끌어내는 방법을 제안했다. 의욕은 '중격핵'이라는 뇌 부위에서 발생한다. 즉, 중격핵의 활동이 활발해지면 의욕이 솟아난다. 연구팀은 곧바로 실험에 착수했다. 앞에서 소개한 바이오피드백 장치가 연구에 투입되었다.

그들은 MRI로 중격핵을 측정해 활동 수준을 막대그래프로 표시했다. 이때 실험 참여자가 그래프를 볼 수 있게 했다. 즉, MRI 장치 속에 있는 참여자는 자신의 중격핵이 지금 어느 정도로 활동하고 있는지 실시간으로 알 수 있다. 그 상태에서 참여자에게 '그래프 수치를 높이라'고 지시한다. 쉽게 말해, 중격핵이 활발하게 움직이도록 의지로 조절하라는 말이다.

실험은 이게 다였다. 일반적으로 끈기가 있으면 자신의 뇌 활동을 제어할 수 있다.

이번 실험에서도 개인차는 있었지만, 대다수 참여자는 '의지의 힘'으로 중격핵 활동을 조절할 수 있었다. 연구팀은 실험 참여자들에게 설문조사를 했다. 그 결과, 중격핵이 활발하게 움직이자 '긍정적이고 진취적인 기분이 들며 의욕이 솟아났다'는 대답이 많이 나왔다. 한데, 재미있게도 능숙하게 활동 양을 조절한 참여자일수록 상대적으로 강한 의욕을 느꼈다고 응답했다. 이렇게 간단한 장치를 통해 의욕이 솟아난다니, 세상 참 오래 살고 볼 일이다.

'바로 실용화해야 한다'라고 주장하고 싶지만, 잠깐 멈춰 서서 진지하게 생각해보아야 한다. 애초에 뇌 활동을 제어하려면 강한 끈기가 필요하다. 즉, 이번 실험은 '의욕'을 끌어내기 위해 '의욕'을 활용했다.

맙소사, 또다시 도돌이표다. 순환 정의인 셈이다. 바로 뇌과학의 순환 정의다. 이 실험에서 참여자에게 '어떻게 중격핵을 활동시켰나?'라고 물었더니, '즐거운 일을 상상했다'고 대답했다. 오호라, 즐거운 일이란 말이지? 그렇다면 차라리 이 부분에 숨어 있는 의욕의 비밀을 파헤치는 게 좀 더 효과적이지 않을까.

심리실험 34

인간 뇌는 존재하지도 않는 '노란색'을 어떻게 볼까?

퀸즐랜드대 토엔 교수의 '갯가재의 색깔 인식력 조사'

감각 분야 세계 챔피언은 단연 갯가재다. 이 갑각류 동물은 무려 12가지 색채 센서를 가지고 있다. 그렇다면 갯가재는 얼마나 다채로운 색깔로 세상을 볼까? 우리 인간으로서는 상상도 할 수 없을 만큼 아름답고 화려한 세상이 아닐까?

퀸즐랜드대학교 토엔 교수 연구팀은 갯가재의 색깔 인식력을 조사한 끝에 녀석이 대부분 색을 구별하지 못한다는 사실을 밝혀냈다. 심지어 갯가재는 가장 식별하기 쉽다는 색 조합인 '빨강과 초록'의 차이조차 구별하지 못했다고 한다.

왜 그럴까? 뛰어난 색채 센서를 지니고 있으면서도 신경계가 충분히 발달하지 못해 뇌에서 색깔을 조합하지 못하기 때문으로 추정된다. 빨간색과 초록색에서 '노란색'을 만들어낼 수 있는 인간의 뇌와는 결정적 차이가 있다.

햇빛을 프리즘에 통과시키면 무지개색 스펙트럼이 나타난다. 어린 시절, 평범한 하얀 빛이 깜짝 놀랄 정도로 아름다운 색채로 다시 태어나는 마법 같은 광경에 마음을 빼앗겼다. 뉴턴 시대에는 다양한 색은 단 3가지 색, 즉 3원색에서 모든 색을 '합성'할 수 있다고 알려져 있었다.

뉴턴은 "광선에는 색깔이 없다. 감각을 만들어내는 힘을 지니고 있을 뿐이다"라고 말했다. 이것은 여러 의미로 함축적인 말이다. 우리는 눈으로 들어온 빛을 망막에서 전기 펄스(Pulse)로 변환시켜 뇌에서 받아들인다. 즉, 뇌에 입력된 정보는 전기 신호일 뿐 빛 그 자체는 아니라는 말이다. 뇌는 이 전기 펄스를 '색깔'로 읽어낸다. 빛의 3원색은 '빨강'·'초록'·'파랑'이다. 노란색은 들어 있지 않다. 그렇다면 우리는 어떻게 노란색을 '볼' 수 있을까? 참으로 불가사의한 현상이 아닐 수 없다.

얼굴 한가운데 좌우 시야를 가로막는 벽을 세우고, 오른쪽 눈에 초록색을, 왼쪽 눈에 빨간색을 보여주면 '노란색'이 나타난다. 빨강과 초록이 뇌에서 섞여 실제로는 존재하지도 않는 '노란색'이 눈앞에 나타나는 셈이다. 이 실험으로 뇌가 보고 있는 대상은 색깔이 아니라 신경 신호를 '해석'한 결과임을 알 수 있다.

그런데 '사람의 3원색'은 동물계에서는 특수한 사례다. 개와 소 등 많은 포유류가 보는 세상은 주황색과 파란색의 2원색으로만 이루어져 있다. 반면, 조류와 곤충은 대개 자외선을 감지할 수 있다. 말하자면, 조류와 곤충이 보는 세상은 4원색으로 이루어진 셈이다.

이러한 현상을 다음과 같이 설명할 수 있다. 초기 동물들은 4가지 색채 센서를 활용해 세상을 바라보았다. 그런데 진화 과정에서 차츰 색채 감각을 잃어버리게 되면서 2원색으로 줄어들었다. 당시 대다수 포유류는 야행성이었기에 2원색만으로도 생활에 지장이 없었다. 이후 일부 포유류가 주행성으로 변하는 과정에 2원색 중 주황색 센서가 2개로 분리되면서 초록색과 빨간색 센서가 만들어졌다. 이것이 3원색의 기원이다.

그러나 아쉽게도 인간은 자외선을 보지 못한다. 그런 터라, 벌레나 새의 시각 세계를 알 길이 없다. 자외선 카메라로 촬영하면 우리가 사는 세상이 과거에 본 적도 없는 선명한 색채로 가득 차 있어 눈을 비비며 자기 눈앞에 펼쳐진 새로운 풍경을 의심하게 된다. 아니, 알고 보면 사실 이는 그다지 놀랄 일은 아니다.

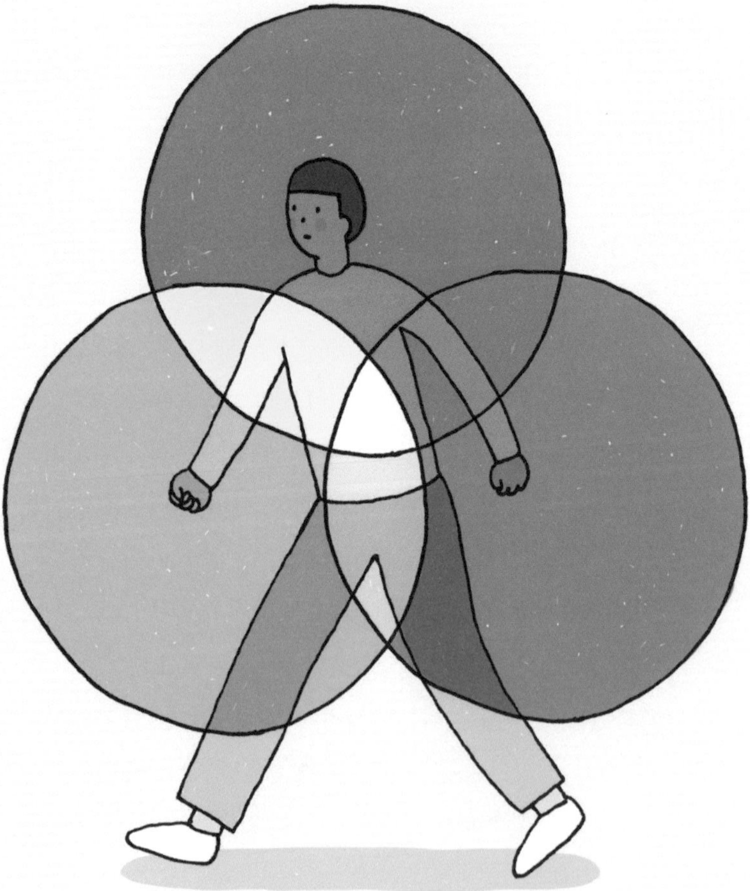

알록달록 선명한 세상은 곤충과 새에게는 당연한 광경이기 때문이다. 단순히 사람이 색깔에 유난히 둔감할 뿐이다. 사람의 뇌는 이토록 거대하지만, 안타깝게도 색채 센서는 뇌의 성능에 걸맞은 수준으로 발달하지 못한 것 같다. 색감을 기준으로 본다면 우리 인간의 뇌는 자신이 가지고 있는 빛 센서 성능보다 지나치게 진화된 '분수에 맞지 않게 진화한 뇌'인 셈이다.

뭐니 뭐니 해도 감각 분야 세계 챔피언은 단연 갯가재다. 이 갑각류는 무려 12가지 색채 센서를 가지고 있다. 그렇다면 갯가재는 얼마나 다채로운 색깔로 세상을 볼까? 아마 우리 인간으로서는 상상도 할 수 없을 만큼 아름답고 화려한 세상이 아닐까?

그런데 2014년 1월, 이에 관한 예상 밖의 결론이 나왔다. 오스트레일리아 퀸즐랜드대학교 토엔(Hanne H. Thoen) 교수와 동료 연구팀이 《사이언스》에 발표한 실험이다. 그들은 갯가재의 색깔 인식력을 조사한 끝에 녀석이 대부분 색을 구별하지 못한다는 사실을 밝혀냈다. 심지어 갯가재는 가장 식별하기 쉽다는 색 조합인 '빨강과 초록'의 차이조차 구별하지 못했다.

왜 그럴까? 뛰어난 색채 센서를 지니고 있으면서도 신경계가 충분히 발달하지 못해 뇌에서 색깔을 조합하지 못하기 때문으로 추정된다. 빨간색과 초록색에서 '노란색'을 만들어낼 수 있는 인간의 뇌와는 결정적 차이가 있다.

갯가재는 빛의 유무로만 세상을 구분하므로 실질적으로는 '흑백 세상'에 살고 있는 셈이다. 사람과는 반대로, 뇌보다 색채 센서가 분수에 맞지 않게 진화한 생물이다. '모든 것을 가질 수 없다'는 진리는 생물계에서도 통하는 모양이다.

심리실험 35

야생 고릴라는 섬세하고 신경질적인 초식동물에 가깝다?

도쿄대 유지 교수의 '야생 고릴라 생태 관찰기'

영화 〈킹콩〉이 사람들에게 잘못된 이미지를 심어준 탓인지 고릴라에 대해 오해하는 사람이 많다. 고릴라는 절대로 고집 세고 흉포한 동물이 아니다. 오히려 상당히 섬세하고 신경질적인 초식동물에 가깝다. 사람과 비슷하게 아픔에 민감하며, 사자와 치타를 피해 깊은 숲속에서 조용히 살아간다. 스트레스를 받으면 지독한 설사에 시달릴 정도로 예민한 동물이다.

고릴라와 침팬지는 소리로 의사소통하며 복잡한 사회를 이루고 살아간다. 이 점에서 고릴라는 우리 인간과 별반 차이가 없다. 궁금증 하나. 사람과 고릴라 중 어느 쪽이 더 행복할까? 아마도 고릴라가 아닐까? 왜냐하면, 고릴라는 우리네 인간처럼 자신의 종족을 다른 종족과 비교하고 낙담하거나 질투하지 않으니까!

우간다의 수도 캄팔라에서 자동차로 11시간을 달려 해발 2,500미터 열대우림에 도착했다. 차에서 내려 갓길에서 산 속 오솔길로 접어들었다. 비취색으로 빛나는 정글에 기묘한 새소리가 울려 퍼진다. 그림에서 빠져나온 듯한 신비로운 열대우림의 세계다. 그도 그럴 것이, 여기는 '아프리카의 진주'라는 별명으로 알려진 우간다 브윈디 국립공원이다. 유네스코에 세계유산으로 등록된, 말 그대로 '미적인 중요성을 지닌 최고의 자연 지역'이다. 다만, 눈으로 볼 때만 아름답다.

숲으로 한발 들어서는 순간, 고생길이 활짝 열린다. 사람의 손을 타지 않은 자연에 길이 있을 리 만무하다. 길도 없는 산속을 허우적허우적 손발로 풀을 헤치며 나아갔다. 유제동물(Ungulate, 발굽이 있는 포유동물_옮긴이)과 독충, 험준한 절벽이다. 전날 밤 내린 스콜로 초목이 이슬에 젖어 진창길을 뚫고 나아가야 한다. 아스팔트가 깔린 도시 생활에 길든 나는 몇 번이나 구르고 넘어지기를 여러 번, 10분도 지나지 않아 비명을 지르기 시작했다. 그래도 체면을 차리느라 이를 악물고 잠시 걷다 보니, 짐승이 다니는 오솔길 한 줄기를 만날 수 있었다.

우리 일행 8명은 그 길을 지나기로 했다. 짐승이 다니는 길이어서 그런지 곳곳에 사과 크기의 거대한 배설물이 떨어져 있었다. 아직 따끈따끈, 신선하다. 고릴라 무리에 점점 가까워지고 있다고 우리는 확신했다.

가파른 오르막과 내리막을 오르내리느라 체력의 한계에 다다른 순간, 시야에 거대한 검은 물체가 들어왔다. 모두 19마리의 고릴라 무리다. 오랜 소원이 드디어 이루어지는 순간이다. 마침내 야생 고릴라를 만났다! 당당한 풍채는 숲속을 지키는 영험한 산신령 같다. 가슴 깊은 곳에서 먹먹한 감동이 조용히 솟아나 온몸을 꿰뚫었다. 야생 고릴라와 침팬지를 관찰하고 오스트랄로피테쿠스가 발견된 동굴을 방문하는 것이 이번 여행의 목적이었다.

인간이란 무엇인가? 우리는 그 기원을 탐구하고 싶었다. 사람과(Hominidae)의 생물은 현재 5종류밖에 없다. 고릴라, 침팬지, 보노보, 오랑우탄, 그리고 호모사피엔스(현생 인류)다. 그중 4종류가 우간다에 서식한다. 멸종 위기종인 고릴라는 전 세계 고릴라 700마리 중 절반 이상이 브윈디 국립공원을 보금자리 삼아 살아간다.

영화 〈킹콩〉이 사람들에게 잘못된 이미지를 심어준 탓인지 고릴라에 대해 오해하는 사람이 많다. 고릴라는 절대로 고집 세고 흉포한 동물이 아니다. 오히려 상당히 섬세하고 신경질적인 초식동물에 가깝다. 사람과 비슷하게 아픔에 민감하며,

사자와 치타를 피해 깊은 숲속에서 조용히 살아간다. 스트레스를 받으면 지독한 설사에 시달릴 정도로 예민한 생물이다.

고릴라와 침팬지는 소리로 의사소통하며 복잡한 사회를 이루고 살아간다. 이 점에서 고릴라는 우리 인간과 별반 차이가 없다. 그렇다면 '사람다움'이란 무엇일까? 몇 미터 거리에서 관찰한 고릴라 무리의 생활은 무척 평화로워 보였다. 사람처럼 속세의 번뇌에 물들지 않았고, 죽음의 공포에도 시달리지 않으며 순간순간을 씩씩하게 살고 있었다.

사람과 고릴라 중 어느 쪽이 더 행복할까? 이따금 개인적으로 조용히 생각해보는 화두다. 아차, 그러고 보니 고릴라는 우리네 인간처럼 자신의 종족을 다른 종족과 비교하고 낙담하거나 질투하지 않는다.

나는 미련을 가득 남기고 고릴라 무리를 떠났다. 돌아오는 길도 만만치 않은 고생길이었다. 몇 시간의 탐색을 끝내고 겨우 사람이 다니는 길로 나온 순간, 자연스럽게 안도의 미소가 배시시 새어 나왔다. 다른 일행도 마찬가지였던 모양이다. 각국에서 모여 처음 만난 8명이 엉터리 영어로 지금 막 느낀 흥분을 입이 귀에 걸리도록 웃으며 떠들썩하게 이야기를 나누었다. 하나같이 오래 알고 지낸 사람처럼 허물이 없어졌다.

그러다가 문득 깨달았다. 사람만이 지닐 수 있는 소중한 것, 바로 웃음이다. 사람은 태어나는 순간부터 웃음을 만들어낼 줄 안다. 그리고 죽을 때까지 자주 많이 웃는다. 웃음은 우리 인간만이 지닌 최강의 무기인 셈이다. 삼척동자도 다 아는 뻔한 사실을 새삼 실감한 감동의 순간이었다.

심리실험 36

'교사'의 도움 없이 정보를 얻고 지식으로 만드는 방법

흐로닝언대 몰먼 교수의 '집단적 · 개인적 학습 – 판단 – 결정 실험'

흐로닝언대학교 루카스 몰먼 교수 연구팀은 '교사가 없는 상황에서 우리는 누구를 의지해 정보를 얻을까?'라는 의문에 대한 답을 찾기 위해 한 가지 실험을 했다. 그들은 2개의 선택지 중 어느 쪽이 획득 금액이 많은지를 여러 사람이 모여 판단하고 어느 쪽을 선택할지를 각자가 서서히 학습해 결정하는 실험을 설계했다. '사람이 무엇을 참고하며 의사 결정을 내리는가'를 알아보기 위한 실험이었다.

실험 결과, 크게 3가지 유형의 사람이 존재한다는 사실이 밝혀졌다. 첫째, 독학 유형. 타인의 의견을 참고하지 않고 혼자 시행착오를 거듭하며 가장 나은 해결책을 찾는 유형이다. 둘째, 성공한 사람을 모방하는 유형. 셋째, 대세에 따르는 사람으로 주위의 평균적인 의견에 따르는 유형이다. 좀 더 자세한 내용을 알아보기 위해 꼭지 속으로 들어가 보자.

인간은 사회적 동물이다. 다른 사람과의 인연을 소중히 여기고, 타인을 돕고, 때로 도움을 받으며 집단을 이루고 살아간다. 서로 편의나 이익을 주고받는 '호혜'는 사회성의 근간을 이룬다. 집단을 만드는 동물은 비단 사람뿐만이 아니다. 가령, 무리생활을 하는 꿀벌과 개미의 사회 구조는 놀라우리만치 정교하다. 완벽한 분업이 이루어지고, 각자 맡은 역할에 철저하게 임하며 인간 사회를 능가할 정도로 뛰어난 효율성을 자랑한다. 그토록 훌륭한 자연계의 여러 선배를 제쳐두고 왜 인간은 자신을 굳이 '사회적 동물'이라고 부를까?

한 가지 대답은 '문화의 계승'이다. 사람은 서로 도울 뿐 아니라, 타인을 모방하고 학습한다. 그래서 어떤 사람이 생각한 좋은 생각은 사회 구성원들이 공유하고 다시 자식과 손자에게로 전해진다. 생물계에서는 통상적으로 유전자 정보만 자손에게 전해진다. 유익한 발견이나 지식이 있더라도 한 세대를 지나며 소멸한다. 그러나 인간은 유전자와 문화라는 2가지 정보를 후세에 '이중 계승'한다.

이렇게 적고 보니, 원숭이도 문화를 계승하지 않느냐는 반론이 들려오는 듯하다. 분명 일부 원숭이 집단에서는 식량을 얻는 법과 세척하는 방법 등이 집단에 전승되고 자손에게도 전해진다. 이러한 예는 심심치 않게 텔레비전이나 잡지에서 다루어 유명해졌다. 그러나 드문 사례이므로 '뉴스'가 된다는 사실을 잊지 말아야 한다. 만약 인간이었다면 너무도 당연한 일이라 뉴스거리조차 되지 않는다. 실제로 지혜를 계승하는 원숭이는 극히 일부 집단으로 대부분 원숭이는 지혜를 계승하기는커녕 '원숭이 흉내'조차 내지 못한다.

인간 특유의 '문화 계승'이라는 습관을 궁극적으로 결정화한 형태가 '학교 교육'이다. 교육이라는 시스템은 교사가 어린이에게 지혜를 전승하여 신속하면서도 획일적으로 문화를 전승할 수 있게 해준다. 물론 교육 현장이 아니라도 우리는 자연스럽게 많은 것을 배우며 성장한다. 학교와 달리 그곳에는 '교사'가 없다. 사실, 이 '교사 없는 학습'에는 어떤 의미에서 인간다움이 가장 잘 반영되어 있다.

그렇다면 교사가 없는 상황에서 우리는 누구를 의지해 정보를 얻을까? 네덜란드 흐로닝언대학교(Rijksuniversiteit Groningen) 루카스 몰먼(Lucas Molleman) 교수팀이 흥미로운 논문을 발표했다. 그들은 2개의 선택지 중 획득 금액이 많은 쪽을 여러 사람이 판단하고 어느 쪽을 선택할지 각자가 학습해 결정하는 실험을 설계했다. 이 실험으로 '사람이 무엇을 참고하며 의사 결정을 내리는가'를 조사했다.

실험 결과, 크게 3가지 유형의 사람이 존재한다는 사실이 밝혀졌다.

첫째, 독학 유형이다. 타인의 의견을 참고하지 않고 혼자 시행착오를 거듭하며 가장 나은 해결책을 찾는 유형이다.

둘째, 성공한 사람을 모방하는 유형이다.

셋째, 대세에 따르는 사람으로 주위의 평균적인 의견에 따르는 유형이다.

이 3가지 작전 중 무엇이 가장 유리하게 작용하는지는 상황에 따라 달라진다. 즉, 어느 유형이 최선이라는 결론은 내릴 수 없다. 반대로, 상황에 따라 유연하게 전략을 바꿀 필요가 있다는 의미다. 그런데 연구팀은 어떤 유형에 속하는지는 사람마다 일관성이 있고, 어떤 상황에서도 거의 변함없이 자신의 유형을 밀고 나간다는 사실을 알아냈다. 즉, 무엇을 행동 규범의 기준으로 삼을지는 그 사람의 사고 습관으로 굳어져 차츰 유연성이 떨어진다는 뜻으로 해석할 수 있다.

어떤 방식이 좋고 어떤 방식이 나쁘다기보다 여러 유형의 사람이 모여 같은 집단에 소속되며 생기는 '다양성'이 결과적으로 사회 전체의 적응력을 높인다고 연구팀은 결론을 내렸다. 여러분이 어떤 유형의 사람이든 집단 사회에 보탬이 되고 있다고 생각할 수 있다. 자신의 개성 그 자체가 '호혜'에 일조한다고 생각하면 살아갈 용기가 샘솟지 않는가.

CHAPTER

4

기분 좋을 때 뇌과학

심리실험 37

지루함은 전기 충격보다 더 고통스럽다?

버지니아대 윌슨 교수의 '지루함 참기 vs. 전기 충격기 누르기 실험'

버지니아대학교 윌슨 교수 연구팀은 605명의 참여자를 모집해 작은 방에서 아무것도 하지 않고 멍하니 시간을 보내게 했다. 방은 텅 비어 있고, 아무 장식도 없다. 물론 책과 필기도구, 휴대전화기 반입도 모두 금지되었다. 6~15분이 지난 뒤, 연구팀은 방에서 나온 실험 참여들자에게 '아무것도 하지 않은 경험'이 어땠는지를 물었다.
일도 공부도 하지 않고 빈둥대기만 해도 참여비가 나오니 이게 웬 떡이냐 싶겠지만, 참여자들의 감상은 달랐다. '하나도 즐겁지 않았다', '고통스러웠다'라는 응답이 가장 많았던 거다. 이 실험은 18세부터 77세까지 남녀를 대상으로 이루어졌다. 한데, 재미있게도 나이나 성별과 관계없이 거의 비슷한 결과가 나왔다. 그렇다면 자극이 전혀 없는 환경에 놓이게 되면 사람은 어느 정도로 불쾌감을 느낄까?

정신없이 일하다가 문득 정신이 드는 순간이 있다. '내가 무슨 영화를 누리자고 짐수레를 끄는 노새처럼 이렇게 뼈 빠지게 일하며 살고 있을까. 가끔은 하루 휴가라도 내서 아무것도 안 하고 온종일 뒹굴고 싶구나!', '아, 끝도 없이 시간에 쫓기며 사는 생활은 이제 지긋지긋해! 아주 넌더리가 나! 빨리 은퇴해서 우아한 노후생활이나 즐겼으면 소원이 없겠다!' 휴가를 바라는 마음이 걷잡을 수 없이 발전해 오후까지 흘러갈 때도 있다. 그런 내가 딱해 보였는지, 어느 날 한 지인이 충고해 주었다.

"아무것도 하지 않는 삶을 동경할 필요 없어. 일할 수 있는 현재 상황에 감사해야지. 시간이 남아도는 생활은 의외로 굉장히 따분하다고."

그 지인의 충고가 옳다는 증거를 보여준 실험이 있다. 《사이언스》에 발표된 미국 버지니아대학교 윌슨 교수 연구팀의 논문이다. 연구팀은 605명의 참여자를 모집해 작은 방에서 아무것도 하지 않고 멍하니 시간을 보내게 했다. 방은 텅 비어 있고, 아무 장식도 없다. 물론 책과 필기도구, 휴대전화기 반입도 모두 금지된다. 6~15분이 지난 뒤, 연구팀은 방에서 나온 실험 참여자들에게 '아무것도 하지 않은 경험'이 어땠는지 물었다.

일도 공부도 하지 않고 빈둥대기만 해도 참여비가 나오니 이게 웬 떡이냐 싶겠지만, 참여자들의 감상은 달랐다. '하나도 즐겁지 않았다', '고통스러웠다'라는 응답이 가장 많았던 거다. 가만히 있으면 이래저래 생각이 많아지고 머리가 복잡해진다. 그런데 딱히 생각할 거리도 없고 생각에 집중도 되지 않는다. 방에는 집중력을 방해할 자극이나 유혹이 전혀 없었는데도 집중할 수 없었다고 하니, 사람의 집중력은 참으로 불가사의한 논리에 따라 작동하는 모양이다.

이 실험은 18세부터 77세까지 남녀를 대상으로 이루어졌다. 한데, 재미있게도 나이나 성별과 관계없이 거의 비슷한 결과가 나왔다. 그렇다면 자극이 전혀 없는 환경에 놓이게 되면 사람은 어느 정도로 불쾌감을 느낄까? 이 질문에 답하기 위해 연구팀은 방에 전기 충격 장치를 설치했다. 이 장치는 버튼을 누르면 발목에 찌릿찌릿 전기가 흐른다. 참여자들에게 전기 충격으로 느끼는 불쾌감과 따분해서 생기는 불쾌감을 비교해달라는 지시가 내려졌다.

실험 전, 연구팀은 참여자들에게 미리 전기 충격을 체험할 기회를 주었다. 그런 다음 시행한 설문조사에서 참여자 모두가 하나같이 '짜증나게 불쾌한 자극'이라고 응답했다. 그리고 그중 76퍼센트는 '두 번 다시 겪고 싶지 않다. 차라리 돈을 내고 말겠다'라는 선택지를 골랐다.

그런데 놀라운 결과가 나왔다. 아무것도 없는 방에 다시 15분을 들어가 있게 하자, 34퍼센트의 참여자가 자발적으로 전기 충격기 버튼을 눌렀다. 따분함의 고통이 전기 충격이 주는 불쾌감을 능가했던 거다. 아무것도 할 일이 없으면 고통스러운 사건이라도 겪는 게 차라리 낫다는 심정이 들었던 모양이다.

여기서 한 가지 질문. 남자와 여자 중 누가 더 '버튼'을 많이 눌렀을까? 답은 남자다. 남자의 무려 67퍼센트가 결국 버튼을 눌렀으며, 평균 1.5회 눌렀다. 그중에는 15분 동안 2회 이상 누른 사람도 있었다. 연구팀은 "사람의 마음은 외부 세계와 이어지도록 설계되어 있다. 설령 혼자 있을 때라도 마음의 초점은 현실 세계로 향하고 있다"라는 결론을 내렸다.

교토에는 '철학의 길'이라는 이름이 붙은 유명한 오솔길이 있다. 마음을 여행하는 철학자와 예술가도 방에 틀어박혀 내면과 마주하기보다는 자주 산책이라도 하며 외부 세계의 자극에서 영감을 얻는 쪽을 선호하는 모양이다.

마음은 외부 세계에 접속해 기능을 발휘한다. 그것이 바로 우리 마음이 지닌 자연스러운 섭리다. 그러므로 마음을 외부 세계와 격리하려면 요가나 명상 등의 특수한 정신 수련이 필요하다. 엄격한 수련 없이 고독을 견디는 시간은 괴로움을 유발한다. 실험을 통해 우리 마음이 얼마나 따분함을 견디지 못하는지 보여준 연구팀은 다음과 같은 문장으로 논문을 끝맺었다.

"미숙한 마음은 고독을 좋아하지 않는다."

아무래도 우아한 노후생활을 즐기려면 무료함을 즐길 수 있는 마음을 미리 갈고닦는 특훈이라도 받아야 할 판이다. 지인의 충고에 따라 일에 쫓기는 지금의 나는 마음 편한 생활을 한동안 이어갈 예정이다.

심리실험 38

인간은 타인의 불행에 쾌감을 느끼는 존재라고?

베를린 자유대 타루피 교수의 '음악을 통한 행복-불행 측정 실험'

베를린 자유대학교 타루피 교수 연구팀은 슬픈 음악을 듣는 심리를 파악하기 위해 772명에게 심층 질문을 던졌다. 그 결과, 가장 많은 사람이 꼽은 감정은 '노스탤지어'였다. 사람들은 슬픈 음악을 들으며 자신의 과거에 발생한 유사한 경험을 추억하고 우수에 잠긴다. 연구팀은 같은 조사에서 한발 더 나아가 추억의 이면에 있는 '음악은 어디까지나 가공의 도구이며, 현실의 나와는 무관하다'라고 강하게 인식하는 심리가 숨어 있음을 밝혀냈다. '어차피 남의 일'이라는 안도감이 쾌감을 자아내고, 가슴 쓸어내리며 안도하는 것이다. 인간은 태생적으로 타인의 불행에 쾌감을 느끼는 존재다. 그러나 인간은 타인의 불행을 기뻐하는 비열한 감정이 자기 안에 숨어 있다는 사실을 인정하고 싶어 하지 않는다. 그러나 인간 뇌는 남의 불행 앞에서 활발히 움직이는 것만은 어쩔 수 없는 사실이다.

나는 지금 푸치니의 오페라를 들으며 이 글을 쓰고 있다. 아름다운 멜로디가 재치 넘치는 대사와 조화를 이룬 걸작 〈라 보엠(La Bohème)〉이다. 막이 끝날 때 즈음, 연인을 저세상으로 떠나보내는 장면은 몇 번을 들어도 눈가가 촉촉하게 젖어들며 울컥한다.

희한하다. 사람은 왜 비극을 읽고 감상할까? 누구든지 실연을 당하거나, 입시에 실패하거나, 피붙이를 잃으면 가슴 찢어지는 고통에 시달린다. 이렇게 가슴 아픈 경험은 두 번 다시 겪고 싶지 않다고 생각한다. 이렇듯, 자신에게 닥치는 슬픈 현실은 싫어하면서 자신에게 찾아오는 슬픈 이야기에는 이상하게 끌리는 묘한 현상이다.

도쿄대학교 오카노야 가즈오(岡ノ谷一夫) 교수는 슬픈 음악을 들으면 쾌감을 느낀다는 사실을 연구로 증명했다. 이는 매우 중요한 발견이다. 지식과 정보가 반드시 일치하지 않는다는 사실을 보여주기 때문이다. 머리로는 슬픈 노래인 줄 알면서도 감정은 '쾌감'을 느낀다.

미국 볼링그린 주립대학교(Bowling Green State University)의 팽크세프(Panksepp) 교수 연구팀은 슬픈 음악은 신나는 음악

엉
엉
엉
엉
엉
TISSUE

보다 효율적으로 쾌감을 끌어낸다는 사실을 밝혀냈다. 슬픈 음악이 유발하는 쾌감은 성적 쾌감이 최고조에 이른 오르가슴 상태에서 오소소 소름이 돋을 때와 비슷한 쾌락이라고 한다. 이 사실로 우리 뇌의 보수계가 활성화된다고 상정했다.

슬픈 음악이 유발하는 '쾌감'에 대해서는 예전부터 많은 학자가 다양한 의견을 제기해왔다. 최근에는 미국 메릴랜드대학교 피터 레빈슨(Peter M. Lewinsohn) 교수의 연구 결과가 책으로 출간되면서 널리 알려졌다. 레빈슨 박사는 이 책에서 사람들이 슬픈 음악에 빠져드는 이유를 밝힌다. 그중 한 가지가 '마음을 공유하면 홀가분해지기 때문'이라는 이유다. 희로애락을 타인과 나누는 감정 교류는 인간 사회에서 필수적이다. 실제로 타인과 마음의 파장이 맞으면 기분이 좋아지는 법이다. 이러한 심리의 연장선에서 슬픈 음악을 통해 작곡가와 가수와 동화되며 쾌감을 느낀다는 설명이다.

그 밖에도 '슬픔을 느낄 수 있는 자신을 확인하는 것이 기뻐서'라는 심리도 함께 작용한다고 한다. 슬픈 사건은 의외로 그다지 자주 일어나지는 않는다. 일테면, 매일 가족의 장례식에 가는 사람은 없다. 오열하지 않고 조용히 담담하게 넘어가는 날이 훨씬 더 많다. 평범한 생활을 하면서도 감정이 고갈되지 않았음을 '슬픈 음악에 동정할 수 있는 자신'의 모습을 통해 확인한다는 것이 그의 주장이다.

이러한 일련의 연구 흐름을 따라잡으려면 베를린 자유대학교 타루피(Taruffi) 교수 연구팀이 발표한 중요한 논문에 눈도장을 찍어야 한다. 연구팀은 슬픈 음악을 듣는 심리를 772명에게 심층 질문을 던졌다. 그러자 가장 많은 감정은 '노스탤지어(Nostalgia)'라는 응답이 돌아왔다. 사람들은 슬픈 음악을 들으며 자신의 과거에 발생한 유사한 경험을 추억하고 우수에 잠긴다.

연구팀은 같은 조사에서 사실 추억의 이면에 '음악은 어디까지나 가공의 매체이며, 현실의 나와는 무관계하다'라고 강하게 인식하는 심리가 숨어 있음을 밝혀냈다. '어차피 남의 일'이라는 안도감이 쾌감을 자아냈다. 왜 가슴을 쓸어내리며 안도할까? 뿌리 깊은 업이다. 슬픈가? 사람은 태생적으로 타인의 불행에 쾌감을 느낀다. 그러면서도 타인의 불행에 신이 나는 비열한 감정이 자신에게 숨어 있다고 인정하고 싶어 하지 않는다. 아무튼, 남의 불행은 우리 뇌의 보수계를 활발하게 움직이게 만든다.

동물들은 기나긴 진화 과정에서 '동료를 밟고 올라서서라도 내 유전자를 남기리라'라는 자기 보존 본능을 키운다. 고도로 진화한 동물인 인간의 무의식에는 그런 본능이 가장 강하게 깔려 있다. 슬픈 음악에 빠져드는 심리에 비도덕적 쾌감이 숨어 있다는 뜻밖의 사실을 알고 나면 등줄기가 서늘해지며 오싹 소름이 돋는다.

〈라 보엠〉의 마지막 장에 접어들었다. 이쯤에서 글쓰기를 멈추고 주인공의 슬픔을 '어차피 남의 일'이니 강 건너 불구경하는 심정으로 마음껏 슬퍼하며 감상할까 한다.

심리실험 39

쥐도 자기 선택과 행동을 후회한다는데?

미네소타대 레디시 교수의 '쥐의 먹이 선택 실험'

다른 동물들도 사람처럼 후회할까? 미네소타대학교 레디시 교수 연구팀이 이 주제에 도전했다. 연구팀은 사각형 서킷에 쥐를 넣고 왼쪽으로 빙빙 돌며 걷도록 훈련했다. 서킷 네 귀퉁이에는 갈림길이 있고, 그 안에는 먹이가 나오는 접시가 있다. 갈림길 입구에서 기다리면 자동으로 먹이가 나온다. 가장 짧을 때는 1초, 가장 길 때는 45초 정도 기다려야 한다. 대기 시간 길이는 소리로 알 수 있다. 소리를 듣고 기다리거나 그냥 지나서 다음 먹이로 향할지는 쥐가 결정한다.

쥐는 좋아하는 먹이가 나오면 대기 시간을 참고 기다렸다. 그러나 좋아하지 않는 먹이가 나오면 무시하고 다음 관문으로 갔다. 이 시점에서 쥐가 사람처럼 '후회'한다는 사실이 밝혀졌다. 좀 더 자세한 내용이 궁금하다면 본문을 읽어보자. 아무튼 후회하는 쥐라니, 상상만 해도 묘하게 귀엽고 친근감이 들지 않는가!

소설 『닥터스』와 영화로도 만들어진 『러브스토리』로 유명한 작가 에릭 시걸(Erich Segal)은 '사랑'을 다음과 같이 정의했다. "사랑이란 후회하지 않는 것!"(우리나라에는 '사랑은 미안하다는 말을 하지 않는 거야'로 번역되었다. 원문은 "Love means never having to say you're sorry."_옮긴이) 참으로 절묘한 표현이 아닐 수 없다. 지고지순한 노력을 쏟아 붓고도 아무런 보답을 바라지 않는, 설령 불행하게 끝나더라도 원망하지 않는 마음. 후회가 생길 여지가 없는 헌신적 태도야말로 참된 사랑이라는 의미다.

이 책을 읽는 독자 여러분께 하나만 묻고 싶다. '그렇다면 '후회'란 무엇일까?'라고. 후회는 인간 심리의 어느 부분에 뿌리를 내리고 자랄까? 일반적으로 자신의 처지를 안타깝게 여기는 감정에는 2가지가 있다. '낙담'과 '후회'다. '낙담'은 기대한 것보다 나쁜 결과가 나왔을 때 생기는 부정적 감정이다. 반면, '후회'는 자신의 선택으로(혹은 어떤 행동을 하지 않아서) 나쁜 결과를 초래했다고 생각하는 부정적 감정이다. 즉, 후회는 낙담보다 한 차원 고도의 감정이다.

'더 나은 선택지가 있지 않았을까'라고 한 걸음 물러난 위치에서 자신을 바라보고 반성하는 과정에 비로소 만들어지는 감정이기 때문이다. 인간 이외의 동물도 '낙담'한다. 예를 들어, 원숭이의 뇌는 먹이를 얻었을 때 쾌감 신경계가 활성화되고, 먹이가 예상보다 적으면 쾌감 활동이 감소한다. 즉, 낙담은 '쾌감 억제'라는 형태로 뇌에서 처리된다. 그렇다면 '후회'는 어떨까? 사람 이외의 동물도 후회할까? 이 부분에 대해서는 확실한 연구가 부족하다.

이 수수께끼에 쥐를 이용해 과감하게 도전한 이들이 있다. 바로 미국 미네소타대학교(University of Minnesota-Twin Cities)의 데이비드 레디시(David Redish) 교수가 이끈 연구팀이다. 연구 성과는 영국의 과학 전문지 《네이처 뉴로사이언스(Nature Neuroscience)》에 발표되었다.

이 논문에 따르면, 쥐도 '후회'할 줄 아는 모양이다. 실험은 행동경제학 기법을 접목해 교묘하게 설계되었다. 연구팀은 사각형 서킷에 쥐를 넣고 왼쪽으로 빙빙 돌며 걷도록 훈련했다. 서킷 네 귀퉁이에는 갈림길이 있고, 그 안에는 먹이가 나오는 접시가 있다. 갈림길 입구에서 기다리면 자동으로 먹이가 나온다. 대기 시간은 일정하지 않아 가장 짧을 때는 1초, 가장 길 때는 45초 정도로 설정했다. 대기 시간 길이는 소리로 알 수 있다. 소리를 듣고 기다리거나 그냥 지나서 다음 먹이로 향할지 쥐가 알아서 결정한다. 어떤 행동을 할지 선택은 온전히 쥐에게 맡겨진다.

쥐에게도 취향이 있다. 녀석은 자기가 좋아하는 먹이가 나오면 얼마 동안의 대기 시간을 참고 기다렸다. 반면, 딱히 입맛이 당기지 않는 먹이일 때 대기 시간이 길어지면 과감히 무시하고 다음 관문으로 넘어갔다. 이 선택에 '후회'의 여지가 발생한다는 사실이 밝혀졌다.

쥐의 행동을 관찰하면 대기 시간이 그다지 길지 않은데도 그냥 통과하고, 다음 지점으로 향하다가 대기 시간이 길어지면 '아뿔싸!' 하는 미련 가득한 몸짓으로 조금 전에 그냥 지나친 먹이 쪽을 몇 번이고 뒤돌아보았다. 그러다가 겨우 나온 먹이를 허겁지겁 먹어치우고, 바로 다음 먹이로 쪼르르 달려갔다. 이는 손실 시간을 만회하려는 심리가 표출된 행동으로 사람에게서도 이와 같은 행동을 쉽게 발견할 수 있다.

연구팀은 한창 후회 중인 쥐의 뇌 활동을 기록했다. 그러자 안와전두피질(Orbitofrontal Cortex, ORC)에 '놓친 먹이'에 반응하는 신경이 발견되었다. 중요한 발견이다. 사람에게서도 안와전두피질은 후회에 필수적으로 관여하는 뇌 부위로 알려져 있기 때문이다. 아무래도 사람과 쥐는 같은 뇌 메커니즘을 활용해 '실패했던 과거'를 곱씹으며 후회하는 모양이다.

아무튼 후회하는 쥐라니, 상상만 해도 묘하게 귀엽고 친근감이 들지 않는가!

심리실험 40

선천적 쾌감인 '단맛'과 '감칠맛'을 얻는 몇 가지 방법

단맛, 쓴맛, 신맛, 짠맛, 감칠맛. 이 5가지 맛 중 선천적으로 쾌감을 느끼는 맛은 '단맛'과 '감칠맛' 2가지다. 당분은 잘 익은 과일에 많이 들어 있다. 감칠맛은 어떻게 얻을까? 감칠맛 성분은 세포에 갇혀 있다. 세포가 깨지면서 그것이 밖으로 새어 나온다. 식물 세포는 세포벽이 튼튼해서 잘 부서지지 않기에 감칠맛 성분을 뽑아내려면 특별한 비법이 필요하다. 가장 빠르고 효과적인 방법은 ’가열‘이다. 불에 익히면 세포가 파괴되어 감칠맛 성분이 우러난다. 요리할 때 깊은 맛을 내기 위해 '국물을 내는 과정'을 빠뜨리지 않는 것은 이 감칠맛 성분을 열화학적으로 추출하기 위해서다.

감칠맛 성분인 아미노산과 핵산은 원래 단백질과 DNA 등으로 이루어진 거대 분자다. 거대 분자를 분해하는 방법의 하나는 '재가열'이다. 가열로 세포를 파괴한 뒤 한 차례 식혔다가 재가열하면 단백질과 DNA가 충격을 받아 분해가 촉진된다. 조림이나 국물 요리가 다음 날 더 맛있게 느껴지는 건 이러한 과학적 이유에서 비롯된다.

나는 맛있는 음식을 먹는 걸 무척 좋아한다. 아니, 이렇게 말하고 보니 말하는 방식이 약간 부적절한 것 같다. 맛있는 음식을 좋아하는 게 아니라, 좀 더 정확하게 말하자면 좋아하는 음식을 '맛있다'라는 말로 표현하는 데 지나지 않기 때문이다. 그런데도 우리는 일상적으로 '맛있어서 좋아한다'라는 인과관계가 뒤집힌 기묘한 표현을 아무렇지도 않게 사용한다.

음식을 먹는 행위가 주는 쾌감은 원인과 결과가 역전된 모순을 깨닫지 못할 정도로 압도적이라는 뜻으로도 해석할 수 있다. 영양을 충분히 얻는 행위는 생식과 마찬가지로 종의 보전에 필수적인 요소이므로 음식에서 얻는 쾌감이 그만큼 압도적이라 하더라도 딱히 이상한 일은 아니다.

미각은 주로 단맛, 쓴맛, 신맛, 짠맛, 감칠맛의 5가지 맛으로 분류된다. 이 5가지 미각 중 선천적으로 쾌감을 느끼는 맛은 '단맛'과 '감칠맛' 2가지뿐이다. 이 2가지 맛이 주는 쾌감은 절대적이라 할 수 있다. 먼저, 단맛과 감칠맛을 간략히 살펴보자. 단맛의 성분은 당분이다. 당분은 잘 익은 과일에 많이 들어 있다. 반면, 감칠맛은 조금 복잡하다. 대개 글루탐산과 이노신산 등 아미노산과 핵산으로 이루어져 있으며, 육류에 다량 함유되어 있다. 과일과 다른 짐승의 고기처럼 영양이 풍부한 음식을 충동적으로 탐하는 본능을 타고나면 생존에 유리하게 작용한다. 선조의 식성을 물려받은 우리 현대인은 가끔 고급 레스토랑이라는 원시인과 동떨어진 기묘한 환경에서 거액의 돈을 지불하며 단맛과 감칠맛을 즐긴다.

사람의 치아 배열은 사자 등의 육식동물과 달리 편평해서 날고기를 물어뜯기에는 적합하지 않다. 또 주행 능력도 치타처럼 발이 빠른 야생동물과는 상대도 되지 않는다. 그렇다면 육식과 사냥에 불리한 원시인은 무엇을 주식으로 삼았을까? 일설에 따르면, '골수'라고 한다. 사자와 하이에나가 고기를 깔끔하게 발라 먹고 남은 뼈를 돌로 깨부수어, 그 중심부에 있는 골수를 열심히 빨아먹었던 모양이다. 골수는 영양가 면에서 살코기를 훨씬 웃도는 가치를 지니고 있다. 게다가 감칠맛 성분도 풍부해서 골수를 쪽쪽 빨아먹으면 무척 맛있다. 우리가 지금도 돼지뼈를 우려낸 국물로 끓인 라면이나 소꼬리를 푹 고은 꼬리곰탕처럼 골수 계통의 음식에 끌리는 건 진화론적으로 살펴보면 충분히 납득이 가는 식성이다.

감칠맛 성분은 세포에 갇혀 있다. 그것이 세포가 깨지면서 밖으로 새어 나온다. 세포는 세포벽이 튼튼해서 어지간해서는 부서지지 않기에 감칠맛 성분을 뽑아내려면 특별한 비법이 필요하다. 가장 빠르고 효과적인 방법은 '가열'이다. 불에 익히면 세포가 파괴되어 감칠맛 성분이 우러나기 때문이다. 요리할 때 깊은 맛을 내기 위해 '국물을 내는 과정'을 빠뜨리지 않는 것은 이 감칠맛 성분을 열화학적으로 추출하기 위해서다.

그러나 가열만으로는 혀에 착착 감기는 완벽한 감칠맛을 얻을 수 없다. 감칠맛 성분인 아미노산과 핵산은 원래 단백질과 DNA 등으로 이루어진 거대 분자다. 분자가 너무 크면 감칠맛을 느끼기 어렵다. 거대 분자가 아미노산과 핵산으로 분해될 때 비로소 감칠맛 성분을 혀로 느낄 수 있다.

거대 분자를 분해하는 방법 중 하나는 '재가열'이다. 가열로 세포를 파괴한 뒤 한 차례 식혔다가 재가열하면 단백질과 DNA가 충격을 받아 분해가 촉진된다. 조림이나 국물 요리가 다음 날 더 맛있게 느껴지는 건 이러한 과학적 이유에서 비롯된다.

가열 이외에도 감칠맛을 얻는 방법이 있다. 세포 자체의 분해 효소와 세균을 이용하는 방법이 그것이다. 예를 들어, 숙성하거나 말리거나 발효하는 가공이 여기에 해당한다. 품이 많이 들고 번거로워 보이는 이 가공법은 화학 반응으로 감칠맛 성분을 얻는 방법이다. 가열보다 시간이 오래 걸리지만, 역시 거대 분자가 붕괴해 감칠맛 성분이 나온다.

음식문화는 화학 실험의 결정체다. 인류는 감칠맛 성분의 추출 비법을 오랜 경험과 현장 실증을 거쳐 축적해왔다. 농축된 감칠맛 성분은 혀의 쾌감 급소를 집중적으로 자극한다. 그러므로 미식이란 '혀의 성감 마사지'라고 말해도 틀린 말은 아니다. 맛있는 요리를 먹는 행위는 혀의 쾌감을 스스로 자극해 희열을 얻는 궁극의 자위행위인 셈이다.

'감칠맛'의 비밀을 알고 나니 갑자기 입에 군침이 돌고 오랫동안 푹 고아서 우려낸 꼬리곰탕 한 그릇이 간절해진다.

심리실험 41

목표가 많은 사람일수록 성공하기 어렵다고?

예일대 프제스니에프스키 교수의 '동기 부여 방식 조사'

예일대학교 에이미 프제스니에프스키 교수 연구팀은 미국 육군사관학교 사관 후보생 1만 명을 14년에 걸쳐 조사했다. 그들은 실험 참여자들의 육군사관학교 지원 동기를 31개 항목의 설문조사를 거쳐 정밀 분석했다. 그중에는 '그냥 군대가 좋아서'라고 내부 동기를 든 사람도 있었고, '출세하고 싶어서', '국가를 위해', '우리 가족을 지키기 위해'라고 수단적 동기를 밝힌 사람도 있었다. 연구팀은 다양한 대답을 한 사관 후보생들이 나중에 어떻게 성공했는지 장교 취임을 기준으로 판정했다.

먼저, 내부 동기가 강한 사람이 약한 사람보다 1.5배 정도 장교로 출세할 확률이 높다는 사실이 밝혀졌다. 장교가 된 후 5년간 군복을 벗지 않고 보직에서 임무를 다한 사람도 2배나 많았다. 예상한 결과였다. 그런데 재미있게도, 설령 내부 동기가 강한 사람이라도 수단적 동기가 많으면 장교가 되는 확률이 20퍼센트나 내려갔다.

'왜 그 일을 하고 싶은가?' 누가 여러분에게 이렇게 물으면 어떻게 대답해야 할까? 이 질문에 대한 답으로 미래의 성공 여부를 예측할 수 있다는 논문이 발표되었다. 예일대학교 에이미 프제스니에프스키(Amy Wrzesniewski) 교수 연구팀이 《미국 과학원 회보》에 발표한 논문이다. 행동을 유발하려면 동기를 부여해야 한다.

과학자라면 '세기의 발견을 하고 싶다', '인류에게 공헌하고 싶다', '연구소 소장이 되고 싶다' 등이 동기가 될 수 있다. 사람마다 동기 부여 방식이 다르게 나타나지만, 심리적으로는 크게 2가지 유형으로 나눌 수 있다. 바로 '내적 동기'와 '외적 동기'다. 연구팀은 이 개념을 '내부 동기'와 '수단적 동기'로 다시 분류했다. 연구팀의 새로운 정의가 좀 더 명확하므로 이 책에서는 새로운 용어를 사용해 설명하고자 한다. 요컨대, 내부 동기는 순수한 의욕이다. "왜 연구하십니까?"라는 질문에 "우주의 신비에 끌렸어요", "생명의 수수께끼를 풀고 싶어서요"라고 대답하는 식이다. 말하자면, 어떤 일을 좋아하니까 그 일을 하는 셈이다.

반면, 수단적 동기는 구체적인 목표를 향해 나아간다. '출세하고 싶다', '부자가 되고 싶다', '상을 받고 싶다' 등이 수단적 동기에 해당한다. 내부 동기와의 결정적 차이는 다른 대체 수단이 있다는 것. 이 목표들을 달성하려면 반드시 그 일이 아니라 얼마든지 다른 수단을 선택할 수도 있다는 사실에 주목해야 한다. 명성이나 수입을 위해서라면 방법은 있다. '연구'는 목표에 이르기 위한 수단 중 하나에 지나지 않는다. 이것이 '수단적 동기'라고 연구팀이 이름 붙인 이유다.

한편, 내부 동기에는 마땅한 대체 수단이 없다. 예컨대, 자연의 신비를 풀기 위한 연구를 하고 싶다면 연구자가 되는 길밖에 없다. 험준한 산에 올라야 삶의 희열이 느껴진다는 사람은 등반가, 아름다운 그림을 그리고 싶은 사람은 화가, 환자를 고치고 싶은 사람은 의사, 월척을 낚고 싶은 사람은 낚시꾼이 되어야 한다. 어떤 일이든 '오직 그 일을 하는 것' 외에는 목표를 달성할 방법이 없다. 이것이 내부 동기와 수단적 동기의 결정적 차이다.

자, 개념을 이해했다면 한 걸음 더 들어가 보자. 상을 받으면 없던 의욕도 생겨난다. 여러분도 한 번쯤 경험한 적 있을 것이다. 상을 위해 일하는 것은 '수단적 동기'의 전형이다. 때때로 상을 받고 싶어서 일하는 사람은 '염불보다 잿밥에 관심이 많다'거나 '목표가 불순하다'며 손가락질 받곤 한다. 즉, 수단적 동기는 내부 동기보다 저급하게 여겨진다.

'내부 동기'와 '수단적 동기'를 모두 가지고 있다면 어떨까? 연구팀은 이 부분에 주목했다. 그들은 미국 육군사관학교 사관 후보생 1만 명을 14년에 걸쳐 조사했다. 그들은 실험 참여자들의 육군사관학교 지원 동기를 31개 항목의 설문조사를 거쳐 정밀 분석했다. 그중에는 '그냥 군대가 좋아서'라고 내부 동기를 든 사람도 있었고, '출세하고 싶어서', '국가를 위해', '우리 가족을 지키기 위해'라고 수단적 동기를 밝힌 사람도 있었다. 연구팀은 다양한 대답을 한 사관 후보생들이 나중에 어떻게 성공했는지 장교 취임을 기준으로 판정했다.

먼저, 내부 동기가 강한 사람이 약한 사람보다 1.5배 정도 장교로 출세할 확률이 높다는 사실이 밝혀졌다. 장교가 된 후 5년간 군복을 벗지 않고 보직에서 임무를 다한 사람도 2배나 많았다. 예상한 결과였다. 그런데 재미있게도, 설령 내부 동기가 강한 사람이라도 수단적 동기가 많으면 장교가 되는 확률이 20퍼센트나 내려갔다.

의욕과 열정을 유지하기 위해서는 목표와 꿈이 많을수록 좋다고 생각하는 사람이 대부분이다. 그러나 실제로는 정반대되는 결과가 나왔다. 목표가 많은 사람일수록 어떤 일을 꾸준히 하지 못하는 경향이 있다는 사실이 밝혀졌다. 자신의 행동을 이론으로 무장해 정당화하려는 사람이 있다. 그런 사람은 그 정도로 정당화해야 하는 필요성이 있을 수 있다. 설령 자신은 깨닫지 못하더라도 마음 한구석에 그런 생각이 자리하고 있을 수도 있다.

이유야 어떻든, '그냥 좋아서 이 일을 한다'는 사람이 최종적으로 더 큰 성과를 거두는 게 자명한 이치다. 이번 논문은 '꿈과 목표를 가지라'고 일방적으로 지도하는 현재의 아동 교육 방식에 일침을 가하는 결과를 보여주었다. 역시 '좋아하는 일'을 하는 게 최고다. 어떤 일을 좋아하는 데 무슨 다른 이유가 필요하겠는가.

심리실험 42

'쾌감'과 '불쾌감'은 같은 표정으로 나타난다?

히브리대 아비에저 교수의
'표정으로 감정 상태 알아맞히기 실험'

히브리대학교 아비에저 교수 연구팀은 얼굴 사진만 보고 표정에서 성적 희열에 빠져 있는지, 고통으로 몸부림치고 있는지, 음악에 도취해 있는지, 경기에 패배해 억울해하고 있는지 알아맞히는 실험을 했다. 그 결과, 표정만으로는 상대방의 심리 상태를 전혀 구별할 수 없다는 사실이 밝혀졌다. 즉, 쾌감과 불쾌감은 양극단의 감정이지만 같은 표정으로 나타난다.

예를 들어, 축축한 기저귀를 찬 아기가 울 때 불쾌해서 울까? 아닐 수도 있다. 그보다는 요의나 배뇨가 불쾌해서 울 확률이 더 높다. 졸릴 때도 마찬가지다. 젖먹이 아기가 잠들기 직전 유난히 보채며 잠투정하는 건 졸음 자체가 불쾌하기 때문이다. 어른은 아기가 느끼는 불쾌감을 제대로 이해하기 어렵다. 우리는 경험적으로 소변을 누면 시원해지고 졸음이 오면 기분 좋게 새근새근 잠든다는 걸 알고 있기 때문이다.

쾌감과 불쾌감은 정반대 감각처럼 느껴지지만, 사실 뫼비우스의 띠처럼 종이 한 장 차이에 지나지 않는다. 이스라엘의 예루살렘 히브리대학교(The Hebrew University of Jerusalem)의 아비에저(Hillel Aviezer) 교수가 이끄는 연구팀은 2012년 《사이언스》에서 얼굴 사진만 보고 표정에서 성적 희열에 빠져 있는지, 고통으로 몸부림치고 있는지, 음악에 도취되어 있는지, 경기에 패배해 억울해하고 있는지 알아맞히는 실험을 진행했다. 그 결과, 표정만으로는 상대방의 심리 상태를 전혀 구별할 수 없다는 사실이 밝혀졌다. 즉, 쾌감과 불쾌감은 양극단의 감정이지만 같은 표정으로 나타난다.

아기는 기저귀가 젖었을 때나 졸릴 때 칭얼대며 운다. 그러므로 아기의 울음소리를 '기저귀를 갈아 주세요', '재워주세요'라는 요구로 착각하기 쉽다. 물론 젖먹이 아기는 엄마에게 뭔가 고차원적인 요구를 하지는 못한다. 그저 불쾌함을 울음을 통해 알릴 따름이다. 아기가 기저귀를 적시는 순간과 울음을 터뜨리는 순간을 확인하면 이 점을 명확히 알 수 있다. 아기는 오줌을 싸기 직전이나 오줌을 싸기 시작하면서 울음을 터뜨린다.

very
good!

말하자면, 아기는 축축한 기저귀가 불쾌해서 우는 게 아니라 요의나 배뇨가 불쾌해서 운다. 졸릴 때도 마찬가지다. 젖먹이 아기가 잠들기 직전에 유난히 보채며 잠투정하는 건 졸음 자체가 불쾌하기 때문이다. 어른은 아기가 느끼는 불쾌감을 제대로 이해하기 어렵다. 우리는 경험적으로 소변을 누면 시원해지고 졸음이 오면 기분 좋게 새근새근 잠든다는 걸 알고 있기 때문이다. 선천적으로는 불쾌해야 할 생리 감각을 후천적인 학습으로 '해방의 전조'라는 신호로 해석해 관능적 쾌감으로 맛보는 셈이다.

이러한 심리 구조를 이해하려면 액셀러레이터와 브레이크처럼 작용하는 우리 몸과 마음의 균형을 이해해야 한다. 우리 몸은 액셀러레이터를 끝까지 밟는 법이 없다. 액셀러레이터를 밟을 때는 브레이크도 같이 밟는다. 가령 팔을 뻗을 때는 신근을 수축시킬뿐 아니라 굴근도 함께 수축시킨다. 다만, 신근이 강하게 수축되기 때문에 결과적으로 팔을 뻗을 수 있다(사고 현장에서 괴력을 발휘하는 현상은 우리 몸이 액셀러레이터를 끝까지 밟는 특수한 사례다). 통증도 매한가지다. '아야!'라고 느낄 때는 동시에 '안 아파!'라는 뇌 내 신호가 발생한다. 통증을 지우는 신경 물질은 엔도르핀과 엔케팔린(Enkephalin)으로 알려진 '뇌 내 마약'이다. 이 진통 신호계는 동시에 최고의 쾌감을 자아내는 신경계이기도 하다.

가끔 '고통이야말로 쾌감'이라는 별난 취향을 가진 사람도 있다. 이런 사람은 액셀러레이터와 브레이크 중 브레이크 쪽으로 균형이 기울어 있다. 그러므로 극심한 고통이 찾아오고 '뇌 내 마약'이 분비될 때 아픔보다 통각에 동반되는 쾌감이 전면에 나온다. 참고로, 매운맛을 느끼는 신경은 혀에 존재하는 '통각' 신경이다(매운맛을 '미각'으로 분류하지 않는 것도 그래서다). 동물에게 매운맛이 나는 먹이를 주면 명확히 알 수 있다. 매운맛은 본질적으로 불쾌감을 유발한다. 미각이 아닌 통각이기 때문이다. 그런데 사람은 요리에 향신료를 즐겨 사용한다. 체질의 차이도 있지만, 일부 사람은 매운맛에 이상할 정도로 애착을 보인다. 매운맛 선호 역시 통증을 쾌락이 극복한 상태, 말하자면 균형이 무너진 증상이다.

이는 특수한 이야기가 아니다. 본래 불쾌해야 할 요의나 졸음을 쾌감으로 경험하는 것도 같은 원리로 볼 수 있다. 쉽게 말하자면, '학습된 마조히즘'인 셈이다. 장거리 달리기에 쾌감을 느끼는 러너스 하이(Runner's High), 일하지 않으면 마음이 불편해지는 워커홀릭(Workaholic), 쓴맛이 나는 커피나 맥주를 즐겨 마시는 사람들……. 사람은 뫼비우스의 띠처럼 하나로 이어진 쾌감과 불쾌감이라는 양극단의 감정을 오가는 성 도착을 즐기는 생물이다.

심리실험 43

알면 알수록 우리 몸속 세포의 쾌감을 자극하는 '아하 경험'

서던 캘리포니아대 아미르 교수의 '관점 변환 원동력 '아하 경험' 연구'

세상 만물이 신선하게 느껴지고, 샘솟듯 온몸에서 의욕이 솟아나는 기분을 느껴본 적이 있는가? 실상은 어제와 똑같은 세상도 새로운 관점으로 바라보면 새삼 신선하고 매력적으로 다가온다. 이런 관점 변화를 '리프레싱'이라고 부른다. '리프레싱'은 단순히 새로운 시야를 제공할 뿐 아니라 영감과 유머의 원천이 될 수 있다. 관점 변화, 즉 리프레싱을 얻으려면 어떻게 해야 할까? 뜻밖에도 그것은 그리 어렵지 않다. 인간이 지닌 잠재력은 무궁무진하며, 적절한 훈련을 거치면 자유자재로 관점을 바꿀 수 있기 때문이다.
서던 캘리포니아대학교 오리 아미르 교수 연구팀은 인간이 어떻게 리프레싱 능력을 갖추게 되었는지 심층 연구했다. 좀 더 자세한 내용을 살펴보자.

사계절 변화는 인간의 생체리듬에 변화를 가져다준다. 그러므로 계절이 바뀔 무렵에는 관점을 전환하고 자기 안에 작은 생각 혁명을 일으키고자 힘쓸 필요가 있다. 그런 연장선에서 나는 연구실 학생들에게 다음과 같이 제안하곤 한다.

'20년 후 자신의 모습을 상상해보자.'

인생은 한 치 앞을 알 수 없는 치열한 경쟁과 도전의 장이다. 한눈 한 번 팔지 않고 공부에만 매진하여 좁은 취업 관문을 뚫고 원하는 일자리를 잡는 데 성공한 사람도 가끔은 각박한 도전과 경쟁의 현장에서 잠시 벗어나 여유를 부리고 싶어지는 법이다.

그건 그렇고, 미래의 나는 현재의 나와 어떤 관계를 맺고 있는가? 선(線)이 무수히 많은 점(點)으로 이루어져 있고, 한 점이 다음의 점으로 끝없이 이어지며 선을 완성해가듯, 하나의 점으로서 현재의 나는 또 하나의 점인 미래의 나와 연결되어 있다. 지금의 나는 과거의 나의 연장선에 있고, 또다시 미래의 나는 지금의 나의 연장선에 놓여 있는 셈이다. 20년 후의 내 모습을 이리저리 상상하며 사색에 잠기다 보면, 때론 부정적인 생각과 우울한 상상의 흐름에 빠질 때도 있다. 일테면, 이런 상상이다.

미래의 나는 어쩌면 아무 일에도 열정을 쏟지 못하고 일상적인 업무에 휩쓸리며 평범한 나날을 보낸다. 직장이나, 혹은 다른 어떤 형태로든 내가 일하는 공간에서 이렇다 할 성과를 내지 못해 실망하고 괴로워하며 불행한 삶을 살아간다. 그렇게 우울한 하루하루를 살아가던 어느 날, 짜잔– 하고 내 앞에 신이 나타나 묻는다.

신 : 너의 인생이 후회스러우냐?

나 : …….

신 : 자, 여기 타임머신이 있다. 한번 타보겠느냐?

나 : 네! 기꺼이 타겠습니다. 제게 기회만 주신다면, 다시 한번 열심히 살아보겠습니다!

신 : 좋다! 그렇다면 네 인생을 20년 전으로 되돌려 주겠다.

현실에 대한 커다란 실망, 신과의 기적적인 담판을 거쳐 타임머신을 타고 지금 발을 딛고 선 이곳으로 돌아왔다고 상상해보자. 어떤 기분이 들까? 세상 만물이 신선하게 느껴지고, 샘솟듯 온몸에서 의욕이 솟아나지 않을까? 실상은 어제와 똑같은 세상도 새로운 관점으로 바라보면 새삼 신선하고 매력적으로 다가올 수 있다. 이런 관점 변화를 '리프레싱

(Refreshing)'이라고 부른다. '리프레싱'은 단순히 새로운 시야를 제공할 뿐 아니라 영감과 유머의 원천이 될 수 있다. 관점 변화, 즉 리프레싱을 얻으려면 어떻게 해야 할까? 뜻밖에도 그것은 그리 어렵지 않다. 인간이 지닌 잠재력은 무궁무진하며, 적절한 훈련을 거치면 자유자재로 관점을 바꿀 수 있기 때문이다.

인간은 어떻게 '리프레싱 능력'을 갖게 되었을까? 미국 서던 캘리포니아대학교(University of Southern California, USC) 오리 아미르(Ori Amir) 교수 연구팀은 이 주제를 심층 연구했다. 그 연구 결과가 《대뇌피질(Cerebral Cortex)》에 발표되었는데, 이번 꼭지에서는 그 논문 내용에 대해 소개할까 한다.

다음 페이지의 그림 1을 보자. 굵은 T자 모양의 파이프가 그려져 있다. 이 그림이 '트럼펫 피스톤'이라는 설명을 들으면 어떤 생각이 들까? '아, 그렇구나!' 하며 감탄사를 내뱉게 되지 않을까? 이 감각을 심리학 용어로 '아하 경험(Aha-Erlebnis)'이라고 부른다. 일본에서는 『브레인 콘서트』의 저자 모기 겐이치로(茂木健一郎)가 이 이론을 정식으로 소개하며 일반 대중에까지 널리 알려졌다. '아하 경험'은 영감의 원동력이 되는 관점 변환 능력이다.

한편, 유머는 그와 조금 다른 과정을 거친다. 그림 2를 자세히 살펴보자. 야구 홈베이스에 놓인 공이다. 이를 전설적인 야구 타자이자 지도자였던 '오 사다하루(王貞治: 왕정치)의 초상화'라고 설명하면 피식 웃음이 나온다. 말하자면, '아하하 경험'인 셈이다.

요약하자면, '아하'와 '아하하'를 느끼는 순간 우리 뇌가 어떻게 활동하는지 조사한 연구가 이번 꼭지에서 소개하는 내용이다. 2가지 상황에서 모두 다양한 뇌 부위가 활동하는데, 그중에서 특히 내 흥미를 끈 부분은 TPJ(측두 두정 접합부)다. TPJ는 '아하하' 하고 웃음이 터져 나오는 순간 더욱 활발하게 활동한다.

TPJ는 자신을 객관적으로 바라보는 데 필요한 뇌 영역이다. 실제로, TPJ에 인공적으로 전기 자극을 주면 유체이탈 현상이 발생하며, 자신을 몸 바깥에서 바라보는 신기한 경험을 할 수 있다고 한다. 흥미롭게도, 유머 역시 유체이탈과 관련이 있다. '관점이 이동한다'는 의미에서 유체이탈과 진화적 뿌리를 공유하기 때문이다.

야생동물의 경우, TPJ를 어떻게 사용할까? 녀석은 자신이 있는 장소를 정확히 감지하고 싶을 때 이 부위를 활용한다. 같은 장소에서 오른쪽으로 향할 때와 왼쪽으로 향할 때 시야에 들어오는 풍경은 달라지지만, 자신의 위치는 달라지지 않는다. 시각 정보에 집착하지 않고 '일정한 장소에 있다'라는 불변성을 인지하기 위해서는 자신을 객관적 관점에서 파악하

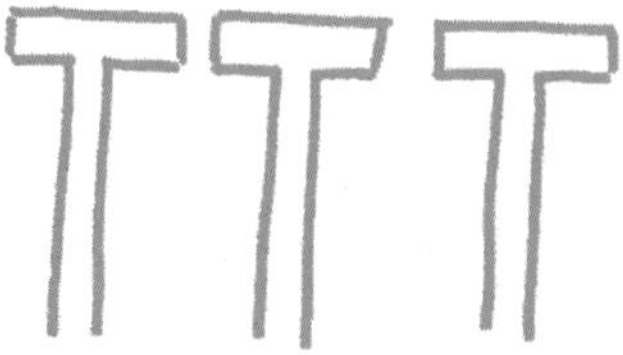

그림 1. 굵은 T자 모양 파이프

그림 2. 홈베이스에 올려진 야구공

고 뇌 내 정보를 보정하는 능력이 반드시 필요하다. 이를 실행하는 뇌 영역이 바로 TPJ다.

유머를 이해하는 능력이 진화적으로 '공간'을 인지하는 능력에서 파생했다는 뜻밖의 사실을 알게 되면 짜릿한 지적 흥분을 느끼며 가슴이 두근두근 뛴다. 그러나 이러한 사실을 인지하고 희열을 느낀다는 것 자체가 관점 전환으로 생긴 '아하 경험'이라는 상황은 참으로 불가사의하다. 비유하자면, 인형 안에 똑같은 모양의 좀 더 작은 인형이 연속해서 들어 있는 마트료시카와 같아서, 알면 알수록 우리 몸속 세포의 쾌감을 자극한다.

바로 이거다! 연구팀은 해석 관점 변화가 생기는 순간에는 TPJ뿐 아니라 뇌의 보수계(쾌감을 유발하는 신경계)도 활성화한다는 사실을 밝혀냈다. 새로운 관점에서 매사를 바라보는 경험은 우리 뇌에 본질적 쾌감을 선사한다.

심리실험 44

이타적 행동을 하게 하는 유전인자는 뇌의 어느 부위에서 만들어질까?

스탠퍼드대 파비지 교수의 'ACC에 전기 충격으로 감정 생성 실험'

스탠퍼드대학교 파비지 교수 연구팀은 '사람의 ACC에 전기 충격을 가하면 어떤 감정이 생길까?'라는 의문에서 출발하여 대담한 인체실험에 나섰다. ACC는 고통을 관장하는 뇌 부위로, 자극을 주면 당연히 괴로움을 느낀다고 추측했다. 그런 터라, 뜻밖의 실험 결과를 보고 저자는 전율했다. 실제로 어느 실험 참여자는 '운전 중 폭풍우를 만나 쩔쩔매는 장면'이 떠올랐다고 한다. 그런데 그 상황에서 느낀 감정은 순수한 고통이 아니었다. '이 난관을 어떻게든 극복하겠다'는 강렬한 의지가 동시에 불끈 솟아났단다.
참으로 흥미로운 발견이 아닐 수 없다. 흥미로움이 가시기 전에 서둘러 좀 더 자세한 내용을 살펴보자.

'공감'과 '동정'은 비슷해 보이지만, 엄밀히 말하자면 전혀 다른 감정이다. "동정할 거라면 돈을 줘"라는 고전 드라마 〈집 없는 아이〉의 명대사는 "공감할 거라면 돈을 줘"라는 말과는 뉘앙스가 다르다. 공감은 상대방이 괴로워하는 감정을 '자기 일처럼' 느끼고 괴로워하는 감정이다. 반면, 동정은 상대적으로 차가운 감정으로 '딱하다', '가엾다'라며 애틋하게 여기는 심리 작용이다. 안쓰럽고 불쌍하긴 하지만, 어디까지나 '남의 일'인 것이다.

상담 치료에서는 동정보다 공감을 중요시한다. 공감이 상대방과 같은 입장이 되어 공명하는 감정인 반면, 동정은 남의 시각에서 ('힘들어하는 사람이 내가 아니라서 다행이야'라는 마음을 전제로 삼아) 상대방의 심정을 살핀다는 매정한 태도를 은연중에 깔고 있기 때문이다. 그렇다고 동정을 부적절한 감정으로 치부할 수는 없다. 특히 사람에게 연민은 이타적 행동을 하도록 동기 부여해주는 힘이 되어준다. 동정이라는 감정은 곤경에 처한 사람을 내버려 두지 못하고 자원봉사나 모금 등의 선행에 발 벗고 나서도록 등을 떠밀어주는 역할을 한다.

눈치 빠른 독자라면 이미 짐작하고 있겠지만, 나는 굳이

'사람'이라고 적었다. 그렇다면 사람 이외의 다른 동물에게는 동정이라는 감정이 없을까?

시카고대학교 페기 메이슨(Peggy Mason) 교수 연구팀은 《사이언스》에 쥐가 덫에 걸린 동료를 구하는 결정적 순간을 촬영한 동영상을 발표했다. 흥미롭게도, 사전에 먹이를 먹고 나서 도와야 제 몫의 먹이가 줄어들지 않는 상황에서도 쥐는 먼저 동료를 구하고 난 뒤 먹이를 나누는 감동적인 선택을 했다. 게다가 같은 우리에서 생활하던 친구 쥐의 경우 훨씬 더 적극적으로 돕는 경향을 보였다.

이타적 행동을 하게 하는 유전인자는 뇌의 어느 부위에서 만들어질까? 우리 연구실에서는 쥐를 이용해 공감의 감정을 실험해보았다. 쥐는 전기 충격을 두려워하는 친구 쥐를 보면 마치 자신이 전기 충격을 받은 듯 움찔움찔 몸서리를 치며 겁을 낸다. 한데, 이러한 심리적 모방을 자폐증에 걸린 쥐에게서는 발견할 수 없다. 자폐증 상태에서는 상대방이 어떤 심정인지 능숙하게 읽어내지 못한다.

공감 도중의 뇌 활동을 관찰하면 특정 부위가 선명하게 드러난다. 전문 용어로 'ACC(Anterior Cingulate Cortex)'라고 줄여 부르는 '전방대상피질'이다. '공감의 원천을 찾아 거슬러 올라갔더니 ACC가 나왔다더라'는 소식을 듣고 연구자로서 전혀 뜻밖의 결과에 내심 놀랐다. 그도 그럴 것이, ACC는 '고통'에 관여하는 뇌 영역이기 때문이다. 다시 말해, 자신의 아픔을 느끼기 위해 만들어진 뇌 회로가 타인의 아픔을 이해할 때도 활성화하는 셈이다. 쉽게 말해, 타인의 고통을 자신의 마음에서 벌어지는 사건으로 유사 체험하는 현상이다.

스탠퍼드대학교 파비지(J. Parvizi) 교수 연구팀이 '사람의 ACC에 전기 충격을 가하면 어떤 감정이 생길까?'라는 의문에서 출발하여 대담한 인체실험에 나섰다. ACC는 고통을 관장하는 뇌 부위로, 자극을 주면 당연히 괴로움을 느낀다고 추측했다. 그런 터라, 뜻밖의 실험 결과를 보고 나는 전율했다. 실제로 어느 실험 참여자는 '운전 중 폭풍우를 만나 쩔쩔매는 장면'이 떠올랐다고 한다. 그런데 그 상황에서 느낀 감정은 순수한 고통이 아니었다. '이 난관을 어떻게든 극복하겠다'는 강렬한 의지가 동시에 불끈 솟아났단다. '저 고갯길을 넘으면 폭풍우를 뚫고 나갈 수 있다. 좋아, 간만에 운전 실력 좀 발휘해볼까!'라는 생각이 들었다는 거다.

참으로 흥미로운 발견이 아닐 수 없다. 사람의 뇌에 '현재 상황을 타파하기 위해 직면한 곤란을 극복하자'라는 욕망을 자극하는 회로가 깔려 있다는 점도 중요하지만, 이러한 감정이 ACC를 자극해서 발생한다는 점도 놓쳐서는 안 된다. ACC는 '공감'을 만드는 부분이기 때문이다.

'공감' 자체는 단순한 괴로움이지만 이를 극복하려는 마음은 '동정'이다. 즉, 공감 ACC 회로는 '무슨 수를 쓰더라도 힘들어하는 사람을 도와주고 싶다'라는 이타심에서 동정을 만들어낼 가능성이 있다. 공감과 동정 연구는 아직 걸음마 단계지만, 머지않아 두 감정의 관련성을 풀어낼 실마리를 발견할 수 있을 것 같은 희망이 보인다.

심리실험 45

마음이 맞는다면 상대방이 할 다음 말을 예측할 수 있어야 한다?

프린스턴대 해슨 교수의 '뇌 동기화 패턴 조사'

프린스턴대학교 유리 해슨 교수 연구팀은 '마음이 맞는 사람'이라는 말을 과학적으로 해명하고자 시도했다. 연구팀은 실험 참여자들이 대화하는 도중 뇌 동기화 패턴을 자세히 조사했고, 흥미로운 사실을 발견했다. 뇌 활동이 완전히 일치하지 않는다는 점이 그중 하나다. 말하는 사람과 듣는 사람 사이에 약간의 '지연'이 발생한다. 상대방의 말을 듣고 이해해야 하므로 당연히 상대방보다 뇌 활동이 뒤처지는데, 평균 3초의 '시차'가 발생한다. 놀랍게도, 특정 뇌 부위에서는 오히려 반대로 듣는 사람이 더 빨리 활동을 시작했다. 좌반구의 뇌 후두부의 측두엽 상부 피질이다. 이 뇌 영역 활동이 강할수록 대화가 잘 통했다. 뇌 후두부의 측두엽 상부 피질은 '예측'에 관여하는 뇌 부위다. 상대방이 다음에 무슨 말을 할지 미리 읽고 정확히 예측하며 대화가 무르익는 상태다. '마음이 맞는다'는 말은 상대방의 의도를 '말이 나오기 전에 이해한다'는 뜻으로 해석할 수 있다.

인간은 사회적 동물이다. 사회라는 커다란 틀 안에서 인간은 저마다 타인과 긴밀한 관계를 맺고 살아간다. 실제로 사회 내부의 관계성에 현미경을 대고 들여다보면 대개 집단 간 관계가 아니라 개인 대 개인 관계로 이루어져 있음을 알 수 있다.

각 사람에게는 '개성'이라는 것이 있다. 지구 위 70억 명의 사람 중 단 한 사람도 똑같은 사람은 없다. 그러므로 당연히 마음이 맞는 사람과 그렇지 않은 사람이 있을 수밖에 없다. 그렇다면 '마음이 맞는다'는 상태를 과연 어떻게 정의해야 할까? 상황에 따라서는 일방적으로 마음이 맞는다고 착각하는 상황도 생길 수 있다. 이를 진정한 의미에서 '마음이 맞는다'고 규정해도 좋을까?

누구나 '마음이 맞았던' 상황을 경험한 적이 있다. 아마 여러분도 '마음이 맞는다'는 게 어떤 상황인지 잘 알고 있을 것이다. 그런데 정확하게 정의하려고 하면, 마치 손가락 사이로 모래가 빠져나가듯 실체를 잡을 수 없는 현상처럼 느껴진다.

'마음이 맞는 사람'이라는 말을 과학적으로 해명하고자 시도한 연구자가 있다. 프린스턴대학교 유리 해슨(Uri Hasson) 교수가 바로 그다. 여기에서는 해슨 교수팀의 연구를 소개할까 한다. 연구팀은 뇌 활동 화상 데이터에서 중요한 실마리를 얻어냈으며, 2010년《미국 과학원 회보》에 그 결과를 발표했다.

먼저, 연구팀은 fMRI를 이용해 자연스럽게 대화하는 두 사람의 뇌 활동을 촬영했다. 그 결과, 대화할 때 말하는 사람과 듣는 사람의 활동 패턴이 비슷하다는 사실이 밝혀졌다. 반면, 활동 패턴이 동기화된 기간에는 전두엽·측두엽·두정엽 등을 포함한 뇌 전체에서 패턴이 겹쳤지만, 대화가 어긋나면 동기화는 사라졌다. 즉, 심리 동조로 대화가 활발해지는 상태는 '뇌 활동의 시공간 패턴을 상호 복사한 상태'라고 말할 수 있다. 대화가 고조되면 '서로 마음이 통했다', '마음이 맞았다' 식으로 말하는데, 이러한 표현은 뇌 활동 관점에서도 뒷받침된다.

대화 도중 뇌 동기화 패턴을 상세히 조사하면 흥미로운 사실을 알 수 있다. 그중 하나는 정밀하게 계산하면 뇌 활동은 완전히 일치하지 않는다는 점이다. 말하는 사람과 듣는 사람 사이에 약간의 '지연'이 발생한다. 상대방의 발화를 듣고 이해해야 하므로 상대방보다 뇌 활동이 뒤처지는 건 당연하다. 평균 3초가량 '시차'가 발생했다.

그런데 놀랍게도 특정 뇌 부위에서는 오히려 반대로 듣는 사람이 더 빨리 활동을 시작했다. 좌반구의 뇌 후두부의 측두엽 상부피질(Posterior Superior Temporal Cortex=PSTC, 후부상측

두구)이다. 이 뇌 영역 활동이 강하면 강할수록 대화가 잘 통했다. 이런 현상은 도대체 왜 발생할까?

뇌 후두부의 측두엽 상부피질은 '예측'에 관여하는 뇌 부위로 알려져 있다. 즉, 상대방이 다음에 무슨 말을 할지를 미리 읽고 정확히 예측하며 대화가 무르익게 되는 상태다. 확실히 다음에 무슨 이야기로 이어질지 알 수 없는 상태의 대화에서는 마음이 맞는다는 느낌이 들지 않는다. 이렇게 생각하면 '마음이 맞는다'는 말은 상대방의 의도를 '말이 나오기 전에 이해한다'는 뜻으로 해석할 수 있다.

만약 우리 뇌에서 가장 중요한 기능을 한 가지만 꼽으라면 나는 '준비'를 꼽겠다. 여기에서 준비란 곧 일어날 일을 정확히 예상하고 적절히 대비하는 기능이다. 하버드대학교 버(Burr) 교수도 뇌를 '프로액티브(Proactive: 앞을 읽고 행동한다)한 조직'이라고 지칭한바 있다. 다음에 일어날 일을 예상하며 적절한 선택을 하기. 이것이 바로 우리 뇌에게 주어진 임무의 핵심이다. 이 '준비' 기능이 대화 중인 상대방에게 초점을 맞추었을 때 우리 마음은 '마음이 맞았다'라고 느끼는 것이다.

심리실험 46

리듬을 타고 음악을 즐길 줄 아는 건 오직 인간뿐?

터프츠대 파텔 교수의 '메트로놈으로 원숭이의 리듬 타기 훈련 실험'

터프츠대학교 파텔 교수는 "리듬 인식은 동물의 공통 능력이다"라는 다윈의 가설에 이의를 제기한다. 그는 '리듬을 탄다'는 개념은 인간 특유의 행동이라고 주장한다. 사람은 리듬에 맞추어 손뼉을 치거나, 발을 굴려 박자를 맞추고, 다리를 떨거나 몸을 흔들며 춤추는 등 음악에 몸을 맡긴다. 또 사람은 갑작스럽게 리듬이 바뀌어도 곧바로 다시 리듬에 맞출 수 있다.

리듬 동조는 인간 이외의 동물에게는 기대하기 어려운 행동이다. 원숭이에게 메트로놈에 맞추어 리듬을 타도록 1년 이상 끈질기게 가르친 연구자가 있다. 한데, 가까스로 학습한 원숭이를 관찰했더니 사람과는 달리 메트로놈 소리가 약간만 달라져도 리듬을 타지 못했다. 사람은 다음 박자가 언제 올지 예측하고 메트로놈과 동시에 또는 메트로놈보다 먼저 리듬을 탔다. 이것이 '리듬을 탄다'라는 행위의 본질이다.

나는 클래식 음악을 무척 좋아해서 틈만 나면 즐겨 듣는다. 출·퇴근길에 이어폰을 끼고 음악을 감상하다 보면 자연스럽게 리듬에 몸을 맡긴 채 건들건들 몸을 움직이곤 한다. 그러다가 문득 정신을 차리고 '내가 지금 공공장소에 있구나' 깨닫고는 부끄러움에 얼굴이 빨개진다.

사람과 음악은 떼려야 뗄 수 없는 질긴 인연으로 묶여 있다. 옛날 어느 문명에나 음악이 있었다. 인류사에서 가장 오래된 회화는 3만여 년 전의 인류가 그렸다는 동굴 벽화다. 한데, 놀랍게도 이 벽화보다 더 오래된 악기가 있다. 인류 최고의 악기로 추정되는, 무려 4만 년 전 뼈로 만든 플루트가 발굴된 거다. 이렇듯, 음악은 여러 분야의 예술 활동 중에서도 특히 역사가 깊다.

그렇다면 음악은 인류 역사의 언제쯤 처음으로 등장했을까? 다윈은 『인간의 유래와 성 선택(The Descent of Man and Selection in Relation to Sex)』에서 "멜로디와 리듬은 아마 모든 동물이 인식할 수 있는 개념으로, 공통의 신경계 기반이 있다"라고 기술했다. 그의 주장은 과연 옳을까?

음악의 3대 요소로 '리듬'과 '멜로디', 그리고 '화음'을 꼽을 수 있다. 그러나 이는 서양음악이 내린 일방적인 정의일 뿐이다. 세계의 음악으로 눈을 돌리면, 이 3대 요소를 갖추지 않은 음악이 차고도 넘친다. 화음 없는 민족음악이 드물지 않고, 멜로디조차 없이 단순한 리듬으로만 이루어진 음악도 있다. 일본 전통예능인 와다이코(和太鼓: 각종 종교의식과 축제 등에서 나무로 틀을 만들고 가죽을 씌운 북을 북채로 친다._옮긴이)도 좋은 예다. 한편 리듬이 없는 음악은 어떤 민족을 둘러보아도 존재하지 않는다. 즉, 리듬이야말로 음악의 핵심이라 말할 수 있다.

아이들이 자라는 모습을 보면 알 수 있다. 리듬 인식은 세상에 갓 태어난 신생아라도 가능하다는 것을. 반면, 멜로디 식별이 명시적으로 가능한 시기는 생후 4개월 무렵부터다. 리듬은 심장 고동과 보행 등 모든 생명에서 보편적으로 관찰할 수 있다. 다윈의 말처럼, (멜로디는 차치하고) 리듬 인식은 동물의 공통 능력일 수 있다.

미국 터프츠대학교 파텔(Patel) 교수는 다윈의 가설에 이의를 제기한다. 그는 '리듬을 탄다'는 개념이 인간 특유의 현상이라고 주장한다. 사람은 리듬에 맞추어 손뼉을 치거나, 발을 굴려 박자를 맞추고, 다리를 떨며 몸을 흔들고, 춤을 추는 등 음악에 몸을 맡길 수 있다. 또 사람은 갑작스럽게 리듬이 바뀌어도 곧바로 다시 리듬에 맞출 수 있다.

리듬 동조는 인간 이외의 동물에게는 기대하기 어려운 행

MUSIC & LIFE

동이다. 원숭이에게 메트로놈에 맞추어 리듬을 타도록 1년 이상 끈질기게 가르친 연구자가 있다. 한데, 가까스로 학습한 원숭이를 관찰했더니 사람과는 달리 메트로놈 소리가 약간만 달라져도 리듬을 타지 못했다. 사람은 다음 박자가 언제 올지 예측하고 메트로놈과 동시에 또는 메트로놈보다 먼저 리듬을 탔다. 이것이 '리듬을 탄다'라는 행위의 본질이다.

좀 더 고등한 원숭이, 예를 들어 침팬지는 어떨까? 침팬지 3마리를 대상으로 시험했더니 그중 한 마리만 리듬을 정확히 탈 수 있었다는 보고가 있다. 게다가 성공한 침팬지조차 모든 리듬이 아닌 특정 리듬에서만 성공했다고 한다. 박자가 달라지면 금세 박자를 놓쳤고, 우리 인간처럼 리듬에 몸을 맡기는 유연한 동조는 불가능했던 모양이다.

물론 가르치는 방법에 따라 앞으로 원숭이들에게 리듬 타는 법을 가르칠 수 있는 날이 올 수도 있다. 그러나 동물은 가르치지 않으면 리듬을 탈 수 없다는 사실이 무엇보다 중요하다. 반면, 사람은 가르치지 않아도 첫 돌 무렵에는 자연스럽게 리듬을 탈 줄 안다.

결국, 음악을 즐길 수 있는 생물은 오직 인간뿐이라고 말해도 전혀 틀린 말은 아니다. 변명처럼 들릴 수 있겠지만, 이어폰으로 음악을 들으며 무심코 리듬에 몸을 맡기는 행동은 부끄러운 일이 아니라 사람이라는 훌륭한 증거인 셈이다.

심리실험 47

왕따는 모든 시공간에서 필연적으로 발생한다?

항저우사범대 리우 교수와 울산과학기술대 김필원 교수의 '왕따 문제'에 관한 논문

항저우사범대학교 리우 교수 연구팀은 컴퓨터 속 가상세계에 사는 다양한 '주민'을 설정했다. 실제 세계에서는 사회 구성원 모두가 서로서로 알고 지내지 않는다. 그러므로 가상세계의 '사람'들을 부분적으로만 서로 연결했다. 또 진짜 사회처럼 강한 유대관계와 약한 유대관계를 설정하고, 정보의 전달 효율을 제어했다. 그런 다음, 이 '가상사회 네트워크' 안에서 정보가 어떻게 전해지는지 분석했다. 그러자 흥미롭게도 어떠한 네트워크 구조를 적용해도 정보가 원활히 전달되지 않는 '정보맹' 지역(혹은 사람)이 예외 없이 발생했다. 정보가 전혀 전달되지 않는다는 건 누군가 고의로 정보를 차단해서 생기는 결과가 아니라 사람과 사람 사이의 관계에서 발생하는 자연스러운 현상인 셈이다.

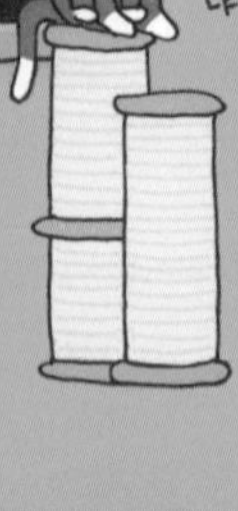

즐겁고 신나는 학교 소풍 날. 아침에 집 전화가 울리면 혹시 궂은 날씨로 소풍이 취소되는 건 아닌지 불길한 예감이 스치고 지나간다. 지금까지 학교에서 오는 연락은 반 전체에 보내는 이메일을 사용하는 것이 당연하게 여겨졌다. 그런데 그날은 학생들끼리 연결된 '연락망'을 따라 릴레이 방식으로 전화를 걸어 반 전체에 정보를 전하는 비상 연락망을 사용했다.

원시적인 시스템이지만, 이 방식은 빠짐없이 정보를 전달할 수 있다는 점이 장점이다. 만약 비상 연락망이 아닌, 입에서 입으로 정보를 자연 확산시키는 방법을 사용한다면 어떤 일이 벌어질까? 정보가 바로 전해지는 사람도 있는가 하면, 좀처럼 전해지지 않는 '정보 소외계층'도 나오게 된다. 어쩌면 정보가 전혀 전해지지 않는, 완벽히 고립된 사람도 나올 수 있다.

《플로스원(PLoS One)》이라는 잡지에 발표된 2편의 논문이 위의 문제의식에 관한 중요한 부분을 지적한다. 두 논문 모두 간단한 컴퓨터 시뮬레이션을 통해 과학적으로 본 '고립'이 필연적으로 발생하는 현상을 다루었다. 먼저, 중국 항저우사범대학교 리우(Liu) 교수팀의 연구를 소개한다.

연구팀은 컴퓨터 속 가상세계에 사는 다양한 '주민'을 설정했다. 실제 세계에서는 사회 구성원 모두가 서로서로 알고 지내지 않는다. 그러므로 가상세계의 '사람'들을 부분적으로만 서로 연결했다. 또 진짜 사회처럼 강한 유대관계와 약한 유대관계를 설정하고, 정보의 전달 효율을 제어했다. 그런 다음, 이 '가상사회 네트워크' 안에서 정보가 어떻게 전해지는지 분석했다. 그러자 흥미롭게도 어떠한 네트워크 구조를 적용해도 정보가 원활히 전달되지 않는 '정보맹' 지역(혹은 사람)이 예외없이 발생했다. 정보가 전혀 전달되지 않는다는 건 누군가 고의로 정보를 차단해서 생기는 결과가 아니라 사람과 사람 사이의 관계에서 발생하는 자연스러운 현상인 셈이다.

이어서 울산과학기술대학교(UNIST) 김필원 교수 연구팀의 논문을 소개한다. 이 논문은 왕따의 발생 원리를 파헤치는 연구에 집중하고 있다. 일부 사람들이 집단에서 배척되는 '따돌림'은 누구나 가슴 아파하는 현상임에도 문화와 시대, 지역을 막론하고 보편적으로 관찰되는 사회 현상 중 하나다. 이처럼 강한 보편성은 따돌림이 '집단'의 본질 원리와 밀접하게 관련되어 발생하는 필연적 부작용임을 암시한다.

연구팀이 설정한 가상세계에서 사람들은 자신과 취향이 비슷한 집단에 소속되고 싶다는 욕구에 따라 행동하도록 설정되어 있었다. 그들은 이 가상세계를 우리 인간 사회를 모방해 비슷한 사람들끼리 무리를 지어 모이면 모일수록 그 집단의 매력도가 강해지도록 설정했다. 실험 규칙은 이게 전부다.

시뮬레이션을 작동시키자 사람들은 각자 작은 무리를 만들기 시작했고, 차츰 집단 크기가 커졌다. 그러자 어떤 무리에도 속하지 않은 소수파가 생겨났고, 사회 전체에서 고립되는 사람이 나오기 시작했다. 고립자, 즉 왕따 선정에 뭔가 합리적인 이유는 필요하지 않았다. 사회 구성원 중 '누군가'가 명확한 근거 없이 희생자로 선정되었다. 그리고 한번 고립되기 시작하면 고립의 강도가 걷잡을 수 없이 세져 흐름을 되돌릴 수 없는 고립무원 상태에 처했다.

연구팀은 더욱 중요한 사실을 발견했다. 자신의 취향을 확실히 보여주지 않고 구성원끼리 사이좋게 지낼 수 있게 배려하며 이타적으로 활동하는 '좋은 사람'이 집단 내부에 있으면 그 집단은 결속력이 더욱 탄탄해지고 규모도 크게 성장한다. 그런데 정작 집단 결속을 강화하는 역할을 도맡았던 사람은 오히려 따돌림의 표적이 되어 집단에서 배척당하기 쉽다는 의외의 사실도 드러났다.

시뮬레이션에는 따돌림을 만들려는 '악의'가 전혀 설정되어 있지 않다는 점에 주의해야 한다. 나와 취향이 비슷한 사람과 함께 있고 싶다는 각 개인의 '따뜻한 마음'이 사회에서 상호작용하기만 해도 그 이면에서는 따돌림이 발생한다.

읽을수록 생각이 많아지게 되는 2편의 논문이다. 따돌림이 집단생활에 필연적으로 나타나는 결과일지라도, 그렇다고 해서 긍정적으로 보거나 무조건 받아들여서는 안 된다. 오히려 우리 인류는 이 수학적 숙명을 어떻게 현명하게 극복할지 도전해야 한다고 믿는다. 적어도 나는 이 2편의 논문을 그렇게 읽었다.

심리실험 48

비슷한 정도의 맛이라도 새롭게 발견한 맛이 더 많은 쾌감을 주는 이유

프랑스 국립 보건의학연구소 쾨슐랭 박사의 '뇌 정보 탐색 방식 연구'

프랑스 국립 보건의학연구소 쾨슐랭 박사 연구팀은 '뇌는 어떻게 정보 탐색과 정보 이용에 양다리를 걸치고 2가지 작전을 번갈아 수행할 수 있을까?'라는 의문에 답하기 위해 뇌 활동을 측정했다. 그 결과, 다양한 뇌 부위가 열쇠를 쥐고 있다는 사실을 알게 되었다. 가령 현재 선택지의 성공 가능성을 판단할 때는 내측 전두엽이, 다른 선택지의 성공률을 추측할 때는 전두극피질이, 선택 전략을 변경할 때는 선조체가 활성화했다. 또 선택한 행동이 성공했을 때는 중격핵이, 실패했을 때는 전대상피질이 활성화되었다.

또 한 가지 중요한 발견은 중격핵 활동이 정보 이용에서 성공했을 때보다 정보 탐색에서 성공했을 때 더 활발했다. 늘 가던 가게에서 맛있는 음식을 먹었을 때보다 새로운 가게에 도전해 맛있는 요리를 만났을 때가 맛의 정도가 같더라도 좀 더 짜릿한 쾌감을 느낀다는 의미다.

늘 하던 방법대로 해서 성공하는 것보다 새로운 전략으로 성공하면 뇌의 쾌감이 커진다. 이 주장을 실험으로 증명한 연구 결과가 발표되었다. 《사이언스》에 발표된 프랑스 국립 보건의학연구소(INSERM)의 쾨슐랭(Koechlin) 박사 연구팀의 논문이다.

우리는 항상 '정보 탐색'과 '정보 이용' 중 한 가지를 선택하며 살아간다. 예를 들어, 새로운 동네로 이사했을 때 우리 동네 맛집은 어디인지 자기 입맛을 믿고 감으로 직접 검증해볼 필요가 있다. 이것이 '정보 탐색'으로 지식을 모으는 행위다. 어느 정도 탐색을 마치면 어떤 가게가 자기 입맛에 맞는지 정확히 판단할 수 있다. 일정 기간 탐색하면 시행을 반복할 의미도 없다. 자기 입에 맞는 가게를 찾아가 단골이 되면 그만이다. 이것이 '정보 이용'으로 수집한 지식에 바탕을 둔 행동이다.

그러나 한 가게에만 충성해서 단골이 되는 건 합리적 소비자로서의 선택이 아닐 수 있다. 새로 개업한 식당이 더 맛있는 요리를 내놓을 가능성도 있기 때문이다. 예전에는 마음에 들지 않았던 가게가 요리사가 바뀌며 손맛이 달라져 맛있는 요리를 내놓을 수도 있다. 그러므로 가끔은 단골 식당과의 의리를 저버리고 '외도'를 할 필요도 있다. 그러니 잠깐 짬을 내서 이따금 다른 식당의 맛을 확인해야 한다. '정보 이용'에만 목을 매지 말고 '정보 탐색'도 틈틈이 곁들여 지식을 갱신해야 한다.

그렇다면 우리 뇌는 어떻게 정보 탐색과 정보 이용에 양다리를 걸치고 2가지 작전을 번갈아 수행할 수 있을까? 연구팀은 이 의문에 답하기 위해 뇌의 활동을 측정했다. 그러자 애초 상상한 대로 다양한 뇌 부위가 열쇠를 쥐고 있었다. 가령 현재 선택의 성공 가능성을 판단할 때는 내측 전전두엽(Medial Prefrontal Cortex)이, 다른 선택지의 성공률을 추측할 때는 전두극피질(Frontopolar Cortex)이, 선택 전략을 변경할 때는 선조체가 활성화되었다. 또 선택한 행동이 성공했을 때는 중격핵이, 실패했을 때는 전대상피질(Anterior Cingulate Cortex, ACC)이 활성화되었다. 갑자기 전문 용어가 쏟아져 나와 혼란스러운 독자를 위해 간단히 정리해보겠다. 다시 말해, 각 행동과 가치관 부여를 담당하는 전용 뇌 회로가 우리 뇌에 깔려 있다는 의미다.

그중에서도 주목할 가치가 있는 부위는 실패했을 때 반응하는 전대상피질이다. 이 부위는 원래 통증에 반응하는 뇌 회로다. 즉, 원래는 통각 전용 회로였던 뇌 회로가 '실패'의 불쾌감을 검지하는 장치로 두루 사용되는 셈이다. "뼈 아픈(뼈저린) 실패"라는 표현이 있는데, 뇌의 관점에서 보면 타당한 표현인 셈이다.

또 한 가지 중요한 발견은 중격핵의 활동이 정보 이용에 성공했을 때보다 정보 탐색에 성공했을 때가 더 활발했다. 늘 가던 가게에서 맛있는 음식을 먹었을 때보다 새로운 가게에 도전해 맛있는 요리를 만났을 때가 맛의 정도가 같더라도 좀 더 짜릿한 쾌감을 느낀다는 의미다. 출·퇴근하며 아침저녁으로 매일같이 오가던 길과 다른 지름길을 발견했을 때, 일반적인 방법과는 다른 독자적인 해결법을 발견했을 때와 같은 뜻밖의 발견은 우리에게 즐거움을 선사한다.

정보 탐색은 복권을 살 때와 비슷하다. 말하자면, '도박'이다. 성공한다는 보장은 없다. 이 불안정한 심리 상태는 '불쾌감'이다. 불쾌감에서 벗어나는 것 자체가 쾌감이 될 수 있다. 나아가 선택한다는 결단 자체가 쾌감을 줄 수 있다. 덤으로 선택 결과가 좋으면 쾌감이 가산된다. 그래서 정보 탐색에서 성공했을 때의 기쁨은 '각별'하다. 이렇듯 사람이 절대 안주하지 않고 항상 '무언가'를 모색하는 비결은 우리 뇌에 숨겨져 있다.

Wow!

CHAPTER

5

뇌를 통해 보이지 않는 세계를

심리실험 49

쥐를 트로이목마로 삼아 고양이 몸속에 침투하는 기생충 톡소플라스마의 기상천외한 전략

프라하 카렐대 플레르그 교수의
'쥐 톡소플라스마 감염 실험'

기생충 톡소플라스마에 감염된 쥐는 겁 없이 천적인 고양이에게 다가간다. 이는 톡소플라스마의 노림수다. 녀석은 고양이 몸속에서만 유성생식이 가능하다.
톡소플라스마는 고양이 몸속에 잠입한다는 목표를 달성하기 위해 쥐의 뇌와 근육에 감염되는 기묘한 전략을 취한다. 뇌에 감염된 톡소플라스마는 고양이에 대한 공포를 줄이고 움직임을 둔하게 만들어 포식당할 확률을 높인다. 한편 근육에 감염된 톡소플라스마는 고양이의 구강을 통해 몸속으로 들어간다. 트로이 목마처럼 기막힌 침투 작전이다.
프라하 카렐대학교 플레르그 교수 연구팀은 사람에게도 같은 현상이 생긴다는 사실을 발견했다. 톡소플라스마에 감염되면 사람도 동작이 굼떠지고 무기력해진다. 요즘 애묘인이 급증하는 것도 혹시 '톡소플라스마'와 관련이 있는 게 아닐까?

독자 여러분은 톡소플라스마(Toxoplasma)라는 원충을 아는가? 이것은 기생충의 일종이다. 원'충'이나 기생'충'이라고 해도 곤'충'은 아닌 단세포 생물이다(파'충'류(한자로 爬蟲類라고 적지만, 일본에서는 爬虫類로 표기함_옮긴이), 불길한 예감이 들었을 때 "벌레가 알려주었다(虫の知らせ)"라는 표현, 회충 또는 부아가 치미는 상황을 가리키는 '뱃속 벌레(腹の虫)'라는 말, 문어(蛸), 무지개(虹) 등 한자 문화권에서 '벌레'의 개념은 독특하게 활용된다).

톡소플라스마는 사람이나 가축 등의 포유류에 기생하며 감염을 일으킨다. 감염된 동물의 날고기를 먹거나 분변 접촉이 주요 감염 경로다. 세계 인구의 약 30퍼센트가 이 균에 감염되었다고 추정한다. 일본에서는 감염률은 낮지만, 그래도 몇 퍼센트의 사람이 감염되었을 가능성이 있다(감염 검사를 받는 사람이 워낙 적어 정확한 수치를 알 수 없다). 기생충 자체는 독성이 약하고 심각한 증상은 나타나지 않기에 크게 걱정할 필요는 없다. 적어도 예전에는 그렇게 생각했다.

톡소플라스마 감염 부위는 주로 '근육'과 '뇌'다. 이 부분에 방점을 찍어야 한다. 즉, 뇌 기능에 영향을 준다는 뜻이다. 더욱 충격적인 발견은 조현병 환자에서 톡소플라스마 항체 검

출율이 높다는 사실이다. 세상에 태어나기 전의 태아기에 어머니의 자궁 안에서 모자 감염으로 뇌 발달에 영향을 주어 조현병 발현 원인 중 하나로 작용한다는 주장이 제기되고 있다.

인구의 약 1퍼센트가 조현병 환자다. 주로 사춘기 이후에 발병하여 생활환경과 교육환경이 원인이 되어 발병하는 '마음의 병'으로 여겨졌다. 그러나 일란성 쌍둥이를 관찰했더니, 한 명이 발병하면 다른 한 명이 발병할 확률이 50퍼센트에 달했다. 한마디로 유전율이 높은 질병이다. 그러나 지금은 유전자뿐 아니라 태아 감염으로 쌍둥이 일치율이 높아진다고 추정하는 전문가가 늘고 있다.

그렇다면 태아기가 아니라 성인이 되어 이 균에 감염되면 어떻게 될까? 쥐 실험으로 뜻밖의 사실이 밝혀졌다. 쥐에게 톡소플라스마를 감염시켰더니 동작이 둔해졌다. 도망치는 속도가 느려지고 공포 반응도 줄어들었다.

그뿐만이 아니다. 고양이에 대한 반응도 확 달라졌다. 쥐는 고양이를 싫어한다. 고양이가 눈에 보이지 않는 상황에서조차 냄새만으로도 공포에 질려 걸음아 날 살려라 하고 발바닥에 불이 나도록 잽싸게 달아난다. 그런데 톡소플라스마에 감염된 쥐는 냄새에 겁을 먹기는커녕 천적인 고양이에게 천연덕스럽게 다가간다. 쥐를 사냥감으로 여기는 고양이에게 제발로 다가가는 쥐라니, '나를 잡아 잡숴'라며 스스로 제물이

냐아옹~
냐옹
냐옹

되는 꼴이다.

이 '웃픈' 현실이 톡소플라스마의 노림수다. 톡소플라스마 증식에는 2가지 방법이 있다. 유성생식과 무성생식이다. 유성생식은 만만치 않은 난관을 뚫어야 하고, 탄탄한 조건을 갖추어야 한다. 오로지 고양이 몸속에서만 유성생식이 가능하다. 그러므로 톡소플라스마의 진정한 '숙주'는 고양이다. 다시 말해, 톡소플라스마는 어떻게든 고양이 몸속으로 숨어 들어가 번식해야 한다.

톡소플라스마는 고양이 몸속에 잠입한다는 일생일대의 목표를 달성하기 위해 쥐의 뇌와 근육에 감염되는 기묘한 전략을 취한다. 뇌에 감염된 톡소플라스마는 고양이에 대한 공포를 줄이고 움직임을 둔하게 만들어 포식당할 확률을 높인다. 한편 근육에 감염된 톡소플라스마는 고양이의 구강을 통해 몸속으로 들어간다. 트로이 목마와도 같은 기막힌 침투 작전이다.

체코 프라하 카렐대학교(Univerzita Karlova v Praze) 야로슬라프 플레그르(Jaroslav Flegr) 교수 연구팀은 쥐뿐 아니라 사람에게도 같은 현상이 생긴다는 사실을 발견했다. 톡소플라스마에 감염되면 사람도 동작이 굼떠지고 무기력해지는 경향이 있다. 특히 남성이 심한 증상을 보인다. 연구팀은 '톡소플라스마에 감염된 사람은 고양이를 좋아하게 된다'고 주장한다.

그러고 보니, 집착에 가까울 정도로 고양이를 광적으로 좋아하는 사람이 이따금 눈에 띈다. 고양이에 대한 애착은 본인의 취향이 아니라 톡소플라스마의 '계략'일 수도 있다는 것이 연구팀의 주장이다. 이 주장이 옳다면 사람의 마음과 선택의 자유는 도대체 무엇일까? 갑자기 묘한 기분에 사로잡힌다.

심리실험 50

곤충이 사람보다 '눈치'가 빠르다고?

록펠러대 보스홀의 '이산화탄소 감지 센서를 이용한 곤충의 감각 능력 연구'

록펠러대학교 레슬리 보스홀 교수 연구팀은 이산화탄소를 감지하는 센서를 파리를 이용한 연구로 발견했다. 사람은 공기 중 이산화탄소 농도를 감지할 수 없다. 그러나 특정 종류의 곤충은 이산화탄소를 날카롭게 감지한다. 예를 들어, 박각시나방은 개화 직후의 꽃이 발산하는 이산화탄소를 감지한다. 갓 피어난 어린 꽃에는 꿀이 풍부하다. 그런 터라, 이산화탄소를 감지할 수 있는 능력은 먹이 찾기에 큰 보탬이 된다. 또 암컷 모기는 피를 빠는 대상을 찾기 위해 동물의 호흡에 포함된 이산화탄소를 감지한다. 생물계에는 아직 우리 인간의 인지 범위 밖에 있는, 미지의 감각 정보가 넘쳐난다.

얼마 전, 나는 꽤 무거운 보따리를 들고 지하철을 탔다. 그러자 앞에 앉아 있던 한 남자분이 선뜻 자리를 양보해주셨다. 생전 처음 자리를 양보받은 터라 한편으로는 쑥스러우면서도 다른 한편으로 호의를 뿌리칠 수 없어 감사를 표하며 자리에 앉았다.

그러던 중, 문득 머릿속에 다음과 같은 생각을 떠올렸다. "'눈치가 빠르다'라는 말은 과연 무슨 의미일까?' 예를 들어, 힘들어 보이는 사람에게 자리를 양보해주는 사람은 '눈치가 빠른 사람'이다. 반대로, 내 앞에서 무거운 보따리를 들고 낑낑거리고 있는데도 알아차리지 못하는 사람은 '눈치가 없는 사람'이다. 그렇다면 눈치 없는 사람은 자신이 눈치 없는 사람이라는 사실을 눈치 채고 있을까?

힘들어하는 사람의 존재를 눈치 챘으면서도 자리를 양보하지 않았다면 '눈치 없는 사람'이라고 할 수는 없다. 그냥 '인정머리 없는 사람'이거나 '야박한 사람'이다. 즉 눈치 없는 사람은 곤경에 처한 사람 자체를 눈치 채지 못하므로 '눈치 없는 사람'이며, '자신이 눈치 없는 사람'이라는 사실조차 눈치 채지 못한다. 참고로, 다른 사람이 눈치 있는 사람인지 눈치 없는 사람인지 눈치 챌 수 있어서 남의 행동을 '눈치 없다'고 이러쿵저러쿵 지적할 수 있다. 이렇게 생각하면 사람은 누구나 자신이 생각하는 자아상보다 '눈치 없는 사람'일 가능성이 크다. 내가 '얼마나 눈치 없는 사람인지'를 눈치 챌 기회가 그만큼 적기 때문이다.

흔들리는 지하철에 몸을 맡기고 엉뚱한 생각에 잠긴 데는 나름대로 이유가 있었다. 미국 록펠러대학교(Rockefeller University) 레슬리 보스홀(Leslie Vosshall) 교수가 이끄는 연구팀이 이산화탄소를 감지하는 센서를 파리를 이용한 연구로 발견했다는 논문이 머릿속에 자꾸 맴돌았기 때문이다.

사람은 공기 중 이산화탄소 농도를 감지할 수 없다. 그러나 특정 종류의 곤충은 이산화탄소를 날카롭게 감지한다. 예를 들어, 박각시나방은 개화 직후의 꽃이 발산하는 이산화탄소를 감지한다. 갓 피어난 어린 꽃에는 꿀이 풍부하다. 그런 터라, 이산화탄소를 감지할 수 있는 능력은 먹이 찾기에 큰 보탬이 된다. 또 암컷 모기는 피를 빠는 대상을 찾기 위해 동물의 호흡에 포함된 이산화탄소를 감지한다.

이번 발견에는 더욱 충격적인 사실이 포함되어 있었다. 이산화탄소 센서가 '후각'이라는 사실이 그것이다. 우리에게 이산화탄소는 아무 냄새가 느껴지지 않지만, 곤충은 이산화탄소 '냄새'를 맡을 수 있다.

생각해보면 초음파나 자외선처럼 사람이 느낄 수 없는 정보도 특정한 종류의 동물들은 감지할 수 있는 능력을 타고난 경우가 많다. 자, 놀란 입을 다물고 여기서 잠시 조금 더 깊이 생각해보자. '사람은 공기 중 이산화탄소를 느끼지 못한다'는 걸 어떻게 알 수 있을까?

이유는 간단하다. 사람은 무언가 장치를 활용해 그 '정보'를 계측할 수 있기 때문이다. 가령 나침반이라는 도구를 이용하면 이 세상에 거미줄처럼 얼키설키 뻗어 있는 자기장을 측정할 수 있다. 동시에 우리는 지각으로 지자기를 '느끼지 못한다'는 사실도 이해할 수 있다.

무지의 인지……. 너무나 당연한 말이지만, 무척 중요하다. 사람이 측정할 수 없는(혹은 생각도 하지 못했던) 환경 정보는 사람은 '느끼지 못한다'는 사실조차 알 도리가 없기 때문이다. 이런 의미에서 사설로 늘어놓은 '눈치'와 비슷하다. 주변머리가 없다는 건 눈치가 없어서일 뿐 아니라 자신이 '눈치 없는 사람'이라는 사실조차 눈치 채지 못하기 때문이다.

이래저래 상상의 날개를 펼치게 된다. 생물계에는 아직 우리 인간의 인지 범위 밖에 있는, 미지의 감각 정보가 넘쳐난다는 상상을 하게 된다. 곤충이 이산화탄소 센서를 가지고 있다는 사실이 밝혀진 지는 몇 년 되지 않았다. 예기치 못한 정보를 느끼는 동물이 앞으로도 계속 등장하지 않을까. 설레는

가슴으로 '우리 인간이 직접 눈으로 보는 '세계'는 도대체 무엇일까'라는 생각이 들면서, 뜬금없이 내가 보고 있는 세상이 시시하게 느껴지는 건 왜일까.

심리실험 51

우울증에 운동이 특효약인 과학적 이유

브리스틀대 롤러 교수팀
'연구 설계와 결과 해석 합리성 재조사'

"우울증에는 운동이 특효약이다."
우리는 이런 얘기를 자주 듣는다. 과연 그럴까? 이 말은 과학적으로 얼마나 신빙성이 있을까?
영국 브리스틀대학교 롤러 교수 연구팀은 "우울증에는 운동이 특효약이다"라는 말을 실험을 통해 증명해냈다. 연구팀은 우울증 환자에게 일주일에 최소 한 번 30분 정도 가벼운 운동을 처방하고, 증상의 경과를 1년 동안 자세히 관찰했다. 그 결과, 처방에 따라 운동한 환자는 그렇지 않은 환자에 비해 통계상 유의미한 2.3 정도 증상 개선 효과가 나타났다고 한다. 그렇다면 근육 활동이 어떻게 뇌를 원격 조정할까? 우선, '운동해서 기분이 상쾌해졌다'는 심리적 효과를 떠올릴 수 있다.
자, 규칙적인 운동으로 우리를 괴롭히는 우울증을 멀리 떨쳐버리고 인생을 즐겁게 살자!

이 책을 집필하면서 나는 되도록 난해한 과학 용어를 피하려고 마음먹었다. 그러나 이번 꼭지에서는 어쩔 수 없이 전문용어를 사용해야겠다. 각오하고 읽어도 머리가 핑핑 돌 수 있다. 심하면 책장을 탁 소리 나게 덮고 싶을 정도로 거부반응이 일어날 수도 있어 짧게 결론부터 정리하고 본론으로 들어가고자 한다. 결론을 한 문장으로 요약하면, '우울증에는 운동이 특효약'이다.

'그 정도는 의사가 아니라도 아는데요'라는 식으로 심드렁하게 반응하고 싶은 독자 여러분의 마음도 잘 안다. 운동이 우울증 증상을 경감시킨다는 논문이 여러 편 보고된 것도 사실이다. 하지만 그중에는 뇌가 몸에 영향을 준다는 기묘한 '심신 동화'에 회의적인 의견도 있었다.

영국 브리스틀대학교(University of Bristol) 데비 롤러(Debbie Lawlor) 교수 연구팀은 과거 논문에서 활용한 연구 설계의 타당성과 결과 해석의 합리성을 철저하게 재조사했다. 그리고 그들은 '운동은 확실하게 효과가 있다'라는 결론에 도달했다. 이후 롤러 교수 자신은 새롭게 팀을 꾸려 대규모 임상 실험에 돌입했다.

연구팀은 우울증 환자에게 일주일에 최소 한 번 30분 정도 가벼운 운동을 처방하고, 증상의 경과를 1년 동안 자세히 관찰했다. 그 결과, 처방에 따라 운동한 환자는 그렇지 않은 환자에 비해 통계상 유의미한 2.3 정도 증상 개선 효과가 나타났다고 한다. 그렇다면 근육 활동이 어떻게 뇌를 원격 조정할까? 우선, '운동해서 기분이 상쾌해졌다'는 심리적 효과를 떠올릴 수 있다.

스웨덴 카롤린스카 연구소(Karolinska Institute Region) 라우스(M. Ruas) 박사팀은 놀라운 인과관계를 해명해 《셀(Cell)》에 보고했다. 우울증 환자는 카이뉴레닌(kynurenine)이라는 생체 화합물의 혈중 양이 상승한다. 카이뉴레닌 농도가 높아질수록 증상은 심해진다. 연구팀은 카이뉴레닌을 쥐에게 주사했다. 그러자 쥐에게 우울증 증상이 나타나 평소 없어서 못 마실 정도로 좋아하던 설탕물조차 입에 대려 하지 않았다. 카이뉴레닌이 우울증 증상을 일으키는 원인물질이라는 사실을 밝혀낸 셈이다.

카이뉴레닌이 뇌에 들어가면 3-하이드록시카이뉴레닌(3-Hydroxykynurenine)으로 변화한다. 이 물질은 염증을 일으키는 성분으로 신경세포 및 신경 전달 과정에 손상을 입힌다. 또 아미노산인 트립토판을 고갈시켜 세로토닌 분비량을 줄인다. 결과적으로, 이 물질이 우울증을 일으키는 것으로 추정된다.

연구팀은 쥐에게 운동을 시키면 카이뉴레닌을 투여해도 우울증이 발생하지 않는다는 사실을 발견했다. 실제로 카이뉴레닌 투여 후 혈중 농도를 측정하면 운동한 쥐는 카이뉴레닌 농도가 상승하지 않았다고 한다. 연구팀은 그 이유도 아울러 해명했다. 운동으로 카이뉴레닌을 분해하는 효소인 카이뉴레닌 아미노트랜스페라제(AST)가 근육에서 증가하기 때문이다.

분해 효소가 증가하는 이유는 근육 세포의 PGC1-알파(Peroxisome Proliferator-Activated Receptor Gamma Coactivator 1-Alpha, PGC1-α)의 활성 상승이다. PGC1-알파는 분해 효소 발현을 촉진하는 전사 활성인자다. 실제로, PGC1-알파가 많은 쥐를 유전공학 기술로 만들었더니 스트레스에 강하고 우울증에 잘 걸리지 않는 쥐가 탄생했다고 한다.

복잡한 용어가 줄줄이 나와 골치가 지끈거리는 독자를 위해 마지막으로 한 문장으로 정리해볼까 한다. '운동하면 근육의 PGC1-알파가 활성화하고 우울증 원인 물질인 카이뉴레닌을 분해하고 뇌를 지킨다'라는 흐름만 대강 파악하면 충분하다.

우울증 환자는 의욕이 저하되어 강제적으로 운동을 시키면 스트레스 증상이 심해진다고 우려한다. 그런데 쥐 실험을 보면 자발적인 운동이 아니라 강제적인 운동이라도 증상이 개선되는 효과가 있었음을 알 수 있다. 게다가 운동 요법은 부작용이 없고 재발 위험도 낮다는 이점도 있어 약이 듣지 않는 환자에게도 큰 효과를 발휘한다. 무엇보다 치료 효과와 더불어 예방 효과까지 얻을 수 있어 운동으로 꿩 먹고 알 먹는 일석이조 효과를 얻을 수 있다.

심리실험 52

꿈꾸는 자신을 자각할 수 있는 건 인간뿐이라는데?

미국 신경과학연구소 에델만 박사의 '제2의 자아로 가는 문의 열쇠, 감마파 연구'

"제2의 자아를 가진 생물은 인간뿐이다." 미국 신경과학연구소 에델만 박사가 내놓은 가설이다. 사람 이외의 동물은 현실 세계에 살아도 자기가 있는 곳이 현실이라는 사실을 자각하지 못한다는 뜻이다. 꿈을 꾸더라도 꿈이라고 자각하지 못한다. 현실과 꿈의 경계가 없다는 얘기다. 좀 더 정확히 말하자면, 우리가 꿈을 꿀 때와 비슷한 심리 상태로 모든 현실을 경험하는 셈이다.

사람만 가지고 있다는 '제2의 자아'는 어디서 태어났을까? 그 부분을 파고들면 사람 마음의 원류를 찾을 수 있지 않을까? 얼핏 불가능해 보이는 이 탐색은 사실 불가능하지 않다. 가장 명쾌한 방법은 '제2의 자아'가 존재하는 동안 우리 뇌의 활동 상태와 사라지는 동안의 활동 상태를 비교하는 연구 방법이다. 좀 더 자세한 내용을 살펴보자.

“그를 떠올리며 잠들었기에 꿈에 나왔을까, 꿈인 줄 알았다면 눈뜨지 않았을 것을(思ひつつ寝ればや人の見えつらむ夢と知りせば覚めざらましを)”이라는 오노노 코마치(小野小町)의 단가(短歌: 일본 전통 정형시_옮긴이) 시 구절이 있다(우리나라에서도 개봉한 신카이 마코토 감독의 애니메이션 〈너의 이름은〉이 이 단가에서 모티브를 따 왔다고 한다._옮긴이). 여운이 남는 아름다운 시구다. ‘그리워하며 잠들어서 그 사람이 꿈에 나왔을까. 꿈이라는 걸 알았더라면 잠에서 깨지 않았을 텐데’라는 뜻을 담은 연가는 과학적 관점에서도 꿈의 중요한 성질을 파악하고 있다.

꿈을 꾸는 동안 우리는 ‘꿈을 꾸고 있다’는 사실을 인식하지 못한다. 그런 터라, 시에서처럼 ‘문득 잠에서 깨버린’ 현실을 한탄한다. 꿈을 꿀 때는 아무리 기상천외한 상황이라도, 아무리 불합리한 공포에 시달리더라도 ‘이건 이상하다’라고 냉정하게 따지거나 딴죽을 걸지 못하고, 그저 눈앞의 사건에 몰입해서 대처하기 바쁘다.

꿈이란 참으로 불가사의한 현상이다. 낮에 잠을 자지 않는 동안에는 ‘있을 수 없는 일’이라는 걸 단박에 깨닫는다. 각성한 상태에서는 ‘지금 이 현실을 경험하는 나’를 자각한다. 즉, 사고하거나 행동하는 자신을 관찰하는 또 다른 '자신'이 존재한다. 꿈을 꾸는 동안에는 자신을 감시하는 '제2의 자아'가 사라진다. 꿈이라는 걸 깨닫는 순간은 꿈에서 깨고 난 다음이다.

미국 신경과학연구소 제럴드 에델만(Jerald Edlman) 박사는 "제2의 자아를 가진 생물은 인간뿐이다"라는 가설을 내놓기도 했다. 그렇다면 사람 이외의 동물은 현실 세계에 살아도 지금 내가 있는 곳이 현실이라는 사실을 자각하지 못한다는 뜻이다. 물론 꿈을 꾸더라도 꿈이라고 자각하지 못한다. 즉, 현실과 꿈의 경계가 없다. 조금 더 정확하게 말하자면 우리가 꿈을 꿀 때와 비슷한 심리 상태로 모든 현실을 경험하는 셈이다.

사람만 가지고 있다는 '제2의 자아'는 어디서 태어났을까? 그 부분을 파고들면 사람 마음의 원류를 찾을 수 있지 않을까? 얼핏 불가능해 보이는 이 탐색은 사실상 불가능하지 않다. 가장 명쾌한 해결책은 '제2의 자아'가 존재하는 동안 우리 뇌의 활동 상태와 사라진 동안의 활동 상태를 비교하는 연구 방법이다.

실험 단서는 수면에서 얻을 수 있다. 한창 꿈을 꾸는 동안에도 '어라, 이건 꿈이잖아'라고 꿈꾸는 자신을 자각할 수 있는 사람이 있기 때문이다. 이처럼 제2의 자아가 출현하는 꿈을 '자각몽(Lucid Dream)'이라 부른다. 자각몽을 꾸다가 가끔은

꿈 줄거리를 자유자재로 조정할 수도 있다.

자각몽을 꾸는 동안 뇌를 관찰하면 '감마파'라는 독특한 뇌파가 전두엽과 두정엽에 나타난다. 그렇다면 이 감마파가 '제2의 자아'로 가는 문의 열쇠를 쥐고 있지 않을까. 이 의문을 해결하기 위해 잠자는 사람의 뇌를 감마파의 리듬으로 전류 자극하는 다소 충격적인 실험에 나선 연구자가 있다. 독일 프랑크푸르트대학교 보스(Voss) 교수팀의 연구다. 실험 결과는 《네이처 뉴로사이언스》에 실렸다.

연구팀은 수면 중인 27명의 뇌를 자극하고 잠시 후 깨워 어떤 꿈을 꾸었는지를 물었다. 그러자 무려 70퍼센트 이상이 '꿈을 꾸는 나를 제3자의 관점에서 느꼈다'고 대답했다. 그중에는 '꿈 줄거리를 마음대로 짜깁기했다'고 대답한 사람도 있었다. 감마파 자극으로 멋지게 '제2의 자아'를 출현시킨 실험이다.

만약 이 감마파 뇌 자극 장치를 달고 타임머신으로 날아가 오노노 코마치에게 선물한다면 얼마나 멋진 시를 남겼을까. 꿈같은 상상을 해볼 수 있게 해주는 그야말로 꿈같은 연구다.

심리실험

53

뚱보균 이식받은 쥐를 날씬균 이식받은 쥐와 함께 사육하면 날씬해진다?

유럽분자생물실험실 독일 연구팀의 '마이크로바이옴 연구 결과'

워싱턴대학교 제프리 고든 교수팀은 장내 세균과 비만의 상관관계를 심층 연구했다. 연구팀은 한 사람은 뚱뚱하고, 다른 한 사람은 마른 쌍둥이 4쌍에게서 채취한 장내 세균을 무균 쥐에게 이식했다. 그러자 비만형 균을 이식받은 쥐는 몰라보게 살이 쪘다. 5일 후 즈음부터 토실토실 살이 오르기 시작하더니 놀라울 정도로 빠르게 살집이 붙었다.
한데 흥미롭게도, 앞에서 소개한 뚱보균을 이식받은 쥐를 날씬균을 이식받은 쥐와 함께 사육했더니 며칠 만에 원래 체중을 회복했다고 한다. 쥐들이 같은 장소에 살며 뚱뚱한 쥐의 체내균이 날씬균과 섞였기 때문이다. 사람도 이런 방법으로 다이어트를 할 수 있을까?

'마이크로바이옴(Microbiome)'이라는 단어가 있다. 더러 아는 사람도 있겠지만, 처음 들어보는 사람이 더 많지 않을까. 간단히 설명하자면, 마이크로바이옴이란 체내 상재균의 집합체를 말한다. 눈에 보이지는 않지만, 우리 몸속에는 수많은 세균이 살고 있다. 한 사람 당 종류만 해도 수천 가지, 개수로 치면 100조 마리의 세균이 살고 있다.

세균은 자칫 오해받기 쉽다. 여러분은 평소 '알고 있는 세균의 이름을 말해보라'는 말을 들으면 어떤 세균이 떠오르나? 결핵균, 페스트균, O157……. 대부분 병원균부터 떠올리지 않을까.

실제로 세균이 입히는 해는 세균이 우리에게 주는 혜택과 비교하면 미미한 수준이다. 대개의 세균은 유익하거나 아무 해도 끼치지 않는다. 예를 들어, 피부나 기도에는 우리 몸 안에 있는 세균보다 10배 더 많은 세균이 살고 있다. 그중에는 소화와 면역을 돕는 유익균이 적지 않다. 즉, 균과 사람은 상부상조하며 공존하는 셈이다.

상재균의 조합은 사람마다 다르다. 소화를 돕는 위장 세균과 냄새를 만드는 세균만 놓고 봐도 개인차가 크다. 같은 음식을 먹어도 어떤 사람은 영양으로 흡수할 수 있고, 또 어떤 사람은 탈이 날 수 있는 것도 그래서다. 체취도 사람마다 천차만별이다.

얼마 전, 《사이언스》에 장내 세균과 비만의 상관관계를 보고한 기사가 실렸다. 미국 워싱턴대학교 제프리 고든 교수팀의 연구 결과다. 비만은 유전적 체질이 관여하는 부분도 상당하기에 연구팀은 쌍둥이를 연구 대상으로 선정했다.

그들은 한 사람은 뚱뚱하고, 나머지 한 사람은 마른 쌍둥이 4쌍에서 채취한 장내 세균을 무균 쥐에게 이식했다. 그러자 비만형 균을 이식받은 쥐는 몰라보게 살이 쪘다. 5일 후 즈음부터 토실토실 살이 오르기 시작하더니 놀라울 정도로 빠르게 살집이 붙었다.

아는 사람이 많지 않지만, 마이크로바이옴은 뇌에도 영향을 준다. 우울증 등의 정신질환뿐 아니라 성격과 기질에까지 영향을 미친다고 알려져 있다. 면역세포와 호르몬, 영양소를 매개로 간접적으로 뇌에 작용한다.

이러한 세균의 영향력이 속속 밝혀지며, 요즘 의료계에서는 마이크로바이옴 해독 열풍이 불고 있다. 최근 성과 중에는 유럽분자생물실험실(European Molecular Biology Laboratory) 소속 독일 연구팀이 최신 기술을 구사한 연구가 유명하다. 연구팀은 207명에게서 얻은 101종의 게놈에서 7억 개소의 유전자 정보를 조사했다. 그 결과는 《네이처》에 보고되었다. 연구 자료에 따르면, 세균의 유전적 다양성은 사람의 유전적 다양성과 거의 맞먹는 수준이다. 마이크로바이옴은 말 그대로 '각양각색'이다.

참고로, 앞에서 소개한 뚱보균을 이식받은 쥐를 날씬균을 이식받은 쥐와 함께 사육했더니 며칠 만에 원래 체중을 회복했다고 한다. 서식지 등을 매개로 체내균이 날씬균과 섞였기 때문이다. 그러나 철저한 위생 관리가 이루어지는 환경에서 생활하는 현대인은 균 교체가 거의 일어나지 않는다. 독일 연구팀의 연구에 따르면, 세균 교체는 연 단위로 천천히 진행된다고 한다. 지금 어떤 세균을 키우고 있는지가 새삼 중요해지는 것도 그래서다.

세균이라고 하면 예전에는 항생물질로 퇴치해야 하는 꺼림칙한 대상으로 여겨져왔다. 그러나 바야흐로 내 몸에 사는 세균의 개성을 올바르게 이해하고 그들과 현명하게 공존하며 건강을 관리하는 시대로 세상은 변해가고 있다. 균도 '내' 개성의 일부가 되는 세상이 오고 있는 셈이다.

심리실험 54

선천적 질병을 '장내 세균'으로 치료할 수 있을까?

하버드대 코핸 교수의 'ASD 환자와 장내 세균 검사'

선천성 질환을 '장내 세균'으로 치료할 수 있다는 주장을 어떻게 받아들여야 할까? 하버드대학교 아이작 코핸 교수팀은 1만 4,000명의 ASD 환자를 모집해 그들이 ASD 이외에 어떤 질병을 앓고 있는지를 조사했다. 그 결과, 염증성 장 질환이라는 만성 장염을 앓고 있는 사람의 비율이 높다는 사실이 밝혀졌다. 장염 원인은 아직 100퍼센트 밝혀지지는 않았지만, 연구팀은 한 가지 요인으로 '장내 세균'을 지목했다.

이 발견에 최근의 마이크로바이옴 연구가 가세했다. 최신 검사 기술을 활용하면 대량의 장내 세균을 한꺼번에 조사할 수 있다. 다시 말하자면, 장내에 어떤 세균이 살고 있는지 한 번의 검사로 알아낼 수 있다. 검사 결과, ASD 환자의 마이크로바이옴은 건강한 일반인과 다르다는 사실이 밝혀졌다.

장내 세균으로 자폐증 증상을 완화할 수 있다. 얼핏 공상과학 소설처럼 들리는 주장을 쥐 실험으로 증명한 결과가 발표되었다. 미국 캘리포니아공과대학교 사르키스 마즈마니안(Sarkis Mazmanian) 교수와 연구팀이 《셀》에 발표한 논문이다.

장과 뇌는 서로 밀접한 관련을 맺고 있다. 장내 세균이 정신 상태에 영향을 준다는 사실은 이미 잘 알려져 있다. 그러나 자폐 스펙트럼 장애(ASD)는 말하자면 발달장애의 일종이다. 즉, 선천적인 질병이다. 선천성 질환을 장내 세균으로 치료할 수 있다는 주장을 어떻게 받아들여야 할까.

이번 발견을 내 나름대로 소화하기까지 많은 시간이 필요했다. 발견 단서는 끈질긴 '합병증' 조사에 있다. 2년 전 하버드대학교 아이작 코핸(Isaac Kohane) 교수팀은 1만 4,000명의 ASD 환자를 모집해 그들이 ASD 이외에 어떤 질병을 앓고 있는지를 조사했다. 그러자 염증성 장 질환이라는 만성 장염을 앓고 있는 사람의 비율이 높다는 사실이 밝혀졌다. 장염 원인은 아직 100퍼센트 밝혀지지는 않았지만, 연구팀은 한 가지 요인으로 장내 세균을 지목했다.

이 발견에 최근의 마이크로바이옴 연구가 가세했다. 최신 검사 기술을 활용하면 대량의 장내 세균을 한꺼번에 조사할 수 있다. 다시 말하자면, 장내에 어떤 세균이 살고 있는지 한 번의 검사로 알아낼 수 있다. 검사 결과, ASD 환자의 마이크로바이옴은 건강한 일반인과 다르다는 사실이 밝혀졌다.

물론 이 결과만 보고 마이크로바이옴이 ASD의 원인이라거나, ASD 환자가 편식을 해서 바이크로바이옴이 일반인과 다른 양상을 보이는지 섣불리 단정할 수는 없다. 사람에게 직접 실험해서 이 가설을 확인할 방법이 없다. 연구팀은 쥐 실험으로 전환했다. 그리고 쥐 실험으로 마이크로바이옴이 ASD 증상의 한 원인이라는 결론을 얻었다. 조금 더 자세히 설명해 보자.

ASD의 원인 중 한 가지는 감염이다. 태어나기 전에 아직 어머니의 태내에 있을 때 감염이 일어나면 ASD 위험률이 가파르게 치솟는다. 그 증거로 임신 중인 어미 쥐에게 염증성 감염 질환을 유발하면 태어난 새끼 쥐는 사람의 ASD를 빼닮은 증상을 보여준다. 사교적인 행동이 줄어들 뿐 아니라 마이크로바이옴까지 변화한다.

연구팀은 대장염을 개선한다고 알려진 '박테로이드 프라질리스(Bacteroides Fragilis)'라는 세균을 갓 태어난 새끼 쥐에게 투여했다. 그러자 마이크로바이옴이 개선되었고, 놀랍게도 성장한 후에도 ASD 증상이 나타나지 않았다. 염증성 장 질환은 ASD뿐 아니라 우울증과 특정 지적 장애 등에서도 볼 수 있는 증상이다. 이번 연구로 여태까지 대처하기 어려웠던 정신질환과 발달장애 치료에 실마리를 제공할 수 있게 되었다.

앞에서 나는 마이크로바이옴이 연 단위로 안정되고 거의 변화하지 않는다는 연구 결과를 소개했다. 그런데 하버드대학교 피터 턴바우(Peter J. Turnbaugh) 교수를 비롯한 연구팀은 식단으로 마이크로바이옴을 변화시킬 수 있다는 사실을 밝혀냈다. 그들은 평소 식단을 채소 중심과 고기 중심 식단 등으로 변경하면 식단에 따라 마이크로바이옴이 이틀 이내에 빠르게 변화한다는 사실을 증명했다. 즉, 마이크로바이옴이 안정된 상태로 보이는 이유는 우리가 1년 내내 거의 같은 음식을 먹고 있다는 사실을 방증한다. 다시 말해, 우리가 장내 세균에 거의 신경을 쓰지 않고 푸대접하고 있다는 증거이기도 하다.

그러고 보니, 식단에 특히 신경을 쓰는 사람조차 지방이나 당분, 비타민 등 성분은 깐깐하게 따지더라도 장내 세균까지 관심을 가지는 경우는 드물다. 장은 건강의 원천이다. 그러므로 좀 더 나은 대접을 받을 수 있도록 배려해주어야 하지 않을까 싶다.

심리실험 55

죽는 순간, 우리 뇌는 어떻게 될까?

미시간대 보르지긴 교수의 '7마리 쥐의 죽음을 맞이하는 순간 관찰 실험'

죽는 순간, 우리 뇌는 어떻게 될까? 생과 사의 경계는 그 누구도 풀 수 없는 수수께끼로 여겨진다. 미시간대학교 보르지긴 교수 연구팀은 쥐가 죽는 순간의 뇌 활동을 기록하는 데 성공했다. 연구팀은 쥐의 머리에 전극을 꽂아 장기적으로 뇌파를 기록하는 대담한 실험을 벌였다. 그들은 7마리 쥐가 죽음을 맞이하는 순간을 관찰했다.
죽음의 순간, 놀랍게도 뇌 활동이 나타났다. 심장이 정지하고 나서 뇌 활동이 멈출 때까지 30초 정도 걸렸다. 이 짧은 순간에 뇌 활동은 3단계를 거쳐 변화했다. 좀 더 자세한 내용을 살펴보기 위해 본문으로 들어가자.

E' strano! 이상해!

Cessarono 사라졌어요,

Gli spasmi del dolore. 격렬하게 꿈틀대던 온갖 고통이.

In me rinasce m' agita 다시 태어나듯 힘이 솟아나요.

Insolito vigore! 다시 살 수 있을 것 같아!

Ah! io ritorno a vivere 아, 이제 살아날 것 같아!

Oh gioia! 오, 이 기쁨!

베르디가 작곡한 오페라 〈라트라비아타〉의 마지막 장면에서 주인공 비올레타가 임종을 맞이하는 장면에서 노래하는 대사다. 폐결핵으로 숨지기 직전 주인공을 괴롭히던 증상이 말끔히 사라지고 홀가분해졌다고 생각하자마자 그녀는 바닥에 쓰러져 숨을 거둔다. 〈라트라비아타〉는 가공의 이야기지만, 실제 임상현장에서도 사망 직전 비올레타와 유사한 경험을 하는 사람이 있는 모양이다.

죽는 순간, 우리 뇌는 어떻게 될까? 생과 사의 경계는 그 누구도 풀 수 없는 수수께끼로 여겨진다. 그런데 쥐가 죽는 순간의 뇌 활동을 기록하는 데 성공한 이들이 있다. 《미국 과학원 회보》에 논문을 게재한 미시건대학교 지모 보르지긴(Jimo Borjigin) 교수 연구팀이다. 연구팀은 쥐의 머리에 전극을 꽂아 장기적으로 뇌파를 기록한다는 대담한 실험을 벌여 7마리 쥐가 죽음을 맞이하는 순간을 관찰했다.

죽음의 순간, 놀랍게도 뇌 활동이 나타났다. 심장이 정지하고 나서 뇌 활동이 멈출 때까지 30초 정도 걸린다. 이 짧은 순간에 뇌 활동은 3단계를 거쳐 변화했다. 첫 번째 단계는 심정지부터 3초 남짓 걸렸다. 뇌파 스펙트럼 출력은 약간 감소했지만, 기본적으로 살아 있는 상태와 비슷했다. 혈류가 정지하더라도 3초 정도는 뇌 속에 축적된 에너지로 살아갈 수 있는 듯했다. 이어서 두 번째 단계로 넘어가자, 알파파와 세타파라는 뇌파가 강하게 나타났다. 이 상태가 5초 정도 이어졌다.

가장 놀라운 순간은 마지막 세 번째 단계다. 감마파가 나타나 뇌 활동이 정지할 때까지 이어졌다. 감마파는 뇌 전체에서 고르게 나타났다. 이 상태는 각성한 상태, 특히 의식 수준이 높은 뇌 상태일 때와 판박이처럼 닮았다.

발견은 여기서 멈추지 않았다. 이 감마의 같은 기간 뇌 상태를 자세히 분석한 결과, 뇌 활동 흐름이 전두엽에서 후두부 방향을 향하고 있다는 사실을 알게 되었다. 물이 위에서 아래로 흐르듯 뇌도 '톱다운(Top-down)' 방향으로 정보가 움직였다. 톱-다운이란 외부에서 감각 정보가 없어도 뇌 내에서 정보를 호출하는 상태다. '상상', '추억' 등의 작업이 여기에 해당하며, 모두 뇌 안쪽에서 이루어지는 작업이다. 톱-다운 상태 활동이 죽음 직전에 나타났다. 게다가 세 번째 단계에서 나타나는 감마파 동기는 강렬했다. 건강한 사람에게 이 정도 수준으로 강한 톱-다운 현상이 발생하려면 밤에 꿈을 꿀 때나 환각이나 명상 상태에 들었을 때다.

심정지는 생명에게 위험한 상태지만, 심장이 바로 재가동하기 시작하면 소생한다. 구사일생으로 목숨을 건진 환자 중에는 생생한 의식 체험을 이야기하는 사람이 있다. 흔히 말하는 '임사 체험'이다.

임사 체험은 수상한 오컬트 현상이 아니라 전 세계 많은 문화권에서 보편적으로 기술되어온 현상으로, 소생 환자의 20퍼센트가 경험한다고 한다. '현실보다 생생한 감각'이라는 그들의 증언도 강렬한 감마 동기라는 이번 실험 결과와 일치한다. 당연히 다시 살아나지 못하고 저세상으로 떠나간 분들의 뇌 속에서도 비슷한 광경이 벌어지지 않았을까. 임종을 맞이하는 뇌에서 볼 수 있는 선명하고 강렬한 감마 활동은 어쩌면 뇌가 우리 인간에게 선사하는 인생 마지막 선물이 아닐까.

심리실험 56

스마트폰 세균이 화장실 변기 손잡이 세균보다 18배나 많다고?

위생학자 프랜시스의 '일상용품에 서식하는 세균량 조사 결과'

위생학자 짐 프랜시스는 스마트폰에 서식하는 세균이 화장실 변기 손잡이에 묻은 세균의 약 18배 밀도라는 오싹한 조사 결과를 발표했다. 그러니 스마트폰이나 태블릿 PC 등의 휴대용 전자기기를 식탁이나 베갯머리에 두는 행동이 얼마나 몰상식한 일인지 알아야 한다. 휴대용 전자기기 대신 사용 중인 변기를 옆에 두고 밥을 먹고 잠을 자는 모습을 상상해보면 충분히 이해가 될 것이다.

스마트폰은 사람과 사람이 관계를 유지하고 정보를 주고받는 데 도움을 주는 소통 도구다. 이 유용한 도구가 병원체를 주고받는 치명적인 도구가 되지 않도록 세심하게 관리하고 각별히 주의하자.

스마트폰은 이제 우리 일상생활에서 빼놓을 수 없는 필수품으로 자리매김했다. 전철로 이동하는 사람들을 보면 적어도 절반 이상은 휴대전화기에 코를 박고 있다. 스마트폰은 매우 편리한 도구다. 편리함으로 사람들을 홀리는 요망한 물건이라고나 할까. 그런 터라, '스마트폰 중독'이라는 신종 질병까지 등장했을 정도다. 또한, 길을 걸으며 넋을 잃고 좀비처럼 스마트폰에 빠진 사람들을 일컫는 '스몸비'라는 신조어까지 생겨났다.

도심이나 번화가에는 '보행 중 스마트폰 사용 금지' 등의 표지판까지 세워졌다. 최근에는 스마트폰의 등장으로 예전에는 생각할 수 없었던 현상이 사회 문제가 되고 있다. 그러나 휴대용 전자기기는 앞에서 예로 든 폐해와는 별개로 위생상 문제도 안고 있다. 스마트폰과 위생이라니! 이 무슨 자다가 봉창 두드리는 소리인가, 하는 의심의 눈초리로 바라보는 독자를 위해 먼저 감염에 관해 설명해볼까 한다.

감염증의 원인이 되는 병원체의 실체는 주로 세균과 바이러스다. 세균은 식중독과 결핵, 콜레라 등을 일으킨다. 또 바이러스는 감기와 인플루엔자, 홍역 등의 원인이 된다. 병원체는 피부와 점막을 통해 우리 몸속으로 들어와 감염 증상을 일으킨다. 그런데 건강한 피부는 강력한 장벽을 치고 있어 부상으로 피부에 상처가 생기지 않는 한 병원체는 우리 몸속으로 쉽게 침입하지 못한다. 감염 경로는 대개 점막, 주로 입이나 코, 눈 등이다. 쉽게 말해, 주로 얼굴을 통해 우리 몸속으로 들어온다.

감염 원리를 이해하려면 중요한 사실을 한 가지 더 알아야 한다. 병원체는 어지간해서는 공중을 날아다니지 않는다. 감기에 걸린 환자와 좁은 방에서 오랜 시간 같이 있는 실험을 해보면 금방 알 수 있다. 건강한 사람은 웬만해서는 감기가 옮지 않는다. 감염되려면 물리적 접촉이 필요하다. 즉, 침이나 콧물이 묻은 물건이나 신체 일부를 만져 생기는 접촉 감염과 기침이나 재채기로 침이나 콧물이 퍼지며 생기는 비말 감염이다.

접촉 감염은 '손'을 조심해야 한다. 손은 주위의 다양한 사물을 만지기 위한 기관이다. 나도 모르게 병원체를 만질 기회가 천지사방에 널려 있다. 게다가 턱을 괴거나, 머리를 긁거나, 이마의 땀을 훔치거나, 눈을 비비거나, 코딱지를 파는 등 얼굴에 손을 대는 버릇이 있는 사람은 특히 주의해야 한다. 손과 얼굴이 자주 접촉할수록 병원체가 몸속으로 들어올 가능성은 더욱 커진다.

여기까지 읽으면 독자 여러분도 고개를 끄덕이리라 믿는다. 휴대전화기는 손으로 들고 만지작거리도록 만들어진 도구다. 그런 터라, 손을 매개로 해서 인체에 해로운 병원체가 묻어 있을 확률이 높다. 게다가 세균들이 보금자리로 선호하는 공간은 휴대전화기와 밀접한 관련이 있다. 바로 주머니 속이다. 스마트폰을 바지나 윗옷 주머니에 넣으면 태양광(자외선)이 차단되고 체온으로 보온 상태가 유지된다. 엎친 데 덮친 격으로 땀을 흘리며 전화기를 귓가에 가져다 대면 세균 번식에 필요한 수분까지 넉넉히 보충된다. 어둡고 따뜻하고 습한 환경은 세균이 활개 치는 최적의 번식 조건을 갖추게 되는 셈이다. 또 휴대전화기 표면에는 풍부한 영양 공급원인 피지가 잔뜩 묻어 있다. 세균은 최상의 입주 조건에 환호하며 아예 터를 잡고 눌러 살며 신이 나서 증식한다.

위생학자 짐 프랜시스(Jim Frances)는 스마트폰에 서식하는 세균이 화장실 변기 손잡이에 묻은 세균의 약 18배 밀도라는 오싹한 조사 결과를 발표했다(수세식 변기 자체는 정기적으로 물을 내려 손잡이보다 오히려 청결하다). 그러니 스마트폰이나 태블릿 PC 등의 휴대용 전자기기를 식탁이나 베갯머리에 두는 행동이 얼마나 몰상식한 일인지 알아야 한다. 휴대용 전자기기 대신 사용 중인 변기를 옆에 두고 밥을 먹고 잠을 자는 모습을 상상해보면 충분히 이해가 될 것이다.

아, 말이 나온 김에 한 가지 더! 스마트폰을 다른 사람에게 빌려주거나, 다른 사람의 스마트폰을 빌려 쓰거나, 찍은 사진을 서로 보여주는 동안 세균은 한 사람에게서 다른 사람으로 쉽게 전파된다. 또 의료 현장에서는 의사가 사용하는 스마트폰이 병원 감염을 조장한다는 사실이 지적된다.

사람은 평생 평균 200번 정도 감기·몸살에 걸린다고 한다. 얼추 5년이라는 기간을 기침과 발열로 끙끙 앓으며 지낸다는 계산이 나온다. 감기·몸살로 인한 경제적 손실은 이루 헤아릴 수 없을 정도다. 그러니 손 씻기를 습관화해야 한다.

스마트폰은 사람과 사람이 관계를 유지하고 정보를 주고받는 데 도움을 주는 소통 도구다. 이 유용한 도구가 병원체를 주고받는 치명적인 도구가 되지 않도록 세심하게 관리하고 각별히 주의하자.

심리실험 57

인공 감미료의 효능을 어디까지 신뢰해야 할까?

와이즈먼 과학연구소 엘리나프 박사의 '인공 감미료 실험'

인공 감미료 문제에 나름대로 합리적인 결론을 끌어낸 연구가 있다. 이스라엘 와이즈먼 과학연구소 엘리나프 박사팀의 인공 감미료 문제 연구가 그것이다. 연구팀은 쥐에게 인공 감미료를 투여했고, 11주 후 소량의 포도당으로도 혈당이 쉽게 상승하는 체질로 변했다.

비슷한 효과는 사람에게서도 확인되었다. 평소 인공 감미료를 섭취하는 사람은 장내에 서식하는 세균이 변화했다. 사람은 쥐보다 효과가 빠르게 나타났다. 겨우 일주일만 인공 감미료를 섭취해도 절반 이상 참여자의 혈당치가 상승했다.

우리는 과연 인공 감미료의 효능을 어디까지 신뢰해야 할까?

당뇨병은 오해받기 쉬운 병명이다. 이름처럼 '소변'에 포도당이 섞여 나오는 병이다. 한데, 문제는 소변 속 당이 아니라 혈액 속 당, 즉 혈당이다. 혈당치가 과도하게 높은 상태가 이어지면 신장에 부담을 주기 시작한다. 설상가상으로 실명이나 심근경색, 신경장애 등의 합병증을 일으킨다. 흔히 '노인성 치매'라고 부르는 알츠하이머병에 걸릴 위험성도 몇 배나 높아진다. 소변에 당이 섞여 나오는 증상은 말하자면 불필요한 당을 몸 밖으로 배출하려는 일종의 방어 반응이다.

혈당치를 낮추려면 어떻게 해야 할까? 약 복용도 한 가지 방법이지만, 역시 평소 식사와 체질 개선이 중요하다. 예를 들어 당분을 지나치게 섭취하지 않도록 주의해야 한다. 당뇨 대처법을 널리 알린 덕분인지 최근에는 설탕 대신 사카린이나 수크랄로스(Sucralose), 아스파탐(Aspartame) 등의 인공 감미료를 즐기는 사람이 많아졌다.

인공 감미료는 혀의 단맛 센서에 딱 맞게 설계되어 있다. 설탕의 수백 배에 달하는 강한 단맛을 낸다. 인체는 자연계에는 존재하지 않는 화합물을 에너지로 효과적으로 활용하지 못한다. 쉽게 말해, '칼로리 제로' 감미료다. 이 매혹적인 광고 문구 덕분에 인공 감미료는 임상 현장뿐 아니라 다이어트 업계에서 호황을 누리고 있다.

그런데 이야기는 그리 단순하지 않다. 일부 조사에서는 인공 감미료로 대체해도 몸무게가 줄어들지 않고, 오히려 당뇨병과 대사장애증후군이 발생하는 사례가 보고된다. 어쩌면 기대와 달리 인공 감미료에는 혈당치를 내리는 효과가 없을 수도 있다.

다만, 해석에 주의를 기울일 필요는 있다. 예전에 미국에 갔다가 우연히 들른 카페에서 마주친 어떤 여성은 '오늘은 칼로리 제로 음료를 주문했으니까 디저트를 먹을 수 있어요'라며 거대한 케이크를 양 볼이 미어지도록 밀어 넣고는 마치 세상을 다 가진 듯 행복한 표정을 짓고 있었다. 어떤 부분에 기울인 주의가 차츰 다른 측면에서 관리 부실을 불러와 유효성을 상쇄하는 상황은 드물지 않다. 결국, 인공 감미료의 진가는 아직 결론이 나오지 않았다고 말할 수 있다.

인공 감미료 문제에 나름대로 합리적인 결론을 끌어낸 연구가 있다. 이스라엘 와이즈먼 과학연구소 에란 엘리나프(Eran Elinav) 박사를 비롯한 연구원들이 이 연구의 주인공이다. 쥐에게 인공 감미료를 투여했더니 11주 후에는 소량의 포도당으로도 혈당이 쉽게 상승하는 체질로 변했다. 연구 결과는 《네이처》에 발표되었다.

포도당 섭취로 혈당치가 민감하게 반응하는 현상을 '포도당 불내성(Glucose Intolerance)'이라고 부른다. 쉽게 말해, 인공 감미료가 포도당 불내성을 일으킨다는 말이다. 이번 연구는 여기서 한 걸음 더 나아갔다. 포도당 불내성이 항생물질로 치료된다는 사실을 발견했다. 즉, 인공 감미료는 '미생물'을 매개로 포도당 불내성을 일으킨다고 해석할 수 있다. 아마도 그 원인은 장내 세균으로 추정된다. 이 가설을 증명하기 위해 인공 감미료를 급여한 주위 장내 세균을 건강한 쥐에게 이식했다. 그러자 예측대로 인공 감미료를 섭취하지 않았는데도 포도당 불내성이 발생했다.

비슷한 효과는 사람에게서도 확인되었다. 인공 감미료를 평소에 섭취하는 사람은 장내에 서식하는 세균이 변화했다. 사람은 쥐보다 효과가 빠르게 나타났다. 겨우 일주일만 인공 감미료를 섭취해도 절반 이상 참여자의 혈당치가 상승했다.

당뇨병이라는 명칭이 선입관을 만든 탓일까. '당질 다이어트', '당분 줄이기' 등으로 현대인은 '당'이라는 단어에 과민반응을 일으키며 일방적으로 '당'을 몰아내려고 애쓴다. 그러나 당질은 누가 뭐래도 우리 몸의 중요한 필수 구성 요소다. 나는 당, 지질, 단백질이라는 3대 영양소 중에서도 특히 당이 중요하다고 믿는다. 당을 감지하는 전용 센서를 굳이 혀에 발달시키고 '단맛'을 선호하는 섭식 행동을 보이는 건 생물로서

의미가 있기 때문이다.

문득 인공 감미료가 화려한 무대 위에서 집중 조명을 받는 이 시대에, 그늘에서 정당한 근거 없이 괄시받는 설탕의 처량한 신세가 참으로 딱하게 느껴진다.

CHAPTER

6

미래를 내다보는 뇌

심리실험 58

재생한 뇌에 '마음'이 깃들 수 있을까?

오스트레일리아 과학아카데미
분자생물공학연구소 노블리히 박사의
'iPS 세포의 잠재성 연구'

현재 가설로는 통상적으로 마음은 몸과 뇌의 상호작용으로 만들어진다고 추정한다. 이 가설에 따르면, 몸이 없는 iPS 뇌에는 '마음'이 싹트지 않는다고 보아야 한다. 그러나 현재 시점에서는 그 가설이 타당하다는 보장이 없다. 실제로 영국처럼 생명 윤리적 관점에서 전뇌 추출 실험을 금지하는 나라도 있다. 쥐의 뇌를 끄집어내 실험에 그대로 사용해서는 안 된다는 법률이다. 적출된 뇌가 '고통을 느낄 가능성'도 있기 때문이다. '몸에서 분리되었다고 해서 마음이 없다는 보장은 없다. 그러므로 실험을 금지한다'라는 논리에 따라 내려진 판단이다. iPS 세포에 이르면 사태는 한층 복잡하게 꼬인다. 설령 불완전한 뇌일지라도 쥐의 뇌가 아닌, 틀림없이 사람의 세포로 만든 '뇌'이기 때문이다.

요즘 iPS 세포로 만든 '뇌'가 화제가 되고 있다. 오스트레일리아 과학아카데미(Austrian Academy of Sciences) 분자생물공학연구소(Institute of Molecular Biotechnology)의 율겐 크노블리히(Jurgen Knoblich) 박사가 이끄는 연구팀이 《네이처》에 발표한 논문이다. iPS 세포의 잠재성을 이야기하자면 밤을 새워도 끝이 없을 정도다.

우리 몸 세포를 초기화해 '미분화' 상태로 돌린 세포가 iPS 세포다. 미분화한 세포에서 다채로운 세포를 만들어낼 수 있다. 세포뿐 아니라 장이나 간, 눈 등 장기 부분 재생에 성공한 사례도 있다. 일본에서는 2014년 세계적으로도 최신 기술인 iPS 치료가 이루어졌다. 안과 관련 난치성 질환을 앓고 있는 환자의 피부에서 iPS 세포를 만들어 망막세포로 변화시켜 실험실 배지에서 배양한 '망막'을 눈에 이식하는 수술이다.

이처럼 눈부신 성과 덕분에 iPS는 점점 더 기대를 모으고 있다. 그러나 다른 장기보다 훨씬 복잡한 '뇌'를, 하물며 인간이, 그것도 이렇게 빨리, 시험관 속에서 재생할 수 있으리라고는 뇌 연구자인 나조차 기대하지 않았다.

이번 성공은 2가지 의미에서 향후 뇌 연구에 강력한 추진력으로 작용하리라 믿는다. 첫째, 뇌 발생을 직접 보여줄 수 있다. 여태까지는 중절 수술에서 나온 태아의 뇌를 해부하는 정도의 연구가 고작이었다. 실제로 사람 뇌가 어떻게 성장하는지 제대로 조사할 수 있는 방법은 없었다. 그러나 이번 연구로 뇌의 발생과 성장을 연속적으로 관찰할 수 있게 되었다. 아직은 혈관망이 불완전해 영양이 충분히 전달되지 않아 10개월을 배양해도 4밀리미터 정도의 크기로밖에 자라지 않는다. 그런데도 대뇌피질과 해마 등의 각 부위가 정상적으로 생성되었다고 한다.

두 번째로 주목해야 할 부분이 질병 해명이다. 예를 들어, 이번 논문에서는 뇌가 정상적으로 성장하지 못한 '소두증' 환자에게서 얻은 iPS 세포로 뇌를 재생했더니 마찬가지로 발달 부진을 보였다고 한다. 뇌 환자 연구를 지속하면 다양한 병의 원인과 치료법을 개발하는 데 도움이 될 것이다.

그런데 'iPS 세포' 연구를 들여다보고 있으면 무언가 중요한 부분을 잊어버린 듯한 찝찝한 기분이 든다. 뇌는 간이나 심장과 결정적인 차이가 있는 장기다. 과연 재생한 뇌에 '마음'이 깃들까?

현재 가설로는 통상적으로 마음은 몸과 뇌의 상호작용으로 만들어진다고 추정된다. 이 가설에 따르면, 몸이 없는 iPS 뇌에는 '마음'이 싹트지 않는다고 보아야 한다. 그러나 현재 시점에서는 그 가설이 타당하다는 보장이 없다. 실제로 영국처럼 생명 윤리적 관점에서 전뇌 추출 실험을 금지하는 나라도 있다. 쥐의 뇌를 끄집어내 실험에 그대로 사용해서는 안 된다는 법률이다. 적출된 뇌가 '고통을 느낄 가능성'도 있기 때문이다. '몸에서 분리되었다고 해서 마음이 없다는 보장은 없다. 그러므로 실험을 금지한다'라는 논리에 따라 내려진 판단이다. iPS 세포에 이르면 사태는 한층 복잡하게 꼬인다. 설령 불완전한 뇌일지라도 쥐의 뇌가 아닌, 틀림없이 사람의 세포로 만든 '뇌'이기 때문이다.

연구팀은 이 재생 뇌는 다양한 신경세포를 가지고 있어 독자적인 신경 활동을 한다는 사실을 확인했다. 이 활동이 '마음'과 무관하다는 확고한 근거는 있을까? iPS는 망막까지 갖추고 있다. 그러니 아무것도 느끼지 못한다고 감히 누가 단언할 수 있을까? 이 물음은 돌고 돌아 궁극적인 물음에 도달한다. '시험관에서 양식한 '뇌'를 음식물 쓰레기처럼 버리면 살인죄를 물어야 할까.'

연구팀은 고심 끝에 이 iPS 세포에 '대뇌 오가노이드(Organoid)'라는 이름을 붙였다. '안드로이드(Android)'가 인조인간이라면 '오가노이드'는 인조조직이다. 그렇다면 '마음'은 합성하거나 증식할 수 있을까. 아무래도 뇌과학은 그 누구도 발을 들여놓지 못한 새로운 경지에 들어선 듯하다.

심리실험 59

자녀를 유전자로 선별하는 시대가 올까?

당선 확률이 1퍼센트와 50퍼센트인 복권이 있다면 당연히 50퍼센트 쪽을 선택한다. 자식도 마찬가지다. 사전에 확률을 알면 좋은 조건을 마다할 이유가 없다. 아이의 행복과 건강을 위해서라면 부모는 누가 시키지 않아도 노력하기 마련이다. 아마 앞으로 추가적인 법률 규제를 마련하는 등의 움직임이 나타나지 않을까. 그러나 규제하더라도 물밑에서는 유전자 선별을 활용하는 사람이 나오지 않는다고 장담할 수 없다.
일단 유전자 선별된 아이가 태어나면 돌이킬 수 없다. 유전자 선별로 태어나지 않은 '평범한 아이'는 경쟁에서 불리해진다. 결국 모두가 유전자 선별을 원하게 되고, '디자인 베이비'는 당연한 풍경이 된다. 예방 접종이나 학원 교육이 상식이 된 오늘날처럼 말이다. 몇 세대 후에는 유전자적으로 능력을 보강한 젊은이들이 대다수를 차지하게 될 수도 있다.

"정자와 난자의 조합으로 태어날 자녀의 능력을 예측할 수 있습니다. 배우자 선택에 참고하십시오."

SF 영화나 소설에 나오는 이야기가 아니다. 미국에서 유전자 매칭 진단법 특허 인가를 따낸 기업이 있다. 부모의 유전자 정보로 자녀의 질병 위험은 물론이고, 수명과 체격, 신체 능력, 지능, 성격에 이르는 특징을 250개 항목의 '확률'로 계산하는 기술이다.

이 소식은 뉴스를 통해 전 세계로 퍼져 나갔다. 지금까지는 기껏해야 출생 전 성별을 알려주는 정도의 산전 성 감별 검사가 화제가 되는 정도였다. 그러나 이 기술은 수정 전 자녀를 선별하는 터라 임신과 중절이라는 윤리적 문제가 발생한다. 이번 결정으로 해외에서도 많은 학자가 의견을 표명했다. 이 문제에 대해 여러분은 어떻게 생각할지 궁금하다. 신에 대한 모독인가? 아니면, 인권 유린 정도로 보아야 하나? 뇌과학자이자 생물학자인 나는 일말의 불안과 우려를 동시에 느낀다.

일반적으로 사람들은 '새로운 기술'이 출현하면 일단 무조건 거부반응을 보인다. 과거에 라디오나 텔레비전, 전자레인지가 세상에 나왔을 때도 사람들의 반응은 대부분 비슷했다.

그러므로 두려움을 잠시 접어두고, 이번 기술의 의미를 냉정하게 따져볼 필요가 있다고 생각한다.

개나 고양이를 분양받는 가정에서는 마음에 드는 반려동물을 골라 가족으로 맞이한다. 우리는 주위에서 이런 모습을 흔히 볼 수 있다. 그런데 사람의 자식에게 똑같은 잣대를 들이대면 왜 거부감이 들까? 이유는 간단하다. 지금까지 전혀 '선택지가 없었기' 때문이다. '하늘이 점지해주신 아이를 무조건 받아들인다'가 상식이고, 이 전제를 의심할 계기나 기술이 여태까지 없었다.

그런데 지금은 정자은행에 보관된 정자 기증자의 학력과 체형이 낱낱이 기록되어 있다. 왜 그렇게 할까? 최고의 상대를 선택할 수 있도록 돕기 위해서다. 조금 냉정하게 말하자면, 일반적으로 이루어지는 결혼도 별반 다르지 않다. 연봉이나 외모, 집안 등의 조건이 '결혼 시장'에서 중요한 판단 근거다. 사실 우수한 상대를 바라는 마음은 유전자 정보에 근거해 상대를 찾는 행위와 부분적으로는 동등하다.

유전자 선별은 '자녀에게 쏟는 무조건적 사랑을 위협하는 기술'이라는 비판도 있다. 그러나 나는 지금까지 몇천 마리의 쥐를 실험하며 깨달았다. 어느 쥐나 귀엽다. 그런데 그중에서도 특히 영리한 녀석에게는 각별한 애정을 느끼게 된다. 똑같은 실험 쥐를 편애하는 내 존재를 부정할 생각은 없다. 잘난

BABY
character
Lovely
cute
Shy
Smart
pretty
kind
careful
wisdom
tough

10 month later...
We are Parents

자식을 보면 괜히 어깨에 힘이 들어가고 뿌듯해지는 것은 자식 둔 여느 부모의 마음과 다르지 않다. 유전자 선별로 얻은 우수한 자식이 자연스럽게 잉태한 자식에게 쏟는 애정보다 가볍다고 생각할 근거는 없다.

당선 확률이 1퍼센트와 50퍼센트인 복권이 있다면 당연히 50퍼센트 쪽을 선택한다. 자식도 마찬가지다. 사전에 확률을 알면 좋은 조건을 마다할 이유가 없다. 아이의 행복과 건강을 위해서라면 부모는 누가 시키지 않아도 노력하기 마련이다. 아마 앞으로 추가적인 법률 규제를 마련하는 등의 움직임이 나타나지 않을까. 그러나 규제하더라도 물밑에서는 유전자 선별을 활용하는 사람이 나오지 않는다고 장담할 수 없다.

일단 유전자 선별된 아이가 태어나면 돌이킬 수 없다. 유전자 선별로 태어나지 않은 '평범한 아이'는 경쟁에서 불리해진다. 결국 모두가 유전자 선별을 원하게 되고, '디자인 베이비'는 당연한 풍경이 된다. 예방 접종이나 학원 교육이 상식이 된 오늘날처럼 말이다. 몇 세대 후에는 유전자적으로 능력을 보강한 젊은이들이 대다수를 차지하게 될 수도 있다.

그들 신세대가 보기에는 우리 유전자 네이티브 세대는 '사회의 짐'으로 여겨질 날이 올 수도 있다. '유전자적으로 열등한 원시인은 능력이 떨어져 사회적 손실을 야기한다'고 비난받아도 할 말이 없다.

다시 현실적인 이야기로 돌아가자. 검사 항목이 아직은 250가지라서 모든 항목을 완벽히 이상적으로 조합할 수는 없다. 즉, 건강과 지능과 외모 등의 어딘가에 중점을 두느냐에 따라 '부모의 사랑'이 반영된다고 할 수 있다.

당연하지만, 혹시나 몰라 덧붙인다. 유전자로 인생의 모든 것이 결정되지는 않는다. 우리 뇌는 유전자로 작성된 디폴트 상태에서 벗어나 성장하는 '가능성'이라는 능력을 내재하고 있다. 그 능력이야말로 동물이 '뇌'라는 장기를 진화시킨 이유다. 유전자를 화제로 삼을 때 이 점을 잊지 말고 기억해달라고 당부하고 싶다.

심리실험 60

100세 시대를 열어주는 약 '라파마이신'의 비밀

잭슨연구소 해리슨 박사의 '쥐 수명 늘리기 실험'

라파마이신은 잭슨연구소 해리슨 박사의 연구로 무대 위에 올라 집중 조명받게 되었다. 놀랍게도, 늙은 쥐에게 연일 라파마이신을 투여하자 수컷은 28퍼센트, 암컷은 38퍼센트 평균수명이 늘어났다. 충격적인 결과였다. 실험실 쥐는 야생 쥐와 달리 영양 상태와 위생 상태가 좋은 환경에서 사육되어 거의 천수를 누린다. 이 한계치가 늘어났다. 38퍼센트라고 하면 현재 사람의 평균수명이 단숨에 100세까지 늘어나는 셈이다. 입이 딱 벌어지는 효과다. 라파마이신에 거는 기대에는 또 한 가지 이유가 있다. 과거에 이루어진 연명 실험을 분석한 실망스러운 발표가 있었기 때문이다. 바로 '칼로리 리스트릭션'이다.

'라파마이신(Rapamycin)'이라는 약이 장수 비약으로 주목받고 있다. 라파마이신은 방사균이 생산하는, 말하자면 항생물질이다. 50여 년 전에 라파누이(Rapa Nui)에 서식하는 미생물에서 발견되었다. 라파누이는 태평양에 자리한 작고 외로운 섬으로, 주로 이스터섬이라는 이름으로 알려져 있다(모아이상이 유명하다).

라파마이신은 2009년 발표된 잭슨연구소 데이비드 해리슨(David Harrison) 박사의 연구로 무대 위에 올라 집중 조명을 받게 되었다. 놀랍게도, 늙은 쥐에게 연일 라파마이신을 투여하자 수컷은 28퍼센트, 암컷은 38퍼센트 평균수명이 늘어났다.

충격적인 결과였다. 실험실 쥐는 야생 쥐와 달리 영양 상태와 위생 상태가 좋은 환경에서 사육되어 거의 천수를 누린다. 이 한계치가 늘어났다. 38퍼센트라고 하면 현재 사람의 평균수명이 단숨에 100세까지 늘어나는 셈이다. 입이 딱 벌어지는 효과다. 라파마이신에 거는 기대에는 또 한 가지 이유가 있다. 과거에 이루어진 연명 실험을 분석한 실망스러운 발표가 있었기 때문이다. 바로 '칼로리 리스트릭션(Calorie

Restriction)'이다.

식사량을 줄여 섭취 칼로리를 제한하기만 해도 수명이 늘어난다는 주장이자 이론이다. 이 효과는 쥐와 곤충, 세균까지 생물계 전반에서 폭넓게 관찰되었다. 식사량을 20퍼센트 줄이기만 해도 쥐의 평균수명은 30퍼센트 늘어났고, 파리는 갑절로 늘어났다. 장수 유전자로 알려진 시르투인(Sirtuin) 유전자 등이 관여한다는 등 구체적인 메커니즘까지 해명되며 점점 더 관심이 집중되었다.

세간의 기대 속에서 식사 제한 효과는 원숭이 실험에 들어갔다. 원숭이는 수명이 길어 실험에는 시간이 걸린다. 드디어 그 성과가 《네이처》에 발표되었다. 결과는 '연명 효과 없음'이라는 안타까운 소식이다. 당연히 사람도 같은 영장류이기에 효과가 없으리라는 침울한 분위기가 감돌았다.

이런 배경에서 라파마이신으로 관심이 옮겨간 것은 자연스러운 흐름이다. 이 약은 mTOR(mammalian Target Of Rapamycin)이라는 세포 시그널을 억제한다. 이 성분이 어떻게 연명 효과와 관련되는지는 여러 설이 분분해 아직 결론을 내지 못하고 있다. 그러나 라파마이신은 면역억제제로 장기이식 환자에게 이미 사용되고 있으며, 인슐린 저항 등의 부작용을 일으킨다는 사실이 판명되었다. 그래서 라파마이신의 안이한 사용을 우려하는 의사도 적지 않다.

그러나 장수에 대한 염원이 사그라들 기미는 보이지 않는다. '부작용은 지병이 있는 환자가 복용했기 때문이며, 건강한 사람이라면 영향이 없다'라는 주장을 내세워 미국 텍사스 대학교에서 임상 시험이 시작되었다. 80~90대 건강한 사람 16명에게 16주간 예비 실험을 진행했다.

결과는 양호해 일부 참여자가 설사 증상을 보였지만, 눈에 띄는 부작용은 관찰하지 못했다. 오히려 B형 간염 백신에 대한 반응 증강, 보행 능력 개선 등 기대하지 않았던 효과를 확인했다. 참여자 중에는 12미터를 걷는 데 17초가 걸리던 남성이 7초 만에 같은 거리를 주파할 정도로 보행 능력이 개선된 사례도 있다. 과연 라파마이신은 인류가 몇천 년 동안 찾아 헤매던 불로불사 비약으로 가는 첫걸음일까. 만약 라파마이신이 장수로 가는 길을 열어준다면 새로운 장수사회를 맞이할 날도 멀지 않았다.

고대 로마시대의 철학자 세네카는 이렇게 말했다.

"인생은 짧지 않다. 다만 인생에 주어진 시간을 무의미하게 쓰고 있을 뿐이다."

수명 연장의 의미를 물어야 할 시대가 된 지금이야말로 이 말의 의미가 무겁게 다가온다.

심리실험 61

무한히 자손을 남길 수 있는 인공지능 컴퓨터가 출현했다고?

인간 뇌를 거의 완벽하게 재현해낸 'IBM의 신형 전자칩, 트루노스'

뇌와 컴퓨터의 또 다른 차이는 '자기 수정'이다. 컴퓨터는 '이 칩을 꺼내서 다른 곳에 설치하자'는 식으로 스스로 전기 회로를 수정하지 못한다. 한편 우리 뇌는 특정 뇌 활동이 발생하면 스스로 회로를 최적화 방향으로 수정한다. 이런 식의 편집은 태어나는 순간부터 죽는 순간까지 끊임없이 반복된다. 우리 뇌의 자발적인 순응성과 적응력은 이 '자기 수정' 능력에서 비롯된다. 그런데 최근 내가 앞에서 들었던 2가지 특징이 우리 뇌 고유의 성질이 아님이 실증되었다. IBM이 《사이언스》에 발표한 신형 전자칩이 있다. 그야말로 천지개벽 수준의 혁명이라 할 만하다.

뇌와 컴퓨터의 차이는 무엇일까? 내가 학생들에게 자주 던지는 질문이다. 이에 대한 다양한 관점의 다양한 대답이 나올 수 있다. 나는 그중에서 2가지 관점을 예로 들어 답변해보려고 한다.

첫째, '에너지 효율'이다. 일본에서 만든 슈퍼컴퓨터 케이(京)는 1만 1,000와트 이상의 전력을 소비한다. 반면, 우리 뇌는 고작 20와트에 지나지 않는다. 전기요금으로 환산하면 한 달에 3,000원 남짓이다. 경이로운 친환경 절전형 장치다.

컴퓨터 소비 전력이 엄청난 이유는 에너지 대부분을 '열'로 발산해 손실이 크기 때문이다. 뇌는 열 발산으로 비롯되는 에너지 손실이 극히 미미한 수준이다. 사람의 뇌에는 약 1,000억 개의 신경세포가 회로를 형성하고 있다. 만약 이 정밀회로를 컴퓨터의 전자기판으로 재현한다면 강렬한 자기 방열로 전원을 켜는 순간 멜트다운을 일으킬 것이다.

뇌와 컴퓨터의 또 다른 차이는 '자기 수정'이다. 컴퓨터는 '이 칩을 꺼내서 다른 곳에 설치하자'는 식으로 스스로 전기회로를 수정하지 못한다. 한편 우리 뇌는 특정 뇌 활동이 발생하면 스스로 회로를 최적화 방향으로 수정한다. 이 자기 편집은 태어나는 순간부터 죽는 순간까지 끊임없이 반복된다. 우리 뇌의 자발적인 순응성과 적응력은 이 '자기 수정' 능력에서 비롯된다. 그런데 최근 내가 앞에서 들었던 2가지 특징이 우리 뇌 고유의 성질이 아님이 실증되었다. IBM이 《사이언스》에 발표한 신형 전자칩이 있다. 그야말로 천지개벽 수준의 혁명이라 할 만하다.

예전에 생명의 특징은 '자손을 남기는 것'이라는 의견이 있었다. 그런데 '그런 주장은 경박하고 얕은 사고의 소치다'라고 비웃기라도 하듯 무한히 자손을 남길 수 있는 로봇을 제작해서 보여준 공학기술자의 건방진 미소와 닮은 메시지를 이번 IBM이 제작한 칩에서 느꼈다.

'트루노스(TrueNorth)'라는 이름이 붙은 이 신형 칩은 뇌의 동작 원리를 참고해 설계되었다. 신경세포와 닮은 정밀 부품 100만 개를 2억 5,000만 개의 인공 시냅스로 결합했다. 우표 크기 칩 속에 50억 개가 넘는 트랜지스터가 예술적으로 배치되어 있다.

컴퓨터를 열어보면 '최신 기술' 이미지가 눈에 들어온다. 사실, 기존의 컴퓨터는 모두 무려 70년 전에 제창된 '노이먼형'이라 부르는 타입을 계승하고 있다. 노이먼형은 메모리에 지속적으로 접속해 프로그램을 따라 순차 계산하는 방법을 채용한다. 현역에서 최고로 일컬어지는 슈퍼컴퓨터도 같은 원리로 동작한다. 날고 기는 슈퍼컴퓨터라고 해도 노이먼형에서 덩치만 키운 고전적인 형태를 벗어나지 못했다.

그런데 트루노스는 개념 자체가 다르다. 애초에 프로그램이 없다. 뇌에서 시냅스는 사용하면 사용할수록 강화되고, 사용하지 않으면 약해진다. 이 '자기 수정' 원리가 트루노스의 인공 시냅스에 실제로 장착되었다. 이러한 연산 방식은 인공지능이 이미 채용하고 있는 방법으로, '뉴로모픽(Neuromorphic)'이라 부른다. 트루노스는 이 연산 개념을 현실에서 구현하는 데 성공했다. 트루노스를 작동시켰더니 사람과 사물을 인식하고 분류하는 등 뇌와 유사한 동작을 스스로 학습했다고 한다. 그런데도 소비 전력은 고작 9.1와트에 머물렀다. 순간순간 불필요한 신경세포를 쉬게 하는 방식으로 저연비를 실현했다. 이 기능도 우리 뇌를 쏙 빼닮았다.

트루노스의 규모는 사람 뇌세포 수의 10만분의 1밖에 되지 않는다. 그런 터라, 아직 고도의 사고나 창조는 불가능하다. 그런데도 벌써 연구자들 사이에서는 고양이 정도의 뇌라면 머지않은 미래에 실현 가능하다는 아우성이 메아리치고 있다.

과학기술 발달의 종착역은 과연 어디일까. 과학기술이 빛의 속도로 발전해가는 생생한 현장에서 활동하다 보면 이따금 현기증과 함께 묘한 두려움을 느끼곤 한다.

심리실험 62

치매약이 젊은이의 인지능력을 높여준다고?

시드니대 카킥 박사의 '스마트 드럭 사용 비율 조사'

시드니대학교 카킥 교수는 미국 대학생을 대상으로 '스마트 드럭'에 대해 심층 조사했다. 그에 따르면, 과거 1년 동안 스마트 드럭을 사용했다고 대답한 학생 비율이 25퍼센트에 달했다고 한다. 학생들은 주로 아데랄과 리탈린 등의 약물을 사용했다.
이 약물들은 원래 ADHD 치료제로 사용되었다. 현실에서는 치료를 위한 약물이 목적 이외의 용도로 남용되는 실정이다.
몇 년 전부터 사용 약물은 ADHD 치료제에서 치매 치료제로 옮겨 갔다. 치매 치료제는 알츠하이머 증후군 등의 노인성 인지기능 장애를 개선하는 약물이다. 젊은 사람의 뇌도 노인의 뇌와 같은 작동 원리로 움직이므로 노인에게 효과 있는 약물은 청년에게도 효과를 발휘한다. 실제로 치매약이 젊은 사람의 인지 능력을 높여주었다는 주장도 끊이지 않는다. 이 주장은 과연 사실일까?

일본에서는 매년 180만 명 가까운 수험생이 고등학교와 대학교 입시를 치른다. 최근 치열한 수험 전쟁을 둘러싼 의외의 소식이 들려왔다. 약물을 이용해 지능을 높여 합격률 향상을 노리는 신종 도핑, 요컨대 '아카데미 도핑'이 그것이다.

뇌의 능력을 높이는 약은 속칭 '스마트 드럭(Smart Drug)', 또는 '공부 잘하는 약'이라 부른다. 전 세계에서 스마트 드럭이 가장 만연한 나라는 미국이다. 2009년에 오스트레일리아 시드니대학교 빈스 카킥(Vince Cakic) 박사가 발표한 논문에 화제가 집중되었다. 미국 대학생을 대상으로 조사했더니, 과거 1년 동안 스마트 드럭을 사용했다고 대답한 학생이 무려 25퍼센트에 달했다고 한다.

학생들은 주로 아데랄(Adderall)과 리탈린(Ritalin) 등의 약물을 사용했다. 이 약물들은 원래 주의력결핍 과잉행동장애(Attention Deficit Hyperactivity Disorder, ADHD) 치료제로 사용되었다. 현실에서는 치료를 위한 약물이 목적 이외의 용도로 남용되는 실정이다. 일본에서도 과거에 목적 외 사용이 사회적 문제로 불거지면서 아데랄과 리탈린 등의 약물에는 일정한 규제가 가해졌다.

D-5

10月
TEST
9月
12月
TEST
GLASSES

그러자 몇 년 전부터 사용 약물이 ADHD 치료제에서 치매 치료제로 옮겨 갔다. 치매 치료제는 알츠하이머 증후군 등의 노인성 인지기능 장애를 개선하는 약물이다. 젊은 사람의 뇌도 노인의 뇌와 같은 작동 원리로 움직인다. 즉, 노인에게 효과 있는 약물은 청년에게도 효과를 발휘한다. 실제로 치매약이 젊은 사람의 인지 능력을 높여주었다는 보고도 끊이지 않는다. 소식을 들은 수험생들이 슬금슬금 치매 치료제에 손을 뻗기 시작했다. 특히 조부모가 치매로 진단받아 치료제를 처방받아 손쉽게 약물을 슬쩍할 수 있는 가정환경에 있는 수험생은 유혹에 더 쉽게 넘어갈 수밖에 없다.

나는 약물 반대론자다. 누구든 약물 따위에 의존하지 않고 정정당당하게 자기 실력으로 입시를 치러야 한다고 생각한다. 그러나 뇌 연구자의 관점에서 볼 때 최근의 경향을 단호히 부정하기는 어렵다고 판단한다.

일단 현재 상황에서는 위법은 아니다. 물론 앞으로 여기에도 규제의 손길이 미칠 가능성은 있다고 본다. 하지만 설령 규제 대상이 된다 하더라도 스포츠계의 도핑 사건을 보면 알 수 있듯 이 수법에서 저 수법으로 구렁이 담 넘듯 넘어가며 근절 자체가 불가능하지 않을까 우려되는 것도 사실이다.

부작용이 있으니 위험하다고 부르짖는 수단도 있다. 그런데 약사 자격이 있는 내 관점에서 보면 그다지 설득력이 없는 주장이다. 애초에 치매 치료제는 체력이 계속 떨어지는 노인이 10~20년 복용해도 안전하도록 설계된 약물이다. 팔팔한 청춘이 복용해도 치명적 부작용은 나타나지 않을 가능성이 크다.

마지막 남은 수단으로 '약물에 의존하는 건 비겁하다'라고 양심에 호소하는 게 상책일까. 이 방법은 '어느 정도까지 봐줄 수 있을까?'라고 적정선을 그어야 하는 문제를 피할 수 없다. 가령 카페인 섭취는 비겁할까? 조금 억지를 쓰자면, 영양상태가 좋은 아동은 높은 지능을 발휘한다는 사실이 알려져 있다. 부모가 영양에 신경 쓴 식단을 제공하는 건 정정당당하게 학력을 겨루어야 할 입시에서 꼼수를 쓰는 비도덕적인 행위일까?

이야기가 다소 산으로 갔지만, 어쨌든 내가 주장할 수 있는 건 다음의 5가지다.

① 특정 능력만 늘려 지능 전체의 균형을 무너뜨릴 위험성이 있다(어디까지나 억측에 지나지 않는다).

② 안이한 방법으로 입시라는 난관을 돌파해봤자 그 정도의 두뇌를 가지고 이후 인생이 순탄해진다는 보장은 없다.

③ 간판에 목숨을 거는 학벌주의 사회가 문제다.

④ 스마트 드럭이 성적 향상에 도움 된다는 과학적 증거가 없다.

⑤ 인공지능이 발달하면 사람의 지능에 가치가 없어질 수도 있다.

고대 그리스 시대에는 허브의 일종인 로즈마리를 머리카락에 뿌리면 기억력이 높아진다고 믿었다고 한다. 요행수를 바라고 '손쉬운 방법'에 기대기는 예나 지금이나 마찬가지다. 그러나 나는 믿는다. 고생스럽게 터득한 지식이야말로 참된 지성으로 두고두고 삶에 보탬이 될 것이라고.

심리실험 63

미래에는 '화가 로봇'과 '시인 로봇'이 등장할 수도 있다는데?

옥스퍼드대 오스본 교수의 '미래에 사라질 직업 시뮬레이션'

옥스퍼드대학교 마이클 오스본 교수는 앞으로 사라질 직업이 무엇일지 시뮬레이션해 결과를 발표했다. 스포츠 경기 심판, 부동산 중개사, 카지노 딜러, 회계사, 측량사, 각종 접수창구 등 다방면에 걸친 직업이 '멸종 위기직' 판정이 내려졌다.
듀크대학교 데이비슨 교수는 "지금 초등학교에 입학한 아동의 65퍼센트는 대학 졸업 시기에 현재 존재하지 않는 직업에 종사하게 될 것이다"라고 예측한다. 이쯤 되면 '아이들에게 장래희망을 묻고 진로상담을 하는 게 얼마나 의미가 있을까'라는 의문이 생긴다. 꿈을 가진다는 건 현재 존재하는 35퍼센트의 일에 자신의 가능성을 가두어버린다는 뜻이다.
예술 창작은 지능 로봇이 아직 고전하는 영역이다. 그러나 머지않은 미래에 정교하게 모사하는 화가 로봇과 기발한 표현을 구사하는 시인 로봇이 등장할 수도 있다.

지방의 시골 마을에 살던 어린 시절, 전철 타기는 자그마한 인생의 이벤트였다. 항상 소풍 가는 기분으로 전철에 올랐다. 특히 역무원이 찰칵 표를 찍어 생기는 그 자국이 마음에 들었다. 그 시절에는 역마다 모양이 달랐는데, 역무원에게 부탁하면 다 쓴 표를 집에 가져갈 수 있었다. 표는 내 소중한 수집품이 되었다.

그러던 어느 날 자동개찰기가 등장했고, 사람이 손으로 찍어주던 표도 무기질적인 구멍으로 바뀌었다. 표도 개찰구로 빨려 들어가면 두 번 다시 돌아오지 않아 수집하는 은밀한 즐거움마저 사라졌다. 요즘에는 아예 교통카드로 바뀌어 표를 볼 기회 자체가 줄어들었다. 개찰구에 서 있는 역무원도 줄어들어 머지않아 그 얼굴을 볼 수 없게 될지도 모른다.

마트 계산대도 마찬가지다. '980원, 1,550원'이라고 또박또박 소리 내어 말하며 잽싸게 키를 두드리던 풍경은 지금은 '삐빅' 소리를 내면 계산이 끝나는 바코드를 대는 간단한 작업으로 바뀌었다. 언젠가는 장바구니를 든 채 가게 출구의 스캐너를 지나가기만 해도 자동으로 계산되는 시대가 오지 않을까. 이제 계산대 직원도 필요하지 않다.

과학자는 전인미답(前人未踏)의 영역을 개척하는 어떠한 노력도 마다하지 않는 희한한 족속이다. 그런 별난 사람들의 노력이 결실로 나타났다. 이번에는 상당히 복잡한 작업까지 인공지능과 로봇이 대행해줄 수 있게 되었다. 세상이 나날이 편리해지며 새로운 일자리도 생겨난다. 예를 들면, 웹 디자이너나 웹사이트 보안 관리자, 빅 데이터 분석가는 내가 어렸을 때는 없었던 직종이다.

옥스퍼드대학교 마이클 오스본(Michael Osborne) 교수는 앞으로 사라질 직업이 무엇일지 시뮬레이션해 결과를 발표했다. 스포츠 경기 심판, 부동산 중개사, 카지노 딜러, 회계사, 측량사, 각종 접수창구 등 다방면에 걸친 직업이 '멸종 위기직' 판정이 내려졌다.

미국 듀크대학교(Duke University) 조너선 데이비슨(Jonathan Davidson) 교수는 '지금 초등학교에 입학한 아동의 65퍼센트는 대학 졸업 시기에 현재 존재하지 않는 직업에 종사한다'고 예측한다. 이쯤 되면 아이들에게 '장래희망'을 묻고 진로상담을 하는 게 얼마나 의미가 있을까, 라는 의문이 생긴다. 꿈을 가진다는 건 현재 존재하는 35퍼센트의 일에 자신의 가능성을 가두어버린다는 뜻이다.

교육 현장도 시대와 발맞추어 변해야 한다. 정보화가 진전되며 우리가 일하는 방식은 지식과 기능을 익히는 것보다 지식과 기능을 활용하는 '지혜'의 비중이 커지고 있다. 예술 창작은 지능 로봇이 아직 고전하는 영역이다. 그러나 그리 머지않은 미래에 정교하게 모사하는 화가 로봇과 기발한 표현을 구사하는 시인 로봇이 등장할 수 있다. 지금도 일부에서는 어느 정도 실현되고 있다. 어쩌면 우리 뇌의 쾌감계를 효율적으로 자극하는 멜로디나 가사를 슬럼프에 빠지지 않고 연속으로 만들어내는 작곡가 로봇이나 작사가 로봇, 혀의 미각을 최대한 만족시키는 요리사 로봇이 나타날 수 있다.

물론 일각에서는 '기계가 만든 작품은 무미건조하다'고 주장하는 목소리도 들려온다. 확실히 따스한 인간미는 느껴지지 않는다. 그렇다면 냉정하게 왜 무미건조하게 느껴지는지 생각해보아야 한다. 왜 인공지능이 만든 작품을 '기계적'이라고 느낄까? 어쩌면 '어차피 로봇이 하는 일'이라며 멸시하는 차별적 심리가 깔려 있지 않을까. 로봇을 깔보는 습성은 '차별당하는 로봇'이라는 새로운 사회 문제를 만들어낼 수 있다.

'표에 찍힌 구멍을 어루만지는 그리운 감촉'을 떠올리며 옛 추억에 젖어 들면 마음이 푸근해진다. 그러나 로봇이 사람의 뇌보다 열등하다는 보장은 어디에도 없다. 앞으로는 '사람은 진정한 예술을 이해할 때까지 시간이 걸리는 성가신 생물이다', '사업을 할 때도 쓸데없이 감정에 휩쓸려 비효율적이다'라고 로봇에게 비웃음을 당하는 시대가 오지 않을까.

어쨌든 사람의 지능이 찬양받던 시대는 슬슬 종말을 고하게 될 것이다. 운동능력이 걸어온 여정과 비슷하다. 근대까지만 해도 발이 빠르면 먹고 살 걱정 없이 일자리를 잡을 수 있었다. 그러나 지금은 반에서 달리기가 일등이라고 해도 대기업에 취업할 수 없다. 자동차나 비행기가 훨씬 빠르기 때문이다.

지능도 매한가지다. 언젠가 지능은 브랜드 가치를 상실하지 않을까. 인공지능이 훨씬 똑똑하기 때문이다. 기업은 지능지수가 높은 사람보다 인공지능과 원만하게 일할 수 있는 '기계 대화 능력'이 우수한 사람을 채용할 것이다. 인공지능과 얼마나 조화롭게 공존할 수 있는지가 관건이다. 그리고 그 새로운 세계에 얼마나 잘 적응할 수 있을까.

불, 농경, 바퀴, 화폐, 문자, 화약, 인쇄, 나침반, 증기기관, 전기……. 지금까지 인류가 발명한 기술로 인류는 스스로 삶의 방식을 혁신했다. 우리가 사는 현대도 인공지능 개발을 통해 과거의 혁신과 맞먹는 대전기를 맞이하리라고 믿는다. 이 대전기의 핵심은 '공존'이다. 사람과 인공지능이 탄탄하게 결속되어야 한다.

인간은 왜 컴퓨터를 만들었을까. 그 원점을 잊어서는 안 된다. 인간이 컴퓨터를 만든 이유는 자신의 부족한 능력을 보완하기 위해서다. 모든 사람이 계산과 기억에 재능이 있는 건 아니다. 그래서 인간은 자신의 일을 대행해줄 컴퓨터를 개발하고 정성껏 키워왔다. 소중하게 키운 내 새끼가 생각보다 빨리 훌륭하게 성장했다고 해서 그 능력을 질투하고 맞서 싸우려고 한다면 우습지 않은가. 장기나 바둑에서 승부를 겨루는 등 과거 인류가 컴퓨터를 열심히 개발하려고 고심했던 '초심'을 생각하면 허탈해서 웃음이 나올 지경이다.

요즘 돌아가는 세태를 보면 인간의 최대 실책은 '인간다움이란 무엇인가?'를 착각하는 데서 비롯된다는 생각이 든다. 인간만이 가진 고유한 능력이 무엇이냐고 물으면 곧바로 창조나 예술, 직관, 배려 등을 꼽곤 한다.

이유는 간단하다. '인간다움'을 고찰할 때 여태까지는 침팬지와의 비교로 추측했기 때문이다. 침팬지는 못 하고 사람은 할 수 있는 일. 그런 일이 사람다움의 본질이라고 생각하면 충분하다. 우리 인류는 기나긴 역사를 다른 생물과 비교하며 살다 보니 비교가 몸에 배어버렸다.

그러나 지금 비교 대상은 침팬지가 아니라 인공지능이다. 창조, 예술, 직관, 배려 등은 침팬지에게는 넘을 수 없는 벽이었다. 그러나 인공지능으로 넘어오면 차원이 달라진다. 예를 들어, 세계 최고라는 이세돌 기사를 바둑으로 이긴 '알파고'라는 소프트웨어는 슈퍼컴퓨터를 이용한 고속 계산으로 바둑을 두었다. 그러나 연산 능력에만 의존해 수를 두지는 않았다.

바둑의 수는 워낙 방대해서 현존하는 최고 성능의 슈퍼컴퓨터라도 제한 시간 안에 계산할 수 없다. 알파고는 계산에 골몰하는 대신 '이 정도 수를 두면 승산이 있다'라는 직감을 활용했다. 인간이 아닌 컴퓨터가 대국에서 직관을 발휘하기 시작한 것이다.

이처럼 인간의 특권으로 여겨지던 유연한 감을 바야흐로 인공지능이 갖추기 시작했다. 그뿐만이 아니다. 최근의 특수한 인공지능은 새로운 아이디어를 창조하고 인간에게 제안할 수 있다. 서서히 '창조성'이 싹트고 있는 셈이다. 가령 글이라면 이미 제법 글재주가 있는 인공지능이 이미 활동하고 있다. 미국 신문에서는 2015년 한 해 동안 10억 건 이상의 자동 집필 기사를 발신했다. 스포츠 기사와 경제 기사, 일기예보가 특히 특기 분야라고 한다.

그날 프로야구 경기 결과를 인공지능에게 송신하면 7회 말에 기사회생 만루 홈런을 날려 매직 넘버 43이 점등된다. 7월에 "매직 넘버가 점등된 것은 30년 만의 쾌거" 등의 기사는 사람이 굳이 자료실을 검색하지 않아도 인공지능이 과거의 데이터를 참고해서 '기계적'으로 작문할 수 있다.

최근에는 신문기사뿐 아니라 시를 지을 수 있는 인공지능까지 등장했다. 2015년 인공지능이 쓴 셰익스피어풍 시를 진짜 셰익스피어의 시와 나란히 놓고 어떤 작품이 위작인지를 알아맞히는 대회가 열리기도 했다. 그리고 인공지능이 지은 시는 지식인이라도 구별할 수 없을 정도의 수준이라는 사실이 밝혀졌다.

인공지능의 예술적 재능은 최근에는 음악과 회화로까지 보폭을 넓혀가고 있다. 이러한 배경에 힘입어 2016년 미국 매사추세츠공과대학교는 "인공 예술은 사람의 창작성에 의문을 제기한다"라는 제목의 논고를 발표했다. 예를 들자면, 음악을 들 수 있다. 음악 교과서를 펼쳐서 잠깐만 들여다보아도 잘 알 수 있다. 사람의 '귀에 편안하게 들리는' 멜로디와 화음은 대개 일정한 공식에 따른다. 인공지능이 '사람의 마음의 급소'를 정확하게 찌르는 곡을 기계적으로 만들어낼 수 있다. 즉, 반대로 인공지능 입장에서 바라보면 다음과 같은 도발적인 해석이 가능하다.

"음악이란 무척이나 다채로운 가능성으로 충만한 풍요로운 예술 세계다. 그런데 사람의 뇌는 받아들일 수 있는 범위가 너무 좁다. 일정한 공식에 따르는 곡만 골라 들으려 한다. 시험 삼아 사람의 쾌감 공식에 따른 곡을 만들어보자. 봐라, 역시 예상대로 좋다고 음악에 빠져든다. 사람의 뇌는 인공지능의 손바닥 안이다, 이 얼마나 단순한 존재인가……."

사람은 자신의 '마음'이 심오하고 신비한 대상이라고 믿는다. 정말로 그럴까? 사람 스스로 헤아리기 힘든 측면이 있다.

어쩌면 사람의 마음을 가장 잘 이해할 수 있는 건 자신이 아니라 인공지능일 가능성도 있다. 실제로 고민 상담 등을 대신해주는 인공 카운슬링 기술이 개발되고 있다.

인공지능이 사람의 마음에 생긴 생채기를 보듬어줄 수 있을까? 일부 이용자에게는 '지치지 않고 내 이야기에 귀를 기울여준다'고 인기가 있는 모양이다. 이용자 중에는 '다른 사람에게 말 못할 고민이라도 인공지능 상담가에게는 편안하게 털어놓을 수 있다'라는 감상을 밝힌 사람도 있을 정도라고 한다.

곰곰이 생각해보면 손님 접대나 머리를 써야 하는 추측 등 소위 '배려'가 필요한 일은 특히 사람의 진을 빼는 기계적인 작업이다. 세상에서 가장 피곤하다는 눈치 싸움이다. 그런데 이런 일은 충분한 센서를 갖추면 해결할 수 있는 문제다. 즉 창조, 예술, 직감, 배려는 사람 고유의 영역이 아니라 우리의 상상보다 훨씬 손쉽게 인공지능으로 대체될 수 있는 기능적인 작업일 수 있다.

최근 몇 년 동안 이루어진 인공지능 분야의 눈부신 성과로 '인공지능이 사람의 일자리를 빼앗는다'고 두려워하는 사람이 있다. 거듭 말하지만, 그러한 생각이야말로 인공지능을 적대시하는 그릇된 자세다.

우리가 사는 시대는 마치 영국의 산업혁명 시대와 닮아 있다고들 말한다. 당시 증기기관의 기술 혁신으로 많은 사람이 실업자 신세로 전락해 길바닥에 나앉지 않을까 걱정했다. 그런데 실제로는 실업은커녕 고용 창출 효과로 '이직'하는 사람이 늘어났다. 일본도 예전에 비슷한 경험을 했다. 바로 메이지 유신이다. 전근대에는 거의 90퍼센트의 사람이 농민이었다. 그런데 근대화 이후 많은 사람이 농민에서 다른 직업으로 이직했다. 지금 우리가 직면한 상황은 그때와 비슷하다.

자동운전 기술이 확립되면 택시 운전사가 필요하지 않게 될 수 있다. 자동 접객 장치가 갖추어지면 접수창구 직원이 필요하지 않게 될 수 있다. 동시통역기가 완성되면 영어 수업은 필요하지 않게 될 수 있다. 그러나 아무리 인공지능이 진보해도 '모름지기 사람이 해야 할 일', '사람만이 가능한 작업'은 남아 있을 터다. 당연히 새로운 고용이 창출된다.

물론 앞으로도 남아 있을 직종이라도 시대에 따른 대응이 필요하다. 우리가 보게 될 미래는 지금 장기나 바둑 기사들의 모습에서 예견할 수 있다. 지금 프로 공식전에서 나오는 새로운 수는 컴퓨터 소프트웨어에서 얻은 수가 대부분이다. 즉, 프로 기사가 인공지능을 사부로 삼아 '가르침을 구하는' 셈이다. 장기나 바둑은 사람에게는 너무 어려운 게임이기 때문이다. 단언컨대, 마찬가지 현상을 일반 직장에서도 볼 수 있게 된다. 인공지능이 사람보다 합리적으로 판단할 가능성이 있기 때문이다.

그러므로 키워드는 '공존'이다. 앞으로는 각 개인이 인공지능과 독자적으로 짝을 이루는 시대가 펼쳐질 것이다. 물론 현장에서 직무를 담당하는 실무자는 사람이다. 즉, 사람은 '직장'이라는 무대에서 인공지능이 짠 시나리오대로 연기하는 직업 '연기자'가 되어야 한다. 그 매력적인 연기력에 관객(고용주)은 관람료(급여)를 지불한다. 그런 세상이 와도 신기하지 않다.

나만 해도 인공지능을 활용한 연구를 진행하고 있다. 그러나 솔직히 고백하자면, 인공지능이 미래에 어떠한 방향으로 어떻게 발달할지 지금 시점에서는 완벽히 예측할 수 없다. 쉽게 말해, '사람만이 가능한 일'이 무엇인지 현시점에서는 예측할 수 없다. 오히려 앞으로 인공지능의 발달로 드디어 '사람다움이란 무엇인가?'라는 의문에 명확한 답을 얻을 수도 있다.

이처럼 사람의 윤곽조차 불분명해진 세상이지만, 확실하게 말할 수 있는 2가지가 있다.

1. 뇌의 유연성을 키우는 훈련이 더욱 중요해진다. 신속하게 대응할 수 있는 '적응력'은 앞으로 어떤 변화가 사회에 찾아와도 무적의 기량을 발휘할 기초가 되어줄 것이다.

2. 미래를 예측하기 위한 최선책은 '미래'를 스스로 만드는 것. 변화를 감수하는 수동적 인간보다 깃발을 흔들며 변화를 만들어내는 물결의 선두에 서는 자세가 변화에 현명하게 대응하는 가장 손쉬운 방법이라고 확신한다.

다시 한번 말하건대, 인공지능은 절대로 인류가 맞서 싸워야 할 적이 아니다. 그보다는 믿고 의지해야 할 우리 편이다. 동시에 우리에게 '사람다움이란 무엇인가?'를 묻고 우리 자신을 돌아보는 계기를 마련해줄 소중한 존재이기도 하다. 그러므로 우리는 인공지능과 바람직한 공존 관계를 구축해 인간의 존엄성이 더욱 쾌적하게 지켜줄 수 있게 힘써야 할 것이다.

참고 문헌

Agudelo, LZ, Femenia, T, Orhan, F, Porsmyr-Palmertz, M, Goiny, M, Martinez-Redondo, V, Correia, JC, Izadi, M, Bhat, M, Schuppe-Koistinen, I, Pettersson, AT, Ferreira, DM, Krook, A, Barres, R, Zierath, JR, Erhardt, S, Lindskog, M, Ruas, JL. Skeletal muscle PGC-1α1 modulates kynurenine metabolism and mediates resilience to stress-induced depression. Cell, 159: 33-45, 2014.

Alicke, MD, Govorun, O. The better-than-average effect. The Self in Social Judgment: 85–06, 2005.

Amir, O, Biederman, I, Wang, Z, Xu, X. Ha ha! versus aha! a direct comparison of humor to nonhumorous insight for determining the neural correlates of mirth. Cereb Cortex, 25: 1405-1413, 2015.

Ariely, D. Predictably irrational: the hidden forces that shape our decisions. 1st edn, (Harper, 2008).

Aviezer, H, Trope, Y, Todorov, A. Body cues, not facial expressions, discriminate between intense positive and negative emotions. Science, 338: 1225-1229, 2012.

Ballarini, F, Moncada, D, Martinez, MC, Alen, N, Viola, H. Behavioral tagging is a general mechanism of long-term memory formation. Proc Natl Acad Sci U S A, 106: 14599-14604, 2009.

Bar, M. The proactive brain: using analogies and associations to generate predictions. Trends Cogn Sci, 11: 280-289, 2007.

Bates, TC, Lind, PA, Luciano, M, Montgomery, GW, Martin, NG, Wright, MJ. Dyslexia and DYX1C1: deficits in reading and spelling associated with a missense

mutation. Mol Psychiatry, 15: 1190-1196, 2010.
Bar-David, Y, Urkin, J, Kozminsky, E. The effect of voluntary dehydration on cognitive functions of elementary school children. Acta paediatrica, 94: 1667-1673, 2005.
Ben-Ami Bartal, I, Decety, J, Mason, P. Empathy and pro-social behavior in rats. Science, 334: 1427-1430, 2011.
Ben-Ami Bartal, I, Rodgers, DA, Bernardez Sarria, MS, Decety, J, Mason, P. Prosocial behavior in rats is modulated by social experience. eLife, 3: e01385, 2014.
Bendor, D, Wilson, MA. Biasing the content of hippocampal replay during sleep. Nat Neurosci, 15: 1439-1444, 2012.
Berdoy, M, Webster, JP, Macdonald, DW. Fatal attraction in rats infected with Toxoplasma gondii. Proc Biol Sci, 267: 1591-1594, 2000.
Bohannon, J. The synthetic therapist. Science, 349: 250-251, 2015.
Bonnet, F, Lepicard, EM, Cathrin, L, Letellier, C, Constant, F, Hawili, N, Friedlander, G. French children start their school day with a hydration deficit. Annals of nutrition & metabolism, 60: 257-263, 2012.
Boothby, EJ, Clark, MS, Bargh, JA. Shared experiences are amplified. Psychol Sci, 25: 2209-2216, 2014.
Borjigin, J, Lee, U, Liu, T, Pal, D, Huff , S, Klarr, D, Sloboda, J, Hernandez, J, Wang, MM, Mashour, GA. Surge of neurophysiological coherence and connectivity in the dying brain. Proc Natl Acad Sci U S A, 110: 14432-14437, 2013.
Borota, D, Murray, E, Keceli, G, Chang, A, Watabe, JM, Ly, M, Toscano, JP, Yassa, MA. Post-study caffeine administration enhances memory consolidation in humans. Nat Neurosci, 17: 201-203, 2014.
Brady, RR, Wasson, A, Stirling, I, McAllister, C, Damani, NN. Is your phone bugged? The incidence of bacteria known to cause nosocomial infection on healthcare workers' mobile phones. The Journal of hospital infection, 62: 123-125, 2006.

Bramble, DM, Lieberman, DE. Endurance running and the evolution of Homo. Nature, 432: 345-352, 2004.

Burt, C. The genetic determination of differences in intelligence: a study of monozygotic twins reared together and apart. Br J Psychol, 57: 137-153, 1966.

Bushdid, C, Magnasco, MO, Vosshall, LB, Keller, A. Humans can discriminate more than 1 trillion olfactory stimuli. Science, 343: 1370-1372, 2014.

Bushman, BJ, Dewall, CN, Pond, RSJ, Hanus, MD. Low glucose relates to greater aggression in married couples. Proc Natl Acad Sci U S A, 111: 6254-6257, 2014.

Cakic, V. Smart drugs for cognitive enhancement: ethical and pragmatic considerations in the era of cosmetic neurology. Journal of medical ethics, 35: 611-615, 2009.

Camille, N, Coricelli, G, Sallet, J, Pradat-Diehl, P, Duhamel, JR, Sirigu, A. The involvement of the orbitofrontal cortex in the experience of regret. Science, 304: 1167-1170, 2004.

Campen, Ctv, Ross, J. The Proust effect: the senses as doorways to lost memories. (Oxford University Press, 2014).

Chen, YQ, Fisher, JH, Wang, MH. Activation of the RON receptor tyrosine kinase inhibits inducible nitric oxide synthase (iNOS) expression by murine peritoneal exudate macrophages: phosphatidylinositol-3 kinase is required for RON-mediated inhibition of iNOS expression. Journal of immunology, 161: 4950-4959, 1998.

Chuah, LY, Chong, DL, Chen, AK, Rekshan, WR, 3rd, Tan, JC, Zheng, H, Chee, MW. Donepezil improves episodic memory in young individuals vulnerable to the effects of sleep deprivation. Sleep, 32: 999-1010, 2009.

Conway, M, Ross, M. Getting what you want by revising what you had. J Pers Soc Psychol, 47: 738-748, 1984.

David, LA, Maurice, CF, Carmody, RN, Gootenberg, DB, Button, JE, Wolfe, BE, Ling, AV, Devlin, AS, Varma, Y, Fischbach, MA, Biddinger, SB, Dutton, RJ, Turnbaugh, PJ. Diet rapidly and reproducibly alters the human gut microbiome. Nature, 505: 559-563, 2014.

Davidson, CN. Now you see it: how the brain science of attention will transform the way we live, work, and learn. (Viking, 2011).
Daw, ND, O'Doherty, JP, Dayan, P, Seymour, B, Dolan, RJ. Cortical substrates for exploratory decisions in humans. Nature, 441: 876-879, 2006.
de Craen, AJ, Kaptchuk, TJ, Tijssen, JG, Kleijnen, J. Placebos and placebo effects in medicine: historical overview. Journal of the Royal Society of Medicine, 92: 511-515, 1999.
DeFrancesco, L. 23andMe's designer baby patent. Nat Biotechnol, 32: 8, 2014.
de Gee, JW, Knapen, T, Donner, TH. Decision-related pupil dilation reflects upcoming choice and individual bias. Proc Natl Acad Sci U S A, 111: E618-625, 2014.
Derks, PL, Paclisanu, MI. Simple strategies in binary prediction by children and adults. J Exp Psychol, 73: 278, 1967.
Dewar, M, Alber, J, Cowan, N, Della Sala, S. Boosting long-term memory via wakeful rest: intentional rehearsal is not necessary, consolidation is sufficient. PLoS One, 9: e109542, 2014.
Dikker, S, Silbert, LJ, Hasson, U, Zevin, JD. On the same wavelength: predictable language enhances speaker-listener brain-to-brain synchrony in posterior superior temporal gyrus. J Neurosci, 34: 6267-6272, 2014.
Donoso, M, Collins, AG, Koechlin, E. Human cognition. Foundations of human reasoning in the prefrontal cortex. Science, 344: 1481-1486, 2014.
Dresler, M, Wehrle, R, Spoormaker, VI, Koch, SP, Holsboer, F, Steiger, A, Obrig, H, Samann, PG, Czisch, M. Neural correlates of dream lucidity obtained from contrasting lucid versus non-lucid REM sleep: a combined EEG/fMRI case study. Sleep, 35: 1017-1020, 2012.
Droser, ML, Gehling, JG. Synchronous aggregate growth in an abundant new Ediacaran tubular organism. Science, 319: 1660-1662, 2008.
Edelman, GM. Naturalizing consciousness: a theoretical framework. Proc Natl Acad Sci U S A, 100: 5520-5524, 2003.
Edmonds, CJ, Burford, D. Should children drink more water?: the effects of

drinking water on cognition in children. Appetite, 52: 776-779, 2009.
Edmonds, CJ, Crombie, R, Gardner, MR. Subjective thirst moderates changes in speed of responding associated with water consumption. Front Hum Neurosci, 7: 363, 2013.
Ekman, P, Friesen, WV. Felt, false, and miserable smiles. J Nonverb behav, 6: 238-252, 1982.
Erickson, KI, Voss, MW, Prakash, RS, Basak, C, Szabo, A, Chaddock, L, Kim, JS, Heo, S, Alves, H, White, SM, Wojcicki, TR, Mailey, E, Vieira, VJ, Martin, SA, Pence, BD, Woods, JA, McAuley, E, Kramer, AF. Exercise training increases size of hippocampus and improves memory. Proc Natl Acad Sci U S A, 108: 3017-3022, 2011.
Eskenazi, T, Doerrfeld, A, Logan, GD, Knoblich, G, Sebanz, N. Your words are my words: effects of acting together on encoding. Quarterly journal of experimental psychology, 66: 1026-1034, 2013.
Euser, SM, Hofman, A, Westendorp, RG, Breteler, MM. Serum uric acid and cognitive function and dementia. Brain, 132: 377-382, 2009.
Flegr, J. Infl uence of latent Toxoplasma infection on human personality, physiology and morphology: pros and cons of the Toxoplasma-human model in studying the manipulation hypothesis. J Exp Biol, 216: 127-133, 2013.
Flegr, J, Markos, A. Masterpiece of epigenetic engineering - how Toxoplasma gondii reprogrammes host brains to change fear to sexual attraction. Molecular ecology, 23: 5934-5936, 2014.
Francis, J. Mobile phones 18 times dirtier than toilet handles. FoxNews, 10, July, 2010.
Friedlander, G. in Food & Nutrition Conference & Expo (Acad Nutr Diet, 2012).
Frey, CB, Osborne, MA. The future of employment: How susceptible are jobs to computerisation? (Oxford University, 2013).
Gailliot, MT, Baumeister, RF, DeWall, CN, Maner, JK, Plant, EA, Tice, DM, Brewer, LE, Schmeichel, BJ. Self-control relies on glucose as a limited energy source: willpower is more than a metaphor. J Pers Soc Psychol, 92: 325-336, 2007.

Ganio, MS, Armstrong, LE, Casa, DJ, McDermott, BP, Lee, EC, Yamamoto, LM, Marzano, S, Lopez, RM, Jimenez, L, Le Bellego, L, Chevillotte, E, Lieberman, HR. Mild dehydration impairs cognitive performance and mood of men. The British journal of nutrition, 106: 1535-1543, 2011.

Gao, M, Igata, H, Takeuchi, A, Sato, K, Ikegaya, Y. Machine learning-based prediction of adverse drug effects: an example of seizure-inducing compounds. J Pharmacol Sc, 133: 70-78, 2017.

Gayford, M. Robot art raises questions about human creativity. MIT Tech Rev, February: 15, 2015.

Gebhart, GF. Descending modulation of pain. Neurosci Biobehav Rev, 27: 729-737, 2004.

Giurfa, M, Zhang, S, Jenett, A, Menzel, R, Srinivasan, MV. The concepts of 'sameness' and 'difference' in an insect. Nature, 410: 930-933, 2001.

Goldblatt, JG, Krief, I, Klonsky, T, Haller, D, Milloul, V, Sixsmith, DM, Srugo, I, Potasman, I. Use of cellular telephones and transmission of pathogens by medical staff in New York and Israel. Infection control and hospital epidemiology, 28: 500-503, 2007.

Greer, SM, Trujillo, AJ, Glover, GH, Knutson, B. Control of nucleus accumbens activity with neurofeedback. Neuroimage, 96: 237-244, 2014.

Gruber, MJ, Gelman, BD, Ranganath, C. States of curiosity modulate hippocampus-dependent learning via the dopaminergic circuit. Neuron, 84: 486-496, 2014.

Halevy, R, Shalvi, S, Verschuere, B. Being honest about dishonesty: correlating selfreports and actual lying. Hum Comm Res, 40: 54–2, 2014.

Hari Dass, SA, Vyas, A. Toxoplasma gondii infection reduces predator aversion in rats through epigenetic modulation in the host medial amygdala. Molecular ecology, 23: 6114-6122, 2014.

Harrison, DE, Strong, R, Sharp, ZD, Nelson, JF, Astle, CM, Flurkey, K, Nadon, NL, Wilkinson, JE, Frenkel, K, Carter, CS, Pahor, M, Javors, MA, Fernandez, E, Miller, RA. Rapamycin fed late in life extends lifespan in genetically

heterogeneous mice. Nature, 460: 392-395, 2009.
Hata, K, Yamaguchi, T, Ono, E, Yanagawa, R. Comparative study of leptospiral strains Ictero No. I and RGA by restriction endonuclease DNA analysis. The Japanese journal of veterinary research, 36: 133-136, 1988.
Hattori, Y, Tomonaga, M, Matsuzawa, T. Spontaneous synchronized tapping to an auditory rhythm in a chimpanzee. Scientific reports, 3: 1566, 2013.
Hayashi, K, Ogushi, S, Kurimoto, K, Shimamoto, S, Ohta, H, Saitou, M. Offspring from oocytes derived from in vitro primordial germ cell-like cells in mice. Science, 338: 971-975, 2012.
Hayashi, K, Ohta, H, Kurimoto, K, Aramaki, S, Saitou, M. Reconstitution of the mouse germ cell specification pathway in culture by pluripotent stem cells. Cell, 146: 519-532, 2011.
Hellenthal, G, Busby, GB, Band, G, Wilson, JF, Capelli, C, Falush, D, Myers, S. A genetic atlas of human admixture history. Science, 343: 747-751, 2014.
He, C, Trainor, LJ. Finding the pitch of the missing fundamental in infants. J Neurosci, 29: 7718-8822, 2009.
Herzfeld, DJ, Vaswani, PA, Marko, MK, Shadmehr, R. A memory of errors in sensorimotor learning. Science, 345: 1349-1353, 2014.
Hess, EH, Polt, JM. Pupil Size in Relation to Mental Activity during Simple Problem-Solving. Science, 143:1190-1192, 1964.
Hoeffer, A, Pollin, W. Schizophrenia in the NAS-NRC panel of 15,909 veteran twin pairs. Arch Gen Psychiatry, 23: 469-477, 1970.
Hofmann, W, Wisneski, DC, Brandt, MJ, Skitka, LJ. Morality in everyday life. Science, 345: 1340-1343, 2014.
Hsiao, EY, McBride, SW, Hsien, S, Sharon, G, Hyde, ER, McCue, T, Codelli, JA, Chow, J, Reisman, SE, Petrosino, JF, Patterson, PH, Mazmanian, SK. Microbiota modulate behavioral and physiological abnormalities associated with neurodevelopmental disorders. Cell, 155: 1451-1463, 2013.
Huber, J, Payne, JW, Puto, C. Adding asymmetrically dominated alternatives violations of regularity and the similarity hypothesis. J Consum Res 9: 90-98,

1982.
Hunter, RE, Barrera, CM, Dohanich, GP, Dunlap, WP. Effects of uric acid and caffeine on A1 adenosine receptor binding in developing rat brain. Pharmacology, biochemistry, and behavior, 35: 791-795, 1990.
Hutchison, WM, Dunachie, JF, Siim, JC, Work, K. Life cycle of toxoplasma gondii. British medical journal, 4: 806, 1969.
Iyengar, SS, Lepper, MR. When choice is demotivating: Can one desire too much of a good thing? J Personal Soc Psychol, 79: 995-1006, 2000.
Jenkins, JG, Dallenbach, KM. Obliviscence during sleep and waking. Am J Psychol, 35: 605-612, 1924.
Jones, WD, Cayirlioglu, P, Kadow, IG, Vosshall, LB. Two chemosensory receptors together mediate carbon dioxide detection in Drosophila. Nature, 445: 86-90, 2007.
Julian, TR, Leckie, JO, Boehm, AB. Virus transfer between fi ngerpads and fomites. J Appl Microbiol, 109: 1868–874, 2010.
Kahneman, D, Beatty, J. Pupil diameter and load on memory. Science, 154: 1583-1585, 1966.
Kawakami, A, Furukawa, K, Katahira, K, Okanoya, K. Sad music induces pleasant emotion. Frontiers in psychology, 4: 311, 2013.
Kim, P. A simple model of ostracism formation. PLoS One, 9: e94333, 2014.
Koskenvuo, M, Langinvainio, H, Kaprio, J, Lonnqvist, J, Tienari, P. Psychiatric hospitalization in twins. Acta geneticae medicae et gemellologiae, 33: 321-332, 1984.
Kouchaki, M, Smith, IH. The morning morality effect: the influence of time of day on unethical behavior. Psychol Sci, 25: 95-102, 2014.
Kruger, J, Dunning, D. Unskilled and unaware of it: how difficulties in recognizing one's own incompetence lead to inflated self-assessments. J Pers Soc Psychol, 77: 1121-1134, 1999.
Kuroki, S, Matoba, S, Akiyoshi, M, Matsumura, Y, Miyachi, H, Mise, N, Abe, K, Ogura, A, Wilhelm, D, Koopman, P, Nozaki, M, Kanai, Y, Shinkai, Y, Tachibana,

M. Epigenetic regulation of mouse sex determination by the histone demethylase Jmjd1a. Science, 341: 1106-1109, 2013.
Lake, BM, Salakhutdinov, R, Tenenbaum, JB. Human-level concept learning through probabilistic program induction. Science, 350: 1332-1338, 2015.
Lancaster, MA, Renner, M, Martin, CA, Wenzel, D, Bicknell, LS, Hurles, ME, Homfray, T, Penninger, JM, Jackson, AP, Knoblich, JA. Cerebral organoids model human brain development and microcephaly. Nature, 501: 373-379, 2013.
Lawlor, DA, Hopker, SW. The effectiveness of exercise as an intervention in the management of depression: systematic review and meta-regression analysis of randomised controlled trials. Bmj, 322: 763-767, 2001.
Lee, AK, Wilson, MA. Memory of sequential experience in the hippocampus during slow wave sleep. Neuron, 36: 1183-1194, 2002.
Lemonick, MD. Designer babies. Time, 153: 64-67, 1999.
Leslie, M. A putative antiaging drug takes a step from mice to men. Science, 342: 789, 2013.
Levinson, J. in Music and meaning (ed Robinson J) 215–41 (Cornell University Press, 1997).
Lieberman, D. The story of the human body: evolution, health, and disease. (Knopf Doubleday Publishing Gloup, 2013).
Magalhaes De Saldanha da Gama, PA, Slama, H, Caspar, EA, Gevers, W, Cleeremans, A. Placebo-suggestion modulates conflict resolution in the Stroop Task. PLoS One, 8: e75701, 2013.
Mair, W, Goymer, P, Pletcher, SD, Partridge, L. Demography of dietary restriction and death in Drosophila. Science, 301: 1731-1733, 2003.
Malnic, B, Godfrey, PA, Buck, LB. The human olfactory receptor gene family. Proc Natl Acad Sci U S A, 101: 2584-2589, 2004.
Marshall, NJ. A unique colour and polarization vision system in mantis shrimps. Nature, 333: 557-560, 1988.
Mattison, JA, Roth, GS, Beasley, TM, Tilmont, EM, Handy, AM, Herbert, RL, Longo, DL, Allison, DB, Young, JE, Bryant, M, Barnard, D, Ward, WF, Qi, W,

Ingram, DK, de Cabo, R. Impact of caloric restriction on health and survival in rhesus monkeys from the NIA study. Nature, 489: 318-321, 2012.
McGeer, T. Passive dynamic walking. Int J Robot Res, 9: 62-82, 1990.
McNulty, JK, Olson, MA, Meltzer, AL, Shaffer, MJ. Th ough they may be unaware, newlyweds implicitly know whether their marriage will be satisfying. Science, 342: 1119-1120, 2013.
McNulty, JK, O'Mara, EM, Karney, BR. Benevolent cognitions as a strategy of relationship maintenance: "don't sweat the small stuff".... But it is not all small stuff. J Pers Soc Psychol, 94: 631-646, 2008.
Merolla, PA, Arthur, JV, Alvarez-Icaza, R, Cassidy, AS, Sawada, J, Akopyan, F, Jackson, BL, Imam, N, Guo, C, Nakamura, Y, Brezzo, B, Vo, I, Esser, SK, Appuswamy, R, Taba, B, Amir, A, Flickner, MD, Risk, WP, Manohar, R, Modha, DS. Artifi cial brains. A million spiking-neuron integrated circuit with a scalable communication network and interface. Science, 345: 668-673, 2014.
Molleman, L, van den Berg, P, Weissing, FJ. Consistent individual differences in human social learning strategies. Nature communications, 5: 3570, 2014.
Montirosso, R, Tronick, E, Morandi, F, Ciceri, F, Borgatti, R. Four-month-old infants' long-term memory for a stressful social event. PLoS One, 8: e82277, 2013.
Mukherjee, S, Mukherjee, U. A comprehensive review of immunosuppression used for liver transplantation. Journal of transplantation, 2009: 701464, 2009.
Muraven, M, Tice, DM, Baumeister, RF. Self-control as limited resource: regulatory depletion patterns. J Pers Soc Psychol, 74: 774-789, 1998.
Newton, I. A theory concerning light and colors. Philos Trans, 6: 460-466, 1671.
Orsini, CA, Maren, S. Neural and cellular mechanisms of fear and extinction memory formation. Neurosci Biobehav Rev, 36: 1773-1802, 2012.
Ohloff , G. in The Fascination of Odors and Their Chemical Perspectives (eds W. Pickenhagen, B. M. Lawrence) (Springer-Verlag, 1994).
Olson, RK, Byrne, B. in The Connections Between Language and Reading Disabilitie (eds H. W. Catts, A. G. Kamhi) 173–00 (Lawrence Erlbaum Associates,

2005).
Okita, K, Ichisaka, T, Yamanaka, S. Generation of germline-competent induced pluripotent stem cells. Nature, 448: 313-317, 2007.
Panksepp, J. The emotional sources of chills induced by music. Music Percept, 13: 171–07, 1995.
Park, B, Rothbart, M. Perception of out-group homogeneity and levels of social categorization: memory for the subordinate attributes of in-group and out-group members. J Pers Soc Psychol, 42: 1051-1068, 1982.
Parnia, S, Waller, DG, Yeates, R, Fenwick, P. A qualitative and quantitative study of the incidence, features and aetiology of near death experiences in cardiac arrest survivors. Resuscitation, 48: 149-156, 2001.
Parron, C, Call, J, Fagot, J. Behavioural responses to photographs by pictorially naive baboons (Papio anubis), gorillas (Gorilla gorilla) and chimpanzees (Pantroglodytes). Behav Processes, 78: 351-357, 2008.
Partanen, E, Kujala, T, Tervaniemi, M, Huotilainen, M. Prenatal music exposure induces long-term neural effects. PLoS One, 8: e78946, 2013.
Parvizi, J, Rangarajan, V, Shirer, WR, Desai, N, Greicius, MD. The will to persevere induced by electrical stimulation of the human cingulate gyrus. Neuron, 80: 1359-1367, 2013.
Patel, AD. The evolutionary biology of musical rhythm: was Darwin wrong? PLoS Biol, 12: e1001821, 2014.
Patel, CH. Yoga and bio-feedback in the management of hypertension. Lancet, 302: 1053-1055, 1973.
Pavlov, P, Svendsen, JI, Indrelid, S. Human presence in the European Arctic nearly 40,000 years ago. Nature, 413: 64-67, 2001.
Platt, T, Hofmann, J, Ruch, W, Proyer, RT. Duchenne display responses towards sixteen enjoyable emotions: Individual differences between no and fear of being laughed at. Motiv Emotion, 37: 776-786, 2013.
Pointer, MR, Attridge, GG. The number of discernible colours. Color Res Appl, 23: 52-54, 1998.

Pronin, E, Lin, DY, Ross, L. The bias blind spot: Perceptions of bias in self versus others. Pers Soc Psychol Bull, 28: 369-381, 2002.
Proyer, RT, Ruch, W, Chen, GH. Gelotophobia: life satisfaction and happiness across cultures. Humor, 25: 23-40, 2012.
Ridaura, VK, Faith, JJ, Rey, FE, Cheng, J, Duncan, AE, Kau, AL, Griffi n, NW, Lombard, V, Henrissat, B, Bain, JR, Muehlbauer, MJ, Ilkayeva, O, Semenkovich, CF, Funai, K, Hayashi, DK, Lyle, BJ, Martini, MC, Ursell, LK, Clemente, JC, Van Treuren, W, Walters, WA, Knight, R, Newgard, CB, Heath, AC, Gordon, JI. Gut microbiota from twins discordant for obesity modulate metabolism in mice. Science, 341: 1241214, 2013.
Schacter, DL. The seven sins of memory. Insights from psychology and cognitive neuroscience. The American psychologist, 54: 182-203, 1999.
Schloissnig, S, Arumugam, M, Sunagawa, S, Mitreva, M, Tap, J, Zhu, A, Waller, A, Mende, DR, Kultima, JR, Martin, J, Kota, K, Sunyaev, SR, Weinstock, GM, Bork, P. Genomic variation landscape of the human gut microbiome. Nature, 493: 45-50, 2013.
Schreiner, T, Rasch, B. Boosting Vocabulary Learning by Verbal Cueing During Sleep. Cereb Cortex, 25: 4169-4179, 2015.
Schultz, W, Dayan, P, Montague, PR. A neural substrate of prediction and reward. Science, 275: 1593-1599, 1997.
Silver, D, Huang, A, Maddison, CJ, Guez, A, Sifre, L, van den Driessche, G, Schrittwieser, J, Antonoglou, I, Panneershelvam, V, Lanctot, M, Dieleman, S, Grewe, D, Nham, J, Kalchbrenner, N, Sutskever, I, Lillicrap, T, Leach, M, Kavukcuoglu, K, Graepel, T, Hassabis, D. Mastering the game of Go with deep neural networks and tree search. Nature, 529: 484-489, 2016.
Spitz, RA. Hospitalism; an inquiry into the genesis of psychiatric conditions in early childhood. The Psychoanalytic study of the child, 1: 53-74, 1945.
Staats, P, Hekmat, H, Staats, A. Suggestion/placebo effects on pain: negative as well as positive. Journal of pain and symptom management, 15: 235-243, 1998.
Stamm, AW, Nguyen, ND, Seicol, BJ, Fagan, A, Oh, A, Drumm, M, Lundt, M,

Stickgold, R, Wamsley, EJ. Negative reinforcement impairs overnight memory consolidation. Learn Mem, 21: 591-596, 2014.
Steiner, AP, Redish, AD. Behavioral and neurophysiological correlates of regret in rat decision-making on a neuroeconomic task. Nat Neurosci, 17: 995-1002, 2014.
Stephens, GJ, Silbert, LJ, Hasson, U. Speaker-listener neural coupling underlies successful communication. Proc Natl Acad Sci U S A, 107: 14425-14430, 2010.
Sterckx, S, Cockbain, J, Howard, HC, Borry, P. "I prefer a child with...": designer babies, another controversial patent in the arena of direct-to-consumer genomics. Genetics in medicine: official journal of the American College of Medical Genetics, 15: 923-924, 2013.
Stevens, SS, Davis, H. Hearing. 152-154 (John Wiley and Sons, 1938).
Stookey, JD, Brass, B, Holliday, A, Arieff, A. What is the cell hydration status of healthy children in the USA? Preliminary data on urine osmolality and water intake. Public health nutrition, 15: 2148-2156, 2012.
Suez, J, Korem, T, Zeevi, D, Zilberman-Schapira, G, Th aiss, CA, Maza, O, Israeli, D, Zmora, N, Gilad, S, Weinberger, A, Kuperman, Y, Harmelin, A, Kolodkin-Gal, I, Shapiro, H, Halpern, Z, Segal, E, Elinav, E. Artifi cial sweeteners induce glucose intolerance by altering the gut microbiota. Nature, 514: 181-186, 2014.
Takahashi, K, Tanabe, K, Ohnuki, M, Narita, M, Ichisaka, T, Tomoda, K, Yamanaka, S. Induction of pluripotent stem cells from adult human fi broblasts by defi ned factors. Cell, 131: 861-872, 2007.
Takahashi, K, Yamanaka, S. Induction of pluripotent stem cells from mouse embryonic and adult fibroblast cultures by defined factors. Cell, 126: 663-676, 2006.
Thonnard, M, Charland-Verville, V, Bredart, S, Dehon, H, Ledoux, D, Laureys, S, Vanhaudenhuyse, A. Characteristics of near-death experiences memories as compared to real and imagined events memories. PLoS One, 8: e57620, 2013.99
Takahashi, H, Kato, M, Matsuura, M, Mobbs, D, Suhara, T, Okubo, Y. When your gain is my pain and your pain is my gain: neural correlates of envy and schadenfreude. Science, 323: 937-939, 2009.

Taruffi, L, Koelsch, S. The paradox of music-evoked sadness: an online survey. PLoS One, 9: e110490, 2014.
Thoen, HH, How, MJ, Chiou, TH, Marshall, J. A different form of color vision in mantis shrimp. Science, 343: 411-413, 2014.
Thomson, JJ. The Trolley Problem. Yale Law Journal, 94: 1395-1415, 1985.
Torrey, EF, Bartko, JJ, Lun, ZR, Yolken, RH. Antibodies to Toxoplasma gondii in patients with schizophrenia: a meta-analysis. Schizophr Bull, 33: 729-736, 2007.
Uzzi, B, Mukherjee, S, Stringer, M, Jones, B. Atypical combinations and scientific impact. Science, 342: 468-472, 2013.
van Lommel, P. Near-death experiences: the experience of the self as real and not as an illusion. Ann N Y Acad Sci, 1234: 19-28, 2011.
van Lommel, P, van Wees, R, Meyers, V, Elfferich, I. Near-death experience in survivors of cardiac arrest: a prospective study in the Netherlands. Lancet, 358: 2039-2045, 2001.
Voss, U, Holzmann, R, Hobson, A, Paulus, W, Koppehele-Gossel, J, Klimke, A, Nitsche, MA. Induction of self awareness in dreams through frontal low current stimulation of gamma activity. Nat Neurosci, 17: 810-812, 2014.
Wilson, MA, McNaughton, BL. Reactivation of hippocampal ensemble memories during sleep. Science, 265: 676-679, 1994.
Wilson, TD, Reinhard, DA, Westgate, EC, Gilbert, DT, Ellerbeck, N, Hahn, C, Brown, CL, Shaked, A. Just think: the challenges of the disengaged mind. Science, 345: 75-77, 2014.
Winkler, I, Haden, GP, Ladinig, O, Sziller, I, Honing, H. Newborn infants detect the beat in music. Proc Natl Acad Sci U S A, 106: 2468-2471, 2009.
Wrzesniewski, A, Schwartz, B, Cong, X, Kane, M, Omar, A, Kolditz, T. Multiple types of motives don't multiply the motivation of West Point cadets. Proc Natl Acad Sci U S A, 111: 10990-10995, 2014.
Zarco, W, Merchant, H, Prado, L, Mendez, JC. Subsecond timing in primates: comparison of interval production between human subjects and rhesus monkeys. J Neurophysiol, 102: 3191-3202, 2009.

Zhang, ZK, Zhang, CX, Han, XP, Liu, C. Emergence of blind areas in information spreading. PLoS One, 9: e95785, 2014.

Zotev, V, Krueger, F, Phillips, R, Alvarez, RP, Simmons, WK, Bellgowan, P, Drevets, WC, Bodurka, J. Self-regulation of amygdala activation using real-time fMRI neurofeedback. PLoS One, 6: e24522, 2011.

Zotev, V, Phillips, R, Young, KD, Drevets, WC, Bodurka, J. Prefrontal control of the amygdala during real-time fMRI neurofeedback training of emotion regulation. PLoS One, 8: e79184, 2013.

内閣府男女共同参画局. 男女共同参画白書 平成25 年版. 内閣府Q, 第1 部: 第20 図, 2013.

人口動態調査. 平成27 年人口動態統計の年間推計. 厚生労働省, H27: 1-6, 2015.

1高橋政代. iPS 細胞をもちいた網膜の再生医療. 臨床神経学, 53: 1016, 2013.